"五化"融推
"蜀艺成工"
文化育人探索

李 杰 廖红燕◎著

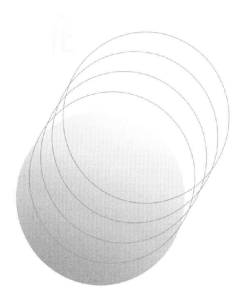

西南财经大学出版社

中国·成都

图书在版编目(CIP)数据

"五化"融推"蜀艺成工"文化育人探索 /李杰,
廖红燕著.--成都:西南财经大学出版社,2025.5.
ISBN 978-7-5504-6652-4

Ⅰ.G718.5

中国国家版本馆 CIP 数据核字第 2025SB1218 号

"五化"融推"蜀艺成工"文化育人探索
WUHUA RONGTUI SHUYI CHENGGONG WENHUA YUREN TANSUO

李 杰 廖红燕 著

策划编辑:乔 雷 余 尧
责任编辑:乔 雷
责任校对:王甜甜
封面设计:墨创文化
责任印制:朱曼丽

出版发行	西南财经大学出版社(四川省成都市光华村街55号)
网 址	http://cbs.swufe.edu.cn
电子邮件	bookcj@swufe.edu.cn
邮政编码	610074
电 话	028-87353785
照 排	四川胜翔数码印务设计有限公司
印 刷	成都市火炬印务有限公司
成品尺寸	170 mm×240 mm
印 张	15.75
字 数	274 千字
版 次	2025 年 5 月第 1 版
印 次	2025 年 5 月第 1 次印刷
书 号	ISBN 978-7-5504-6652-4
定 价	88.00 元

序　言

　　文化是大学的灵魂，是立德树人的根本。在职业教育蓬勃发展的今天，如何构建具有鲜明特色的校园文化，如何将中华优秀传统文化、革命文化和社会主义先进文化融入现代职业教育体系，是每一所职业院校都必须面对的重要课题。天府之国，沃野千里。在这片孕育了灿烂文明的土地上，蜀地工匠们用智慧与汗水，谱写了一曲曲动人的技艺之歌。从三星堆青铜神树的精妙绝伦，到战略后方"大三线"建设的栉风沐雨，从贸易通道茶马古道的蜿蜒曲折，到蜀道不再难的高铁"中国速度"，从都江堰水利工程的巧夺天工，到成都公园城市示范区建设的壮美画卷，蜀地技艺承载着千年文明的基因密码，见证着巴蜀大地的沧桑巨变。这些文化瑰宝不仅是巴蜀文明的见证，更是职业教育的宝贵资源。

　　作为成都市属高职院校，成都工业职业技术学院以创建全国一流工科高职院校为目标，肩负着弘扬蜀地技艺、培养新时代工匠的重要使命。学校党委深入学习贯彻习近平新时代中国特色社会主义思想，秉承"以德润身 技臻至善"校训，立足地域文化特色，深入挖掘传统蜀艺的文化内涵和教育价值，创新性地将红色文化、工业文化、天府文化、校史文化、专业文化有机融合，构建起独具特色的"蜀艺成工"校园文化体系，走出了一条文化育人的创新之路，为新时代职业教育文化建设提供了宝贵经验。

　　本书系统总结了学校在校园文化建设方面的创新成果。红色文化铸魂、工业文化筑基、天府文化润心、校史文化励志、专业文化强技——这五大文化元素的有机融合，构成了"蜀艺成工"校园文化体系的四梁八柱。学校深入挖掘红色文化中的革命精神、工业文化中的工匠精神、天府文化中的创新精神、校史文化中的奋斗精神、专业文化中的职业精神，构建起一个立体化、多维度的文化育人体系。

　　本书的独特价值在于，它不仅是一份校园文化建设的实践报告，更是一部职业教育文化创新的理论探索文献。本书所体现的"文化认同—技艺传承—精神培育"文化育人模式，为新时代职业院校文化建设提供了新的思路和方法。在全面推进产教融合、校企合作背景下，如何实现多元文化与现代职业教育的有机融合，成都工业职业技术学院给出了富有启发性的答案。

本书的出版，恰逢职业教育改革发展的关键时期。我们坚信，在推动中华优秀传统文化创造性转化、创新性发展的新征程上，因融入地域特色文化而形成的学校校园文化底色，必将成为工职学子们最温馨的文化记忆，必将成为成都工业职业技术学院独特的文化基因和价值追寻。

贾金玉

2025 年 3 月

前　言

当今社会，高等教育尤其是职业教育的重要性日益凸显。高职院校作为培养高素质技术技能人才的重要阵地，其文化育人功能不仅关乎学生的全面发展，更影响整个社会的文化传承与创新。随着全球化进程的加快和产业结构的不断升级，高职院校的文化育人工作面临着新的机遇与挑战。如何在新时代背景下，构建具有职业特色的校园文化，培养兼具专业技能与文化素养的复合型人才，成为高职院校亟待解决的重要问题。

本书系统探讨了高职院校文化育人的理论基础，追溯学校办学历史，呈现学校校园文化建设的实践路径及成果。全书共分为六章，旨在通过对成都工业职业技术学院校园文化建设历程的全面梳理与深入分析，为相关教育工作者提供经验借鉴。

第 1 章为绪论，主要介绍了高职院校文化育人的问题缘起与研究背景。当前，高职院校在文化育人过程中存在价值取向偏颇、工业文化因素泛化、企业文化要素主观化等问题。本章通过对国内外相关文献的回顾，进一步明确了文化育人的研究现状与发展趋势，为后续章节的展开奠定了理论基础。

第 2 章是对高职院校文化育人的理论思考，分析了马克思、恩格斯、列宁的文化育人思想及习近平总书记关于文化育人的重要论述。同时，结合高职院校的实际情况，分析了校园文化建设的职业性、实践性、地方性和创新性等特点，并提出了校园文化建设的路径，如以学生成长成才为核心、以社会主义核心价值观为引领、以中华优秀传统文化为基础等。

第 3 章追溯成都工业职业技术学院 70 余年历史，梳理了从新中国成立初期到改革开放，再到新时代的各个发展阶段办学历史。本章通过对办学历史的回顾总结，解读了六校合并后学校的校园文化理念及以"工业文化"为核心的校园文化建设工作。

第4章详细介绍了"蜀艺成工"校园文化品牌的诞生过程。本章从调研考察到方案制订，再到实践检验，展示了成都工业职业技术学院在校园文化建设中的创新思路与实践成果。通过印发校园文化建设重点任务清单、推广"六合文化"等举措，成都工业职业技术学院逐步形成了独具特色的校园文化品牌。

第5章提出了"五化"融推"蜀艺成工"校园文化建设的行动框架。本章在前期实践基础上，系统阐述了红色文化、工业文化、天府文化、校史文化与专业文化的育人机制，并通过"五化"融推的工作思路与行动路径，构建了"五化融合"的文化育人体系。

第6章展示了"蜀艺成工"特色校园文化育人的具体成果。本章通过思想文化工作经验、优秀师生代表事迹等，生动呈现了成都工业职业技术学院在文化育人方面的实际成效。

此外，附录部分还收录了优秀网络文化作品与"三下乡"社会实践活动案例，进一步丰富了本书的实践内容。

本书的撰写得到学校领导的指导与大力支持，在此表示衷心的感谢。同时，我们也希望本书能够为高职院校的文化育人工作提供有益的参考与借鉴，推动高职院校在新时代背景下实现更高水平的发展。

由于作者水平有限，书中难免存在不足之处，恳请广大读者批评指正。

李杰

2025 年 3 月

引　言

党的十八大以来，党和国家对文化建设予以高度重视，着重强调文化在价值引领与育人层面的关键功能。在此背景下，党和国家通过一系列行政举措大力推进文化建设，促使高职教育文化育人工作取得显著进展，主要体现在以下三个维度。

第一，国家教育行政部门积极发挥主导作用，推动文化育人研究组织的构建。例如，2012 年 5 月，全国高校博物馆育人联盟成立。《全国高校博物馆育人联盟章程》表明，成立该联盟的根本目的在于充分发挥专业文化的育人功效。2012 年 12 月，教育部职业院校文化素质教育指导委员会正式成立。依据《教育部关于成立教育部职业院校文化素质教育指导委员会的通知》（教职成〔2012〕12 号），其核心职能之一便是"提升职业院校文化品位"，强化"各职业院校与行业、企业以及社会之间的联系"。2013 年 10 月，中国职业技术教育产业文化育人联盟宣告成立。《中国职业技术教育产业文化育人联盟工作办法》明确该联盟的任务：促使优秀企业文化精髓融入校园文化，传承并传播先进企业文化；深入探究校企合作在提升教师产业文化素养方面带来的挑战与机遇；借助物质文化、制度文化以及校园文化活动，对学生行为习惯开展养成训练，以达成职业院校毕业生"进得去、留得住、用得好、成才快"的目标。此外，诸如全国工业文化发展联盟、全国工业博物馆联盟、全国红色文化联盟等众多研究机构与行业组织成立的联盟，均以推动职业院校文化建设与研究为宗旨。

第二，借助优秀成果评选活动，有力地推动了高职院校文化育人的理论研究与文化建设实践。教育部以及多数省、自治区、直辖市的教育行政部门，每年都会组织开展"高校校园文化建设优秀成果"评选、思政精品

1

项目评选、全国职业院校文化建设"一校一品"评选等活动。

第三，论坛交流为高职院校提供了宝贵的经验借鉴。各研究组织常态化举办各类文化育人论坛，邀请在文化育人方面表现突出的高职院校分享经验。此类活动不仅加强了高职院校之间的联系，更为各院校提供了可资借鉴与学习的文化建设经验，对提升全国高职院校文化育人的整体水平具有重要意义。

虽然近些年我国在高职院校文化育人研究方面取得了不少成果，但仍然存在发展不均衡、缺乏价值理性等问题。一是文化育人的地区差异、校际差异显著。例如，江苏、浙江等省份的高职院校文化育人工作远远走在全国前列，而西南地区则相对落后；国家"双高"院校和"非双高"院校的校园文化建设也存在明显差异。二是文化建设注重"偏狭的工具理性"，忽略"价值理性"。高职教育作为我国高等教育的一种类型，兼具"高等性"和"职业性"两大特征，在其发展历程里，专家学者们为强调高职教育的职业属性、市场特性、服务一线的定位属性，提出过"基础理论够用为度""针对岗位设置课程""加强动手能力培养""以工作过程为导向"等理念。这些理念体现了我国高职教育界在探索过程中的创新精神，但也反映出我国高职教育"偏狭的工具理性"，而且我国高职院校前身大多为职业大学、成人高等学校、中等专业学校，其文化建设在"高等性"和"职业性"上均有缺失，导致高职教育"类型"和"重要"双不显。

因此，在党和国家加强大学生思想政治教育、实施高校思想政治教育质量工程、推进中国特色高水平高职院校建设的大背景下，探索完善高职院校文化育人方法路径，对提升学校思政工作水平具有重要意义。成都工业职业技术学院肇始于 1951 年。2010 年，成都市建设学校、成都铁路运输学校、成都市工业学校、成都市财贸学校、成都市公共交通职业学校、成都市建筑中专学校 6 所行业中职学校合并成立成都市工业职业技术学校，2014 年四川省人民政府批准设立为公办全日制高等职业技术学院。学校升格为高职院校以来，先后经历了合格评估、省级"双高"建设等重要历程。学校党委高度重视校园文化建设工作，"十三五"时期确立了"三风一训"和视觉识别系统，探索以工业文化进校园、进课堂、进活动、进大赛、进培训、进扶贫的"六进"模式；"十四五"校园文化建设规划在"十三五"工业文化建设基础上，提出了红色文化、工业文化、天府文化、专业文化、校史文化"五化融合"推进"蜀艺成工"校园文化品牌建设的文化育人模式。经过几年积极有益的探索与实践，成都工业职业技术学院积累了文化育人的校本经验。笔者借撰写本书机会，总结提炼成都工业职业技术学院文化育人的模式及经验，以期为广大同类职业院校校园文化建设提供参考，不当之处，也希望得到广大专家、学者、同行的批评指正，助力学校文化育人工作走深走实。

李杰

2025 年 3 月

目　录

1 绪论

进入新时代，深入践行习近平总书记关于立德树人根本任务的重要论述，尤其是"以文化人、以文育人"的核心理念，对高职院校而言，不仅是教育理念的更新迭代，更是实践路径的深度拓展与创新。高职院校作为人才培养的关键阵地，其育人过程本质上是在高职院校特定场域内，借助文化的力量去影响、塑造和培育人才的动态过程。围绕高职院校思想政治工作"因事而化、因时而进、因势而新"的方法论要求，充分考量时代特征以及学生成长发展的实际状况，进一步探究高职院校文化育人在新时代的内在要求、实现路径与方法策略，从而精准且高效地实现育人与化人的目标，全面提升高职院校人才培养的质量，为民族复兴伟业培育出更多堪当大任的时代新人，已成为新时代高职院校专业课教师与思想政治教育工作者共同肩负的历史使命与责任担当。这不仅需要高职院校专业课教师在教育教学实践中不断创新教育模式，整合各类文化资源，还需要思想政治教育工作者提升自身素养，以适应新时代对文化育人工作提出的新挑战与新要求。

1.1 问题缘起

我国高职教育大致经历了规模扩张和质量提升两大发展阶段，为经济社会发展做出了应有贡献。高职教育发展至今，已到了内涵建设的关键时期，但作为一种类型教育，我国高职教育在建设过程中还存在着文化育人价值取向偏颇、融入工业文化因素泛化、注入企业文化要素主观化、关注文化间性碎片化等影响内涵建设的现实问题。

1.1.1 文化育人价值取向偏颇

高职院校的"高职"二字决定了其与普通高校渊源深厚,同时又有其个性价值追求。第一,高职教育具有"高等"文化共性。在高等教育体系中,高职教育历经发展沉淀,形成了独具特色的育人文化。与普通高等教育的大学文化相对照,从"大学"表征的关键要素,诸如教育功能、学术精神、学校治理等层面剖析,二者在本质上共享着一致的"高等"文化共性。高职院校的职责范畴,不仅涵盖对技术技能型人才的培育,还涉及技术的积累、研发以及创新工作,并且高职院校需要主动肩负起服务社会、传承文化与创新的重任,这与普通高等教育所承载的"文化传承与创新"功能处于同等地位,彰显出高职教育在高等教育格局中不可或缺的价值与意义。一是同源"高等"文化基因。从文化根源的深度剖析来看,高职院校的文化内核所遵循的主线,无论如何发展都难以脱离大学文化的深远影响。高职院校在日常的教育教学活动、人才培养模式构建以及校园文化建设等多方面,都彰显出对大学文化的深度尊崇与践行。所以说,坚守大学文化这一共同的文化基因,不仅是高职院校与普通高校在文化脉络上的同源体现,更是二者在高等教育体系中协同发展、共同进步的内在动力源泉,促使它们在各自的领域为高等教育事业的繁荣贡献力量。二是同型"高等性"治理文化。随着我国推进治理体系和治理能力现代化,绝大多数高职院校也在推行"现代院校治理""二级管理"等,其显著的标志就是全面推进大学章程建设,建立学术委员会、教学工作委员会、专业(群)建设指导委员会等学术性、专业性自治组织,具有鲜明的学术自治导向。第二,高职教育具有"类型"文化个性。培养"技术技能人才"、服务面向"基层一线"、开展"校企合作、工学结合"等鲜明个性定位决定了高职学生在学习生涯中接受的是"技术技能人才培养""双师型"教师教育、企业兼职教师指导式教学,是在具有企业文化因素的实训基地下实践锻炼,在真实的企业环境中识岗、跟岗、顶岗的,其受教育过程被打上了职业文化的烙印。可见,高职教育文化育人必然兼具"高等性"和"职业性"特征,但实际办学过程中,高职院校却存在着偏狭的工具理性,致使文化育人价值取向出现偏颇。

高职教育发展初期,强调岗位针对性,突出技能培养,提出了基础理论"够用为度",导致实用型人才涌现,但学生转型发展、可持续发展受到严重制约，培养的学生成为"生产线上的机器"。此外，高职院校为强调高职教育的市场特性提出过"针对岗位设置课程"，为强调高职教育服务一线的定位属性提出过"加强动手能力培养"，为突出高职教育的岗位针对性、自主学习研究能力和团队合作意识提出过"以工作过程为导向"。诸如此类理念，反映了我国高职教育发展过程中的探索创新精神，具有一定的历史合理性；但高职教育发展至新时代，仔细分析可以看出，上述理念的主旨体现了对工具理性的崇尚，其核心是针对就业岗位、企业需求，而不是针对学生、着眼人的发展，价值理性比较弱化。

1.1.2 融入工业文化因素泛化

高职院校以培育契合社会需求及企业要求的技术技能型人才为目标，工科类高职院校在校园文化建设过程中，理应与经济社会发展紧密衔接，积极融入工业文化元素。工业文化，作为人类社会在工业化进程中创造并积淀的物质财富与精神财富的集合，是对各行业优秀企业文化的高度凝练与升华。工业文化的内涵极为丰富，吸引众多研究者从多元视角展开深入探究与阐释。余祖光从人的行为模式以及企业管理制度层面出发，指出工业文化涵盖合格公民应具备的意识与行为准则，合格劳动者的意识与行为规范，还有对多元文化的理解与相应行为规范等内容①。而张心昊等则侧重于人的精神维度，认为工业文化的内涵体现为敢为人先的开拓精神、对科技高度重视的创新精神、脚踏实地的务实精神、心怀家国的兼济精神以及勇往直前的奋进精神②。这些研究从不同角度深化了人们对工业文化的认知，为工科类高职院校校园文化建设融入工业文化提供了理论支撑与方向指引。这些研究从工业体系总体层面对工业文化进行了研究，事实上，工业文化博大精深，蕴藏于广大工业文化资源中。工业文化资源依据其特性，通常可划分为三大类别。其一为工业文化遗产。工业文化遗产既涵盖具有历史、艺术以及科学价值的有形工业文物，也囊括无形的技术思想、技术实践、技术形式、技术技巧、技术器物与技术场所等。工业文化遗产承载着工业发展的历史脉络，是工业文化的物质与精神见证。其二是工业文化精神。工业文化精神体现为代表特定时代工业精神的先进典型人物，一般由各行业推选，包括经各级人民政府或工会表彰的技术能手、工匠以

---

① 余祖光. 先进工业文化进入职业院校校园的研究 [J]. 职业技术教育, 2010 (22): 5-10.
② 张心昊, 王振良, 王士立. 唐山工业文化初论 [J]. 唐山学报, 2005 (6): 3-7.

及劳动模范，他们身上凝聚着行业的卓越精神与价值追求。其三为工业价
值观。工业价值观包括在市场环境下遵循规则、秉持诚信、注重效率、倡
导竞争合作以及怀有民族情怀；在尊重科学、创造与权益的环境中尊重劳
动、热爱劳动、重视人才；在重视生态环境的背景下爱护环境、支持公益
等价值观，这些价值观构成了工业活动中的行为准则与道德规范。

工业文化资源对于高职院校，特别是工科类高职院校开展文化育人工
作而言，是极为宝贵的财富。然而，当前多数高职院校在对待其所服务的
主导专业的工业文化时，存在诸多不足。一方面，深入的收集与整理工作
有所欠缺，充分的诠释与传播力度不足，集中、物化以及推广的举措更是
匮乏。以建设相关专题博物馆为例，重视博物馆建设的高职院校数量稀
少，且在经费投入方面难以获得有效保障。另一方面，部分高职院校在传
承工业文化的过程中，未能将优秀工业文化的核心价值有机融入育人环
节，也未借助校园文化有效承载先进工业文化，致使学生难以真切感悟现
代工业文明，无法充分传承优秀工业文化①。在"中国制造 2025"发展战
略的背景下，我国确立了从制造大国迈向制造强国的宏伟目标，其中创造
现代工业文明是这一战略的重要内涵。实施这一重大战略，迫切需要大量
具备现代工业文化内涵与素养的建设者。高职院校培养的技术技能人才作
为新型工业化建设的重要力量，是制造强国建设的关键支撑。从这个角度
来看，高职院校学生的工业文化素养对工业化的发展水平起着决定性作
用。但审视当前高职院校文化建设的实际状况以及文化育人的实践，不难
发现存在工业文化因素融入泛化的问题，亟待解决此问题以更好地服务于
工业发展需求。

1.1.3 注入企业文化要素主观化

高职院校传承与创新工业文化，核心主旨在于彰显高职教育独有的
"职业性"文化特质，关键路径是将工业领域内的行业与企业要素深度嵌
入学校教育教学体系。但在实际操作中，部分高职院校在教学组织时融入
行业企业要求的过程中，主观性较为突出，常常依据管理者经验、领导者
个人偏好以及现有资源随意拼凑。具体呈现如下：第一，校企文化价值取
向把控主观性强。学校与企业在利益诉求方面有着本质区别。学校的核心

① 赵学通. 高职院校文化使命：工业文化的传承与创新 [J]. 中国高教研究，2013 (9)：
103-106.

使命是依据党的教育方针，遵循教育规律，努力培养社会主义建设者和接班人，通过营造积极向上、崇尚道德、一心向善的校园文化环境，助力学生健康成长，使其具备立足社会的能力并能为社会贡献力量。而企业文化着重于提升产品质量与生产效率，通过激发从业者的积极性与主观能动性，营造团结协作、富有归属感的工作氛围，以达成经济效益的最大化。在实操中，一些高职院校为满足校企合作指标、堆砌合作政绩，简单照搬企业文化，开展浅层次合作活动，仅在主观层面进行文化叠加，却忽略了这些活动对学生思想道德与职业精神培育的实际成效。第二，专业文化与学生对接缺乏专业性。多数高职院校的专业设置围绕某一主导行业展开，即便其他专业并非直接服务于该行业，也会受到主导专业文化的影响。当学生走上就业岗位，若能将所学专业文化与工作实践紧密结合，不仅能高效完成工作任务，还能实现个人价值，企业也将从中获益。然而，部分高职院校在针对不同专业学生开展教育时，在选择本专业文化还是主导专业文化进行教育这一关键问题上，缺乏清晰明确的职业性与专业性价值导向和教育主线，存在选择随意、实施主观、效果评价缺乏科学性等问题。第三，"双主体"文化育人中合作企业选择失准。无论大型企业还是小型企业，都有孕育优秀文化的可能，但知名大型企业的文化价值取向通常更为稳固。从人才培养与文化传承创新的角度来看，高职院校在校企合作时应优先考虑与优秀大型企业携手合作，将其先进文化全面融入教育教学的各个环节，帮助深受优秀企业文化熏陶的毕业生走向社会后传播和弘扬优秀文化。但一些高职院校在校企合作时，选择企业的标准主要依赖私人关系，比如熟人、校友等，却忽视了企业的文化先进性。在开展校企合作的人员互动、文化交流、资源共享、联合科研等活动时，缺乏对企业文化的筛选与优化；在利用实物、影像、书籍等传播专业文化时，仅仅注重形式上的展示，却忽略了对文化内涵的挖掘与升华；在聘请企业专家时，过度看重身份地位，却忽视其是否符合政治与教育要求；在引入企业管理理念和工程案例时，一味追求数量，却轻视其思想性和时代教育意义；在社会服务方面，只关注活动开展的形式，却不考量其实际社会效益。

1.1.4　关注文化间性碎片化

"间性"最早源自生物学范畴，用于描述某些雌雄异体生物同时具备两性特征这一特殊现象。当它被引入人文社科领域后，其内涵转变为表征主体之间一般性的关联状态，体现出一种彼此交融、相互渗透的关系模式。在文化领域，"间性"进一步演化为"文化间性"，这一概念着重强调不同文化主体之间的对话互动，具有相互交流、增进理解、实现文化意义共建的显著特征。在国际化发展战略的宏观背景下，高职院校在探索和践行"文化间性"的过程中，受限于自身视野的局限性、专业能力的不足、管理机制的不完善以及国际交流经验的欠缺，暴露出诸多问题，主要呈现为盲目性和碎片化。具体问题体现在以下三个方面。

第一，开放理念在高职教育中根基不深。教育国际化已成为新时代教育发展的重要趋势。高职教育国际化的核心目标在于积极引入国际优质教育资源，不断充实、优化和拓展我国高职教育体系。其关键在于，在坚守中国特色的同时，深度借鉴国际教育标准与规则，着力培育具备国际视野和跨文化交流能力的高素质技术技能人才。但在实际中，部分高职院校的办学视野较为局促，对国际化发展的重视程度不够。在育人目标设定上，缺乏前瞻性的国际思维与全球视野；在专业建设和课程体系构建时，未能充分融入国际先进标准；在对外交流时，相关活动开展得极为有限。尽管近年来高职院校在对外交流方面有所进步，但多数仅局限于招收共建"一带一路"国家的留学生，且在留学生教育与文化融合方面，尚未建立起成熟、系统的培养模式。甚至出现个别院校为吸引留学生，不惜牺牲国内学生的教育权益，造成教育资源分配失衡和文化冲突的不良现象。

第二，我国高职教育的文化自信亟待提升。近年来，我国高职院校学生在国际技能竞赛中屡获佳绩，各类职业技能大赛也充分展示了高职教育的发展潜力和对社会经济发展的重要贡献，这使得高职教育受到社会各界的广泛关注。尽管我国高职教育在整体质量提升、社会认可度提高以及社会地位改善等方面仍有较大的发展空间，面临着诸多亟待解决的问题，但不可否认其具有广阔的发展前景。因此，增强高职教育的文化自信，成为推动我国高职教育高质量发展的关键任务。在国际化进程中，部分高职院校在国际交流合作中表现出明显的不自信，要么对与国外院校开展交流合作持保守态度，要么过度美化和追捧发达国家的职业教育模式，盲目推崇外国职业教育文化，严重缺乏对自身教育理念、办学模式和教学方法的认同与自信。这种心态不仅阻碍了我国高职教育迈向国际舞台的步伐，也极大地削弱了对外文化交流的实际效果。

第三，欠缺对世界高职文化多样性的尊重。文化多样性是人类社会的本质特征，也是推动人类文明持续进步的重要动力。随着信息技术的飞速发展，全球经济一体化进程不断加速，各国之间的联系日益紧密，人类已成为一个休戚与共的命运共同体。在国际文化交流中，秉持相互学习、共同促进、包容共生的理念至关重要。我国高职文化与其他国家的职业教育文化一样，都深深扎根于各自独特的传统文化土壤，在不同的社会环境中发展演变，都是人类文明的宝贵结晶，各有其优势与不足。在全球化背景下，不同文化之间相互影响、相互渗透，同时又保持着自身的独立性，呈现出明显的"间性"特征。然而，我国高职院校在国际化实践中，由于发展时间相对较短，文化底蕴不够深厚，国际交流经验不足，存在两方面的问题：一是盲目跟风发达国家的高职教育模式，贬低我国高职教育取得的成就，甚至对本国高职教育文化产生怀疑，这对我国高职教育的健康发展造成了负面影响；二是对发展中国家的高职教育存在偏见，在合作交流中表现出傲慢与轻视，未能充分认识到这些国家在教育理念、办学精神等方面的可取之处。这些行为既违背了中华优秀传统文化倡导的包容、谦逊的价值观，也严重制约了我国高职教育的国际化发展。作为社会主义国家，在党的坚强领导下，我们必须牢固树立尊重世界文化多样性的理念，积极践行人类命运共同体理念，推动高职教育的国际交流与合作迈向更高水平。

从我国高职院校文化建设现状来看，文化育人的水平总体滞后于高职教育蓬勃发展的整体水平。除上述问题表征外，影响我国高职院校文化育人发展的另一重要原因是高职教育探索发展过程中，各管理主体和理论工作者更多地关注办学模式和教育教学方式方法的深入研究和改革创新，很少把文化育人、文化建设提到应有的高度并纳入教育教学过程来进行顶层规划和主动实践，使得高职院校的文化育人推进、文化建设实践存在现实茫然、层次不高的问题。解决这些问题，亟须各高职院校在办学中不断思考探索适合学校发展的文化育人模式，提出彰显文化育人价值取向的策略，有效指导学校文化建设实践。

1.2　文献回顾

聚焦"文化育人"主题，本书梳理回顾了学界有关文化育人及高校文化育人的理论与实践探索。

1.2.1　文化育人相关研究

当下，学界针对文化育人的研究，主要涵盖基础理论、本质内涵、实施内容与方法以及价值取向这几个关键维度。

在基础理论探究方面，其范畴深度交融文化、教育和人这三大核心领域。大量研究成果显示，文化育人并非简单的单向作用机制，而是"人化"与"化人"相互交织、彼此影响的双向动态建构过程。"人化"体现为人作为主体，通过多元的实践活动赋予文化丰富的内涵，让文化得以生成与发展；"化人"则突出文化对个体的塑造功能，个体在接受文化熏陶和教育引导的过程中，实现自身素养的提升与全方位发展。理论界基于马克思主义文化观、教育学理论等多元视角，对文化育人展开系统研究。有学者深入探究马克思、恩格斯的文化观，明确指出他们以唯物史观为基石，首次构建起具有开创意义和深远影响的文化观体系。在该体系中，文化的产生、发展与社会物质生产紧密相连，文化不仅是社会意识的重要体现，更是推动社会进步的精神动力源泉。因此，无论是文化理论的探索，还是文化建设的实践，都离不开马克思主义文化观的指导。从这一理论视角切入文化育人研究，有助于深刻理解文化育人在社会发展进程中的重要价值，以及如何借助文化育人促进人的全面发展。同时，人学理论为文化育人研究提供了对人的本质、价值及发展规律的深刻洞察，有助于揭示文化育人过程中人与文化之间的内在联系，为优化文化育人实践提供坚实的理论支撑[①]。

在文化育人的本质与内涵研究领域，学界已形成广泛共识，一致认为文化育人在本质上归属于一种实践活动。在育人实践进程中，无论是实践主体、客体，还是育人活动所涉及的各个环节、实现路径、方法手段以及

---

① 胡海波，郭凤志. 马克思恩格斯文化观研究［M］. 北京：中国书籍出版社，2012：引言 1.

体制机制等诸多要素，均充分彰显出育人活动的实践属性。从核心内涵层面剖析，文化育人聚焦开展培育人性、引领文明的系列活动，其以文化作为核心内容，运用文明化的方式方法，致力于培育个体的人性，引导个体逐步迈向文明的生产与生活方式，在这一过程中实现个体的全面发展与社会文明的整体提升①。

在文化育人价值取向研究方面，方桐清指出，文化育人价值取向是在文化育人活动中，针对文化内容、传播方式和传播路径所形成的选择偏好和稳定态度。它与特定阶段的经济社会发展水平、党和国家的要求以及人们对育人的期望紧密相关。其中，经济社会发展水平是文化育人价值取向的物质基础，党和国家的要求提供政治导向，人们对育人的期望则成为现实发展动力。发展任务决定价值目标，递进式的发展任务决定了递进式的价值目标②。

1.2.2　高校文化育人相关研究

关于高校文化育人，学者们主要分析了高校与文化育人的关系以及高校文化与育人的关系。就高校与文化育人的关系而言，学者们认为高校文化育人是一个以高校为主体、以文化为载体、以学生为主要对象、以育人为目的的实践过程③。这类研究主要提出的观点：高校是文化育人的主体，高校应把文化作为育人载体，助力学生发展成长，推动实现育人目标。就高校文化与育人的关系而言，学者们主张把高校文化育人理解为培育人的途径、方式与人才培养的内容。基于学者们对高校文化育人以上两个维度关系的理解，已有研究大致可以分为理论研究和实践研究两大类。

理论研究方面，韩延明所著《大学文化育人之道》一书，从文化学、教育学、社会学、心理学、管理学等多学科视角对大学文化育人进行了理论探讨。刘刚等所著《多维大学校园文化研究》从大学校园文化的含义、特征和功能、结构以及建设主体等方面进行了理论探索，并从大学校园的政治文化、教学文化、科技文化、体育文化、艺术文化、历史文化、网络文化、生态文化、商业文化等多维度进行了探讨。张立学所编写《以文化人：大学文化育人研究》从历史发展、国际比较、社会现实的维度阐释了

---

① 郑卫丽.大学文化育人工作的实践特征及本质 [J].人民论坛，2014（总441）：196-198.
② 方桐清.高职院校文化育人价值取向研究 [D].徐州：中国矿业大学，2020.
③ 丁冬生.高校文化育人的效应及其实现研究 [D].上海：华东师范大学，2014.

大学文化育人的基本理论，总结了大学文化育人的发展历程、主要成果和经验不足，提出了大学文化育人的对策与路径选择。邓军主编的《高校思想政治工作质量提升理论与实践》（十卷本）深入总结了广西师范大学育人过程的积淀，挖掘了十大育人体系内涵，是近年来高校文化育人方面具有代表性的理论成果。

实践研究方面，由全国高等职业院校文化素质教育协会组织编写的《文化育人》系列丛书，对深圳职业技术大学、浙江金融职业技术学院、金华职业技术学院等知名高职院校的文化育人实践经验进行了研究和总结。例如，周建松、陈云涛所著《浙水流金：浙江金融职业学院文化育人思与行》一书从大学文化的传承入手，分析了高职院校文化育人的基本理论问题，探讨了高职文化的建设机理，包括科学的文化内涵定位、积极的文化特色塑造和完整的文化成果呈现，对高职文化育人的要素进行了详细分析，包括历史性要素、环境性要素、主体性要素和开放性要素。系统梳理了浙江金融职业学院文化育人的脉络架构和内涵深化，总结了学校在教学文化、爱生文化和学生群体文化等方面的育人经验，并对其普遍性意义进行了发掘。详细介绍了学校所设立的明理学院、银领学院、淑女学院三个文化育人载体各具特色的探索，多角度呈现了浙江金融职业学院文化育人的软硬件支撑，包括教学设施、师资力量、校园文化氛围等，展示了学校在文化育人方面取得的实践成果和印记，如文化论坛、文化活动、文化成果等。该书通过详细介绍浙江金融职业学院的文化育人实践案例，为高职院校文化育人工作提供了实践借鉴经验。另外，其他重视校园文化建设及文化育人工作的部分高职院校也进行了积极探索并凝练总结形成经验。例如，赵军主编的《一核三维五元校园文化育人模式初探》一书，以"思源 追寻 致远"校训为主线，全面探讨了广安职业技术学院校园文化育人的模式与实践。思源篇简述了学院自1906年建校及2004年升格高职以来的发展史，解读了学校校训、学院精神、办学理念和办学定位等顶层设计及各院系相关文化建设规划。追寻篇重点介绍了该校"一核（以社会主义核心价值观为核心）三维（精神文化、行为文化和物质文化三个维度）五元（红色文化、职教文化、民族文化、传统文化和川东文化）"校园文化建设模式及其运行体系。致远篇综述了学校校园文化建设十年发展战略规划（2012—2021年），并收录了学校校园文化建设理论研究及建设实践经验成果。该书通过对"一核三维五元"校园文化育人模式的深入探讨，为高职院校的校园文化建设提供理论参考和实践指导。

现有高校文化育人相关研究比较深入系统地探讨了高校文化育人的方法路径，既是高校文化育人方面的重要理论成果，也为其他高职院校开展文化育人工作提供了重要的实践参考。本书试图通过归纳总结相关研究的实践经验，结合学校实际情况探索适合学校发展的特色文化育人模式，以期在提升学校内涵发展的同时能够为西部地区同类型高职院校文化育人提供一定的参考借鉴。

2 高职院校文化育人的理论思考

文化育人作为一种教育方式，有着悠久的历史渊源。在古代，儒家、道家等都提出了自己的教育思想。儒家是中国古代最著名的教育思想流派之一，其代表人物孔子提出了"修身、齐家、治国、平天下"的教育理念。其中，"修身"是文化育人的核心，强调个体应该注重自身的品德修养和道德修养，通过学习经典、礼仪等方式来提高自己的修养水平。道家是中国古代另一种重要的教育思想流派，其代表人物老子提出了"无为而治"的教育理念。其中，"无为"是文化育人的核心，强调个体应该避免过度干预和强制，让自然和事物按照自己的规律发展。除了儒家和道家，其他流派也提出了自己的教育思想，如墨家、法家等。这些思想虽然有所不同，但都强调个体应该注重自身修养和品德，同时也注重社会的和谐与稳定。这些思想对后世产生了深远的影响，不仅成为中华优秀传统文化的重要组成部分，也为现代文化育人提供了重要的思想基础。随着时代的发展和社会的进步，文化育人的思想也在不断发展和完善。现代文化育人强调以人为本、全面发展、注重实践和创新等理念。

2.1 高职院校文化育人的思想基础

古今中外关于文化育人的思想丰富多彩、各具特色。这些思想不仅为教育实践提供了宝贵的指导和启示，也为推动教育事业的发展和进步做出了重要贡献。其中，马克思、恩格斯、列宁有关文化育人的思想原则、中国共产党主要领导人有关文化育人的思想观点，特别是习近平新时代中国特色社会主义思想中包含的有关文化育人的重要论述，阐明了文化为何可以育人、以何种文化育人，以及如何用文化育人的基本原理，为新时代高职院校文化育人提供了理论依据。

2.1.1 马克思、恩格斯、列宁关于文化育人的思想

在构建唯物史观的思想演进历程中，马克思始终高度关注与历史发展、社会变革紧密相连的文化议题。尽管在已出版的《马克思恩格斯全集》中，马克思直接且单独运用"文化"这一词汇的频次并不高，但其借助"文化教育""文化水平""文明""文化初期""文化斗争""文化状态""精神生产""社会意识""意识形态"等诸多概念，深刻阐述了文化的相关内容。从马克思运用的这些与文化相关的术语来分析，其文化观的基本内涵主要体现在以下六个维度：其一，当马克思使用"文化"一词时，其内涵大致指向知识水准以及文化素养层面；其二，在探讨人类物质生产活动时，马克思着重提及人类劳动所蕴含的文化底蕴及其精神特质；其三，在马克思的理论体系中，文化概念在很大程度上与文明概念等同；其四，在研究精神生产与物质生产的关系时，马克思强调应从特定的历史形态出发，考察社会发展进程中的文化形态；其五，马克思对文化的理解与当时兴起的"文化史""文化学""文化科学"等领域紧密相关，并且主要针对当时盛行的唯心史观展开批判；其六，马克思的文化观还具备意识形态批判的意义。可以说，马克思所运用的文化概念蕴含着教育学、历史学、社会学、文化学等多层面的复杂含义。

马克思和恩格斯指出，文化源于生活，是人类现实生活的映射。文化教育必须与社会实践生活深度融合，绝不能脱离人的实际生活情景。鉴于先进文化能够在社会变革中发挥理论先导作用，文化育人的关键就在于将这种先进的精神文化作为批判的有力武器，作为实现人类解放的思想指引，并将其转化为人民群众推动社会变革的物质力量。列宁在继承马克思和恩格斯的文化教育思想的基础上，进一步发展创新。他将马克思和恩格斯关于文化教育的意识形态属性、文化教育与社会生活相结合，对文化育人的思想进行了更为细致的阐述，并创造性地应用于苏维埃国家的建设实践中。马克思、恩格斯以及列宁关于文化育人的基本原理，为新时代高校开展文化育人工作奠定了最为根本的理论基础，为高校在文化育人实践中把握正确方向、创新育人方法、提升育人成效提供了重要的理论指引。这不仅有助于高校深入理解文化育人的本质和内涵，还为其在教育教学过程中有效融入文化元素，培养全面发展的高素质人才提供了坚实的理论支撑。

2.1.1.1 文化育人具有鲜明的意识形态属性

马克思和恩格斯虽未在著作中对意识形态概念予以确切定义，但从其论述中，至少能从两个层面理解文化的意识形态属性。一方面，他们将意识形态视为虚假意识，这是从否定视角出发的。例如，马克思把当时德国的唯心主义哲学称作"德意志意识形态"，批判其脱离实际、歪曲现实的特性。另一方面，马克思和恩格斯把意识形态看作是反映社会存在的观念思想体系，例如，他们将意识形态视为"人类史的一个方面""统治阶级的思想""观念的上层建筑"等①。文化的意识形态特性直接决定了文化育人具备鲜明的意识形态属性。

意识形态是社会整体不可或缺的部分，其存在与发展依赖经济基础，同时又对经济基础、生产关系以及社会关系产生能动的反作用，这种反作用体现着特定阶级的意志与诉求。此外，作为意识形态的社会精神文化在外观上具有相对独立性。人们的现实生活是文化意识形态性的实践根基，物质生活与实践条件限制着文化意识形态；然而，具有意识形态性的社会精神文化遵循自身的内在发展逻辑，有着相对独立的形式，并且对现实生活产生强大的反向影响。"维护阶级社会"是文化意识形态性的主要体现。阶级社会以对立阶级的产生与发展为前提，这也是阶级社会精神文化具有意识形态性的基础。在阶级社会中，统治阶级的精神力量占据主导，社会的精神生产资料受其掌控。正如马克思和恩格斯在《马克思恩格斯文集（第一卷）》中所述，"那些没有精神生产资料的人的思想，一般地隶属于这个阶级的"②。阶级社会的文化教育是统治阶级意识形态价值观教育的具体呈现，阶级的意识形态本质上就是统治阶级的意识形态，文化育人表现为维护统治阶级意识的文化传播与价值塑造实践活动。

列宁进一步发展了马克思和恩格斯关于文化意识形态性的思想，明确指出文化育人需"讲政治、问政治"。他深入剖析并批判了资本主义教育，特别强调教育必须与政治相结合，坚守正确的政治方向。列宁首先批判了资产阶级教育在政治问题上的虚伪性与欺骗性，指出在资本主义社会，"机构愈重要就愈不能摆脱资本和资本的政治"③，强调社会主义教育不能

---

① 胡海波，郭凤志. 马克思恩格斯文化观研究[M]. 北京：中国书籍出版社，2013：144-145.

② 马克思，恩格斯. 马克思恩格斯文集：第一卷 [M]. 中共中央编译局，译. 北京：人民出版社，2009：550.

③ 中共中央编译局. 列宁专题文集·论社会主义 [M]. 北京：人民出版社，2009：170.

被资产阶级的虚假说辞蒙蔽。他坚决反对"教育不讲政治""教育不问政治"这类资产阶级的欺骗性言论，指出社会主义文化教育工作必须深刻认识到，即便资产阶级否认教育与政治的关联，实际上所有资产阶级教育都与政治机构紧密相连，我们的教育工作绝不能秉持教育不问政治的旧观念，必须紧密联系政治。

列宁曾深刻指出，在文化育人工作中，必须将党的思想全方位融入其中，以党的精神作为强大动力激励民众。教育活动应当全面贯彻党的精神内核，运用共产主义精神来教育和团结工人群众，从而引导他们高度关注共产党员的工作实践。从教育的任务视角而言，其核心在于借助教育的力量，破除人们头脑中根深蒂固的旧思想与旧习气，激发群众积极主动地接受党的领导。此外，列宁认为文化育人的关键职责在于使群众深入理解政治内涵。鉴于群众若处于不识字状态，便难以真正理解政治，更无法有效开展政治教育，因此他着重强调要大力推进扫盲工作，通过系统地教会群众识字，提升他们的文化水平，为群众理解政治搭建起坚实的桥梁，进而助力群众在政治认知和政治参与上实现质的飞跃。这样，文化育人工作才能在提升民众文化素养与政治理解能力的基础上，推动社会朝着更为进步的方向发展。他指出，"流言蜚语、谎话偏见"多源于不识字，不识字对政治毫无益处，"文盲是处在政治之外的"①。

2.1.1.2 文化育人要与社会实践生活相联系

马克思主义文化观的一个重要原则和立场就是认为文化根源于生活。一定社会的物质生活生产方式决定精神生活方式，社会存在决定社会意识②。"不是意识决定生活，而是生活决定意识"③ 马克思、恩格斯指出，思想、观念、意识等文化现象一开始就是社会生活的产物。就其根源性而言，由于物质交往的需要，人类产生了思想、观念、意识等文化现象；就其内容而言，人的意识是人的社会生活的反映，"意识在任何时候都只能是被意识到了的存在，而人们的存在就是他们的实现生活过程。"④ "而且

---

① 中共中央编译局.列宁专题文集·论社会主义 [M].北京：人民出版社，2009：268.
② 马克思，恩格斯.马克思恩格斯文集：第二卷 [M].中共中央编译局，译.北京：人民出版社，2009：597.
③ 马克思，恩格斯.马克思恩格斯文集：第一卷 [M].中共中央编译局，译.北京：人民出版社，2009：525.
④ 马克思，恩格斯.马克思恩格斯文集：第一卷 [M].中共中央编译局，译.北京：人民出版社，2009：525.

只要人们存在着，它就仍然是这种产物。"① 马克思、恩格斯认为，文化随着社会生活的变化而变化。物质生产和物质交往是社会生活的两个基本方面，二者的交互中产生了对象化和非对象化的辩证运动。人通过客体非对象化与主体对象化互为前提的社会生产生活活动不断享有、吸纳、传承对象（包括前人的活动成果），不断提振人的精神动力、增长人的精神文化水平，使人拥有了更加强大的本质力量改造客体。可见，人们的社会生活在改变着生活本身的同时"也改变着自己的思维和思维的产物。"② 马克思、恩格斯提出，文化教育只能在社会生活领域得到科学的说明与确证。人的认识、意识和文化都是"关于他们同自然界的关系，或者是关于他们之间的关系，或者是关于他们自己的肉体组织的观念"③，文化教育也都是人如何看待和处理人与自然、人与人、人与社会之间的关系中的"人化"与"化人"的统一，文化现象只能从人的物质活动和物质关系中阐明其发生根源，而文化教育也只能从人的社会生活领域找到答案。列宁把马克思、恩格斯关于文化教育与社会生活相结合的思想创新运用到推动苏维埃国家建设发展的实践中，他特别反对单纯学习书本知识和空洞抽象的思想宣传。

列宁在深刻剖析教育理念与社会发展的关系时，着重批判了资产阶级教育与实践相脱节的弊端，并在此基础上，旗帜鲜明地强调社会主义教育必须紧密结合实践。他指出，资本主义社会遗留的严重危害，便是书本知识与社会实践的完全割裂。在现实社会中，诸多令人反感的现象，在书本里却被粉饰成完美的景象，书本以虚假的笔触描绘着资本主义社会的面貌，这无疑是对大众的误导。

列宁进一步阐述，苏维埃国家正确的教育方法应当是将理论与实践有机融合，单纯学习"共产主义著作、书本和小册子"，极有可能培养出"共产主义的书呆子或吹牛家"。若只是机械地背诵书本知识，却不懂得将其转化为实际行动，不按照共产主义的要求去践行，不懂得知识的融会贯通，必然会对社会主义事业造成损害。共产主义理论的学习，绝非仅仅通

① 马克思，恩格斯. 马克思恩格斯文集：第一卷［M］. 中共中央编译局，译. 北京：人民出版社，2009：533.
② 马克思，恩格斯. 马克思恩格斯文集：第一卷［M］. 中共中央编译局，译. 北京：人民出版社，2009：525.
③ 马克思，恩格斯. 马克思恩格斯文集：第一卷［M］. 中共中央编译局，译. 北京：人民出版社，2009：519.

过书本就能达成，其必须紧密结合具体的工作和斗争。离开实际工作与斗争，书本知识便毫无价值可言，知识与实践的分离，正是资产阶级社会最为人诟病的特征之一。仅通过书本来领会共产主义的论述，是极不正确的方式。由此可见，马克思主义的教育与实践相结合具有不可忽视的重要性。

在列宁看来，俄国思想文化落后的根源在于宗教和教会所宣扬的宗教唯心主义。要改变这一现状，就必须以马克思主义的世界观与宗教世界观展开斗争。但这种斗争不能仅仅停留在口头或抽象的思想宣传层面，而要与具体实践紧密相连，要将其与旨在消除产生宗教的社会根源的阶级运动的具体实践相结合。

此外，列宁特别强调，对青年的文化教育更应重视与生产劳动实践的结合。青年一代是社会的未来，对他们进行社会理想的教育，必须与生产劳动紧密结合。若教育教学与生产劳动脱节，就无法培养出适应现代技术水平和科学知识发展要求的人才，这将对社会的长远发展产生不利影响。只有让青年在生产劳动实践中学习和成长，才能真正实现教育的目标，为社会主义建设培养出合格的人才。

在当代社会发展进程中，青年群体对于知识的掌握不应局限于机械记忆的层面，而是需要将文化知识与生产实践进行深度融合。这种融合的意义在于，通过对基础事实的深入理解，能够有效提升青年的批判性思维与解决问题的能力。倘若知识学习仅停留在表面，无法实现知识与实践的融会贯通，那么共产主义的宏伟目标便如同无本之木，沦为空洞的口号，共产主义者也会被视为不切实际的空想家①。正如列宁所指出的，在文化教育领域，教师肩负着提升教育能力的重要使命，而这一能力的提升必须依托实践的土壤。

教师需要在人民群众的日常生活中汲取养分，不断更新自身的知识体系，将教育活动与社会主义建设的伟大实践紧密相连。从理论根源上看，教师应打破资产阶级思想的禁锢，摆脱资本逻辑在知识传播与价值塑造层面的潜在影响，突破自身狭小的职业活动范围，真正融入劳动群众。在新的历史条件下，新教育学的核心任务在于将教师的教育实践活动与社会主义社会的构建任务紧密关联，从而为培养全面发展的社会主义建设者提供

---

① 中共中央编译局. 列宁专题文集·论无产阶级政党 [M]. 北京：人民出版社，2009：282.

坚实的教育支撑①。这样的教育理念转变不仅是时代发展的客观要求，更是实现教育本质回归与社会进步的内在动力。

2.1.1.3　用先进的社会精神文化教育人

马克思和恩格斯在对社会文化现象的深入探究中，明确指出文化存在先进与落后之分，唯有以先进文化培育人，方能使之转化为推动社会发展的强大精神动力。他们认为，社会精神文化是人类社会生活的一种映射与外在表征。在特定的物质条件基础上生成后，社会精神文化便拥有自身独特的存在、发展规律及内在逻辑，具备相对独立性。

进一步而言，社会精神文化可划分为先进文化与落后文化两个范畴。先进文化契合社会发展的趋势，反映生产力发展的内在需求，是对新事物的积极肯定与大力倡导。它能够引领社会进步，激发人们的创造力，为社会发展提供智力支持和精神支撑。而落后文化则是反映陈旧、落后社会关系的腐朽文化形态，其与社会发展潮流背道而驰，阻碍社会生产力的发展，是对新事物的否定与抵制。落后文化往往束缚人们的思想，阻碍创新，成为社会进步的羁绊。通过对先进文化和落后文化的剖析，更能凸显以先进文化培育人的重要性，其对于推动社会全面发展具有不可替代的作用。社会精神文化通过传统和教育转化成人的思想和行动，内化为人的精神力量，成为人们"行为的真实动机和出发点"②，唯有凭借能够引导人们变革社会现实的先进文化去施加教育影响，人们才能借助这种精神层面与观念层面的文化，开创出人类历史发展的崭新局面。列宁对文化育人的深刻阐述，紧密立足于俄国当时的经济文化状况以及群众的实际文化知识水平，涵盖了识字程度、文化素养和教育程度等多个维度。文化教育是一个广泛的概念，它囊括了学校教育、社会教育等多个领域。这种教育的核心在于运用科学技术、艺术、教育等多方面的文化知识，特别是马克思主义科学理论，对广大群众开展教育工作，其中包括工人、农民、士兵、青年团以及所有迈向共产主义的青年群体。通过系统的教育过程，持续提升他们的识字能力、受教育程度以及文化知识储备，强化其政治觉悟和纪律意识，塑造其共产主义道德品质。这不仅是对个体素养的提升，更是为共产主义事业的发展奠定坚实的人才基础，从整体上推动社会朝着共产主义的

---

① 中共中央编译局. 列宁专题文集·论社会主义 [M]. 北京：人民出版社，2009：344.

② 马克思，恩格斯. 马克思恩格斯文集：第二卷 [M]. 中共中央编译局，译. 北京：人民出版社，2009：498.

目标稳步前进。在这一过程中，文化育人作为连接理论与实践、个体与社会的关键纽带，发挥着不可替代的重要作用，它将先进的文化理念转化为群众的实际行动，进而推动社会的全面变革与进步。"其实质是马克思主义指导的社会主义先进文化体系。"① 列宁强调要加强马克思主义科学理论的教育，因为马克思主义是"工人阶级运动的旗帜"②，马克思主义"不是教条，而是行动指南"③，是社会主义建设的根本法宝，提高群众的马克思主义观必须加强对群众的马克思主义教育。列宁认为，要加强对人民群众的科学文化知识教育，文盲和文化水平低下都不能建成社会主义，不仅要教会群众识字，还要提高群众的科学文化水平。"劳动人民不但要识字，还要有文化，有觉悟，有学识"④，要教育人民群众克服旧文化的负面影响，树立先进的文化价值观念。列宁深刻认识到旧文化对人的负面影响，认为对陈旧的俄罗斯观点和半野蛮人的习惯的纵容是社会生活中一切不文明现象的主要根源⑤，"由于俄国生活的落后，不能够上升到马克思和恩格斯的辩证唯物主义。"⑥ 因此，用先进的文化、先进的价值观念教育人至关重要。列宁提出著名的"两种文化"理论，指出"每一个现代民族中，都有两个民族。每个民族文化中，都有两种民族文化。"⑦ 就是说，在社会中，既存在着统治阶级和被统治阶级，也存在着统治阶级和被统治阶级的文化，存在先进的文化和落后的文化。加强人民群众的文化教育，就是用民族的先进文化教育群众和武装群众，要用共产主义道德文化教育培育和造就一代新人。苏共十八大通过的《关于党的建设问题的决议》提出，"党内总的任务不是在数量上扩充党的队伍，而是改善它的质量，提高全体党员的觉悟，加强他们的共产主义教育"⑧。列宁认为，共产主义社会需要青年一代接力奋斗，青年一代不能做共产主义建设的旁观者，要"能够

① 房广顺，刘培路. 列宁文化育人思想与实践研究 [J]. 思想教育研究，2019（9）：43.
② 中共中央编译局. 列宁专题文集·论无产阶级政党 [M]. 北京：人民出版社，2009：338.
③ 中共中央编译局. 列宁专题文集·论马克思主义 [M]. 北京：人民出版社，2009：157.
④ 中共中央编译局. 列宁专题文集·论社会主义 [M]. 北京：人民出版社，2009：183.
⑤ 中共中央编译局. 列宁专题文集·论辩证唯物主义和历史唯物主义 [M]. 北京：人民出版社，2009：127.
⑥ 中共中央编译局. 列宁专题文集·论辩证唯物主义和历史唯物主义 [M]. 北京：人民出版社，2009：53.
⑦ 中共中央编译局. 列宁专题文集·论社会主义 [M]. 北京：人民出版社，2009：334.
⑧ 中共中央编译局. 苏联共产党代表大会、代表会议和中央全会会议决议汇编：第二分册 [M]. 北京：人民出版社，1964：54.

看到共产主义社会，也要亲手建设这个社会"，而且"应该成为千百万共产主义社会建设者的带头人"①。因此，提高青年的共产主义道德水平至关重要，"应该使培养、教育和训练现代青年的全部事业，成为培养青年的共产主义道德的事业"②。列宁旗帜鲜明地指出，"我应当指出，看来首先和理所当然的回答是：青年团和所有想走向共产主义的青年都应该学习共产主义"。

2.1.2 习近平总书记关于文化育人的重要论述

从马克思、恩格斯、列宁的文化观出发去回应新时代的文化议题，立足唯物史观的总体性方法论去完善马克思主义的文化理论，这是推动当代马克思主义理论创新的一个基本原则，也是推动马克思主义中国化的重要契机。2023 年 6 月 2 日在文化传承发展座谈会上，习近平总书记提出了"在新的起点上继续推动文化繁荣、建设文化强国、建设中华民族现代文明，是我们在新时代新的文化使命"。新时代新的文化使命也将马克思主义文化理论的建设任务摆在了理论工作者面前。习近平文化思想是"两个结合"的产物，在新的历史条件下指明了中国化时代化的社会主义先进文化的发展规律和发展道路，从而推进了马克思主义文化理论的深入发展，奠定了中国化时代化马克思主义文化理论的思想基础。面对新时代新的文化使命，必须以马克思主义文化理论的最新成果为指导，坚定文化自信，秉持开放包容的态度，坚持守正创新，才能建设文化强国，建设中华民族的现代文明。对马克思主义文化理论及其方法论的深入理解，有助于我们更好把握习近平文化思想的哲学内涵。

党的十八大以来，习近平总书记从实现中华民族伟大复兴中国梦、全面建设社会主义现代化国家的战略全局，对文化为什么能够育人，文化育人具有什么特征，用什么样的文化育人，以及文化育人的方法途径等进行了一系列的重要论述，形成了完整的文化育人思想体系，为新时代高职院校文化育人指明了前进方向、提供了根本遵循。

2.1.2.1 关于文化为什么能够育人的重要论述

从满足精神需求与丰富精神力量的维度来看，文化是人类实践活动的

---

① 中共中央编译局. 列宁专题文集·论辩证唯物主义和历史唯物主义 [M]. 北京：人民出版社，2009：322-328.

② 中共中央编译局. 列宁专题文集·论无产阶级政党 [M]. 北京：人民出版社，2009：285.

结晶，人不仅是文化创造与传承的主体，更是文化发展所指向的终极目标。文化的本质属性在于其精神性，它以独特的精神内涵，回应并满足人类在精神层面的多元需求。文化通过文学、艺术、哲学等多种文化形式，为个体提供精神滋养，使人丰富自身的精神力量，获得更为深刻的精神体验与情感共鸣，进而实现个体精神世界的充实与拓展。习近平总书记指出，"人，本质上就是文化的人，而不是'物化'的人；是能动的、全面的人，而不是僵化的'单向度'的人。人类不仅追求物质条件、经济指标，还要追求'幸福指数'；不仅追求自然生态的和谐，还要追求'精神生态'的和谐"①。没有精神，人很难生存发展，一个国家也不可能强大，精神是人的支柱和国家的灵魂，只有精神达到一定高度，这个民族才能奋勇向前，国家才能屹立不倒。习近平总书记特别重视文化对人民精神力量的塑造，强调"人类社会与动物界的最大区别就是人是有精神需求的，人民对精神文化生活的需求时时刻刻都存在"②。习近平总书记深刻阐释了文化在塑造个体精神与引领价值取向方面的关键作用，文化能够充实人的精神世界，引导个体价值选择，提升人的精神境界。在塑造人的精神世界方面，习近平总书记着重指出，中华优秀传统文化是我们最深厚的文化软实力，也是中国特色社会主义植根的文化沃土。实现中华优秀传统文化的创造性转化与创新性发展，是凝心铸魂、凝聚力量的重要途径。通过对传统文化的现代化重塑，让其蕴含的思想观念、人文精神、道德规范与当代社会相适应，与现代文明相协调，才能为个体提供坚实的精神根基。同时，时代呼唤无愧于时代的文艺创造，以满足人民日益增长的精神文化需要，丰富人们的精神力量。优秀的文艺作品能够以生动的艺术形象、深刻的思想内涵，触动人们的心灵，激发情感共鸣，给予人们积极向上的精神激励。文化还具有坚定人的理想信念、引领价值追求的重要功能。每个时代都有其独特的时代精神与价值观念，核心价值观集中体现了一个国家和民族的价值追求，是评判是非曲直的价值标准。中国人独特的精神世界与价值观，是区别于其他民族的重要标识。中华文化源远流长、博大精深，是海内外中华儿女共同的精神纽带，承载着凝聚人心的理想信念。文以载道、文以化人，深入了解中国的文化血脉，精准把握滋养中国人的文化土壤，是认识当代中国与当代中国人的必要路径。这要求我们从文化根源出

---

① 习近平. 之江新语 [M]. 杭州：浙江人民出版社，2007：150.
② 习近平. 习近平谈治国理政：第 2 卷 [M]. 北京：外文出版社，2017：315.

发，挖掘文化精髓，以文化的力量培育和践行社会主义核心价值观，坚定理想信念，引领全体人民在价值追求上达成共识，为实现中华民族伟大复兴汇聚强大精神动力。

我们党始终高度重视运用先进文化引领先进青年的发展方向，密切关注青年学生对精神文化生活的热忱与期待。时代赋予青年独特的际遇与机缘，也对青年提出了谋划人生、创造历史的要求。青年作为社会发展的新生力量，其价值观在很大程度上影响着社会的未来走向。社会主义核心价值观作为当代中国社会价值体系的内核，为青年的人生航程提供了精准的航向指引。文化在激发人的审美追求、提升人的审美境界方面亦发挥着关键作用。人的实践活动不仅致力于改造客观世界，同时也在不断重塑主观世界。文化作为美的重要载体，传递着美的内涵与价值。从本质而言，美是对人的价值与自由的充分肯定，而人对真、善、美及其有机统一的不懈追求，构成了永无止境的历史进程。这一目标的达成以及过程的推进，既依托人的实践活动与认知能力的持续深化和拓展，也依赖人对自身本质需要、能力的深刻自我认知、主动自我改造以及不断自我丰富和发展。艺术作为文化的重要表现形式，具有独特的感染力与影响力，能够使个体的灵魂得到深度洗礼。艺术美的至高境界在于能够触动人心，激发人们内心深处对美的感知与追求，进而启迪和促使人们自觉地去发现自然之美、生活之美以及心灵之美。这种审美追求的激发，不仅丰富了个体的精神世界，更有助于提升个体的审美境界，使其以更加敏锐的感知力和更高的审美标准去理解生活、审视世界，推动个体在精神层面的全面发展，进而为社会的文化繁荣与进步贡献力量。艺术作品影响人、陶冶人、美化人，本质上是依靠艺术蕴含和表达的文化价值观熏陶人、鼓舞人、激励人，只有发挥先进文化的凝聚、润滑、整合作用，文艺作品才能更好反映中国人的审美追求，展现中华审美风范，坚守文艺的审美理想。

2.1.2.2 关于文化育人特征的重要论述

在文化育人的实践过程中，需要高度重视并精准把握其隐蔽性、持久性与情感性这三大关键特性。

首先，文化育人具有隐蔽性。这一特性不仅是习近平总书记对文化育人特点的深刻洞察，更是对文化育人实践提出的明确要求。文化对人的影响与塑造，总是借助特定的形式、载体以及活动来达成。文化隐匿于这些具体的表现形式之中，具有鲜明的隐蔽属性。以教育领域为例，文化教育在隐性教育方面的体现尤为突出。习近平总书记指出："要注重文化浸润、感染、熏陶，既要重视显性教育，也要重视潜移默化的隐性教育，实现入芝兰之室久而自芳的效果。"这种潜移默化的文化育人方式，注重育人过程的温和性，以自然的方式流露并感化人心，是一种非对抗性的心灵触动。它强调营造一种氛围和环境，使人在不知不觉中受到熏陶，达到"用而不觉、化而无形"的境界，如同和风细雨般，在无意识中实现对人的感化。

其次，文化育人具有持久性。文化育人是一个持续且长效的影响过程，其效果并非短时间内就能显现，而是需要长期的积累。中华优秀传统文化不仅承载着历史的厚重，也在当下展现出独特的智慧与魅力，更将在未来的社会发展中绽放更加璀璨的光芒。文化作为一种精神与价值的传承载体，一旦在特定条件下形成并发挥作用，便具有鲜明的时代特征、持久的稳定性以及强大的能动性。它延续着人们的心理习惯和思想情感，在一代又一代的传承中，维系着特定民族的独特特征，成为传递精神符号、承载思想内涵的关键载体。从本质上讲，一个民族的基因延续与血脉传承，与该民族文化的连续性紧密相连。

最后，文化育人还具有情感性。文化是情感的重要寄托，反映并体现着人类特定的情感。中华优秀传统文化是中华民族最深层次的精神追求。在宣传思想工作、意识形态工作中，我们要以凝聚人心、汇聚力量为目标，新闻舆论工作要以群众口碑和社会共识作为检验效果的标准，文艺创作要切实反映人民的心声。以人民为中心是新时代坚持和发展中国特色社会主义的根本立场，全面建成小康社会是党对人民和历史的庄严承诺。

这些特性，都高度聚焦人的情感和内心感受，充分彰显了文化的情感因素在其中的关键作用。

2.1.2.3 关于用什么文化育人的重要论述

习近平总书记于诸多场合对用以育人的社会主义先进文化展开了多维度、深层次的论述，其内涵丰富，意义深远。从文化资源的多元整合视角来看，习近平总书记着重强调以中华民族所创造的精神财富作为育人基石。中华优秀传统文化任何时候都不能丢，"如果丢掉了，就割断了精神命脉"①。文化要有鉴别地加以对待，有扬弃地予以继承，"努力用中华民

---

① 习近平新时代中国特色社会主义思想学习纲要［M］. 北京：学习出版社，人民出版社，2019：146.

族创造的一切精神财富来以文化人、以文育人"①。文化，作为国家与民族的精神内核，是维系民族认同与国家凝聚力的关键纽带。缺乏高度的文化自信，国家的繁荣昌盛与民族的伟大复兴便无从谈起。中华优秀传统文化源远流长，它不仅是中华民族的精神根系，更是当代社会生存与发展的深厚根基。中华优秀传统文化中蕴含着丰富的思想理念、道德规范以及解决现实发展难题的智慧启迪，能够为个体的认知实践、思想道德塑造以及精神文化发展提供宝贵的借鉴。然而，运用中华优秀传统文化育人并非固步自封，而是秉持开放包容的态度。不同文明在交流互鉴中实现共生共荣，应积极汲取世界各国人民创造的优秀文明成果，做到取长补短、择优而用。在意识形态的引领维度，社会主义意识形态凭借其强大的凝聚力，成为引导社会成员思想与行为的重要力量。因此，强化马克思主义意识形态的凝聚引领作用至关重要，我们应以"四个自信"为核心，以凝聚民心为根本出发点与落脚点，不断加强意识形态建设，使社会主义意识形态切实发挥"强信心、聚民心、暖人心、筑同心"的关键作用。

社会主义核心价值观在个体精神世界的构建中发挥着凝魂聚气、强基固本的功能。社会主义核心价值观建设，归根结底是人的思想建设与灵魂塑造。社会主义核心价值观教育需注重实践落实，从个体成长的起始阶段便予以引导，使其如同空气般全方位渗透于人们的日常生活，潜移默化地影响人们的思想与行为。

习近平新时代中国特色社会主义思想在育人体系中具有铸魂育人的核心地位。我们应以习近平新时代中国特色社会主义思想为指引，培育一代又一代坚定拥护党的领导和社会主义制度、矢志不渝为之奋斗的栋梁之材。习近平总书记关于文化育人的重要论述，从不同层面构建起一套科学、系统的育人理论体系，为新时代人才培养提供了坚实的理论支撑与实践指南，对推动社会主义文化繁荣兴盛、实现中华民族伟大复兴具有深远的战略意义。

在新时代文化建设的宏大版图中，习近平总书记提出了一系列极具创新性的观点与论断。这些观点与诊断不仅是对党在文化建设实践中积累的宝贵经验进行的深度理论升华，更为文化育人工作指明了清晰的实践路

---

① 习近平新时代中国特色社会主义思想学习纲要［M］. 北京：学习出版社，人民出版社，2019：147.

径，具有深远的理论价值与现实意义。2023 年 10 月召开的全国宣传思想文化工作会议首次正式提出"习近平文化思想"，这一思想体系涵盖了"九个坚持""十四个强调""七个着力"以及新的文化使命等核心内容，构建起一个逻辑严密、层次分明的文化理论架构。

在新的历史起点上，习近平总书记提出了新的文化使命，即继续推动文化繁荣、建设文化强国、建设中华民族现代文明。这一使命不仅是对文化发展的远景规划，更是中华民族伟大复兴的文化担当。习近平文化思想的形成，标志着党对文化建设规律的认识达到了新高度，为新时代文化建设提供了科学指南，对推动文化育人、促进文化繁荣、实现中华民族伟大复兴具有不可估量的战略价值。

2.2　高职院校文化建设的基本特点

高职教育，作为高等教育体系与职业教育体系深度融合的有机整体，在推动区域经济社会发展以及产业结构优化升级进程中扮演着不可或缺的关键角色。从教育类型学的视角审视，高职教育的办学模式呈现出鲜明的特质，其既承载着高等教育的知识传承与创新使命，又紧密贴合职业教育面向就业、服务产业的实践导向。

基于此，高职院校文化在具备一般文化的共性特征的基础上，衍生出四个独具特色的文化属性。在职业性层面，高职院校文化深度嵌入职业元素，紧密围绕行业需求与职业标准，构建起以职业素养培育、职业技能提升为核心的文化生态，旨在培养适应产业发展需求的高素质技术技能人才。在实践性层面，高职院校文化强调理论与实践的深度融合，通过工学结合、校企合作等多元实践模式，将实践教学理念贯穿人才培养全过程，营造出浓厚的实践文化氛围。在地方性层面，区域性特征使得高职院校文化与所在地区的经济社会发展紧密相连，充分汲取地域文化特色与产业资源优势，形成具有鲜明地方印记的文化形态，为区域经济发展提供智力支持与文化动力。在创新性层面，其特征则体现在高职院校文化不断适应时代发展需求与产业变革趋势，积极探索教育教学改革、人才培养模式创新以及文化传承创新路径，以创新驱动文化发展，进而推动高职教育高质量发展，为区域经济社会发展注入源源不断的活力。

2.2.1 职业性

在高等教育体系的多元化格局中，普通高等院校秉持"以学科为主，注重适应性"的办学理念，致力于知识的深度探究与学术人才的培养；而高职院校则以"以职业为本位，注重针对性"为办学方针，聚焦于为生产、建设、服务等一线领域输送高端技术技能型与应用型人才。这种目标定位的差异，使得职业性成为高等职业教育区别于普通本科教育的显著标识。高职院校的人才培养目标决定了其需要通过全方位的综合素质培育体系，涵盖职业素养、社会责任感、职业道德以及创新开拓精神等维度，确保所培养的学生契合企业的实际需求与企业文化准则。这种职业性特征广泛渗透于高职院校的课程体系与校园文化建设之中。

从课程体系建设来看，高职院校遵循以市场需求为导向、以就业为根本目标、以职业能力形成为核心的基本原则。课程设计紧密围绕职业实践活动，参照职业标准，以必需够用为度，进行综合性开发，并始终将素质教育贯穿其中，突出学生的主体地位。专业设置精准对接就业岗位，着重强化学生专业知识与技术技能的培养，力求实现学生毕业与上岗的无缝衔接。

高职院校校园文化作为文化育人的关键载体，鲜明地彰显了其职业性特色。以国家大力倡导的工匠精神为例，其在高职校园文化中的融入，体现出校园文化在培养学生实践能力与职业精神方面的重要作用。学生通过实训课程与顶岗实习，深度体验企业文化与企业理念；借助各类比赛激发创新意识与创新能力；参与社会实践活动，培育社会责任感与爱心；投身文体活动，塑造自信心与高尚情操；通过学术讲座以及校园环境的熏陶，潜移默化地提升道德素养。这些校园文化活动的开展，旨在培育学生诚实守信、爱岗敬业、团结友爱、吃苦耐劳、开拓进取等职业行为习惯与职业道德素质。在产业升级与社会转型的时代背景下，为培养高素质技术技能型人才，高职院校文化与企业文化的深度融合显得尤为重要。通过这种融合，高职院校与企业实现协同育人，共同为社会输送符合产业发展需求的专业人才。基于此，高职院校应高度重视专业文化建设，进一步强化职业性特征，推动高职教育高质量发展。

2.2.2 实践性

在高等教育的生态系统中，普通高等院校侧重于学科教育，以理论知识体系的构建与深化为核心，致力于培养具备深厚学术素养的专业人才。与之相对，高职院校则聚焦于职业岗位教育，以培养面向生产、建设、管理和服务一线的高素质技术技能型人才为根本目标，这一目标定位赋予了高职教育鲜明的实践性特征。

高职院校所培养的学生，凭借其卓越的实践能力、活跃的创新思维以及对工作岗位的快速适应性，能够在毕业后迅速融入工作岗位，实现从校园到职场的无缝对接。这种卓越的实践能力，源于高职院校独特的人才培养模式。高职院校通过一系列实践体验活动，将基础文化知识与专业知识有机融合，内化为学生的综合文化素养，并引导学生将其应用于实际操作之中，实现理论与实践的深度结合，从而塑造出"下得去、用得上、留得住、上手快"的高素质应用型人才。为了强化这一实践性特征，高职院校积极与具有行业背景和用工需求的企业开展深度合作。一方面，组织学生深入企业进行实习实训，在专业人员的指导下，近距离接触行业实际运作，了解专业发展动态；另一方面，邀请企业专业人员走进校园，兼职授课，将丰富的实践经验与前沿的行业知识传授给学生。同时，高职院校还模拟企业运营模式，在校内建立实训基地，为学生提供高度仿真的实践环境，增强学生的实践体验感。这些举措旨在全方位提升学生的实践动手能力，使其尽快适应企业工作环境，顺利进入职业角色。在文化育人方面，实践同样是提升学生爱国主义精神、社会责任感、职业道德、职业素养、沟通协调能力以及创新精神的关键路径。学生的思想政治教育、基础文化知识学习、日常行为规范养成、社会适应能力以及专业技术技能的培养，都离不开实践的支撑与检验。在课程体系建设中，高职院校充分体现实践性原则，实训课时在总课时中占比达到一半，为学生提供了充足的机会将理论知识应用于实际操作，验证和深化所学知识。

综上所述，实践性贯穿高职教育人才培养的全过程，不仅是高职教育区别于其他高等教育类型的显著标志，更是其实现高质量人才培养的核心手段，对于推动高职教育持续发展、满足社会对高素质技能型人才的需求具有不可替代的作用。

2.2.3 地方性

高职教育作为地方经济发展的产物，其起源与发展紧密扎根于地方。从本质而言，高职教育发端于地方发展需求，最终也需回馈并服务于地方。高职院校的初始建设目标便聚焦于服务经济社会与行业发展，旨在培育契合地方特色、满足地方人才需求的技能型专业人才。普通高等院校的生源广，来自全国各地，毕业生就业选择亦呈现多元化态势；而高职院校的生源大多来自本地，毕业生在就业选择上更倾向于本地企业。这一显著差异表明，推动区域经济发展、为区域经济建设提供人才与智力支持，是高职院校的重要使命之一。高职院校的经费主要依赖地方供给，这就决定了其办学须立足地方，强化校地合作，为地方输送应用型人才，进而推动地方经济发展。在实践路径上，首先，高职院校应紧密结合地方经济发展现状与人才需求，精准设置专业。通过深入调研地方产业结构与发展趋势，科学合理地规划专业布局，确保专业设置与地方需求高度匹配。其次，高职院校应加强与地方企业的深度合作，通过联合研发产品，共同制订人才培养方案，采用"订单式培养"等创新模式，为地方企业输送高素质人才，并为企业新入职员工提供专业培训，提升员工整体素质与业务能力。

高等职业教育在高等教育体系中占据重要地位，在社会经济发展中发挥着关键作用。其办学体制凸显出鲜明的地域性差异。以交通类高职院校专业设置为例，内陆地区高职院校重点发展公路、轨道、汽车、物流等专业，而上海、广州、厦门、大连等沿海城市的高职院校则侧重于航海或海事相关专业。这种差异源于不同地区的产业结构与资源禀赋。此外，高职院校还应融入地方文化特色。我国地域辽阔，区域文化与自然环境差异显著，教育的人才培养、科学研究、技术服务和文化传承创新功能，均服务于社会发展、经济建设和人的全面发展，具体体现为为未来储备人才与技术，引领社会经济发展，同时为当下提供人力与智力支持。但由于区域文化和自然环境的差异，相同领域和专业在不同地区存在价值取向的差异，这种差异深刻影响着人们的思想观念、价值追求和发展视野。因此，高职院校不能采用大一统的育人模式，而应紧密结合地方实际，肩负起文化育人的使命。

高职教育服务地方、区域和行业的文化育人价值取向，是其区别于其他高等教育的独特之处与不可替代的优势。高职院校的文化育人应贯穿人才培养全过程，专业设置需对接地方、区域和行业的发展战略，人才培养方案应契合地方、区域和行业的客观需求，人才培养应走校企、校地合作之路，使人才素质的培养深度融入地方、区域和行业的文化元素与情感，从而实现高职教育与地方发展的深度融合与协同共进。

2.2.4 创新性

在高职教育的发展进程中，文化育人对学生创新精神的培育，深刻彰显了其创新性特征。高职教育对学生创新能力的塑造，主要聚焦于专业技能培养与创新创业教育两大核心领域。对专业技能培养而言，高职院校秉持系统性与前瞻性的教育理念，致力于在学生实操训练中，深度融入创新精神与创新能力的培育要素，以此提升学生解决实际问题的综合素养。在课堂教学场景下，运用启发式、探究式教学方法，激发学生的创造性思维，搭建理论知识与实践应用的桥梁。实训课程则提供了实践的广阔平台，引导学生将理论构想转化为实际产品的设计与制作，并积极鼓励学生参与各类技能竞赛，在竞争环境中检验和提升创新成果。

从创新创业教育层面分析，高职教育基于其人才培养目标，要求学生具备一定的创业精神与创业能力。学校通过构建完善的教学实践体系，提供充足的经费支持与有力的政策保障，助力学生树立创业意识、培养创业思维以及锤炼创业心理品质，为学生自主创业奠定坚实基础，拓宽学生的就业路径，提升其在就业市场中的竞争力与适应性。值得强调的是，培育具有创新精神的学生，其先决条件在于学校自身具备创新意识与创新能力。本科院校多侧重于科学创新领域的探索，而高职院校则将创新重点置于技术创新、工艺创新、管理创新以及专业创新。这种差异化定位，是高职教育创新性的独特体现。

以专业创新为例，高职院校的专业课程设置与区域产业结构的动态调整和发展紧密相连。区域产业结构的演变决定了人才需求的类型与层次，高职院校通过对专业课程的优化与革新，精准对接产业需求，确保人才培养与市场需求的高度契合。这不仅是我国高等职业教育课程改革的关键任务，更是提升学生就业竞争力、促进学生全面发展的重要举措，对高职教育的可持续发展与人才培养质量的提升具有深远影响。

2.3 高职院校文化建设的路径

高职院校文化建设和文化育人在实施过程中相互融合、相互促进。一方面，文化建设需要文化育人的理念和内容来丰富和完善；另一方面，文化育人也需要文化建设来提供实践平台和展示空间。高职院校在文化建设过程中，应做到重视人才培养、坚持立德树人、扎根中国大地、凸显校本特色、立足职教特征。

2.3.1 以学生成长成才回应文化建设关切

在高等职业教育体系中，人才培养质量与学生成长成才的实际成效，构成了衡量高职院校办学水平的关键指标。作为育人的核心要素之一，高职院校的文化建设应当始终将学生置于核心地位，使其不仅成为校园文化的积极营造者，更成为校园文化建设成果的直接受益者。"以生为本"的理念是高职院校文化建设的基石，这要求充分重视学生的主体地位与巨大的发展潜力，尊重学生身心发展的客观规律，通过文化建设的多元路径，对学生的文化观念、思想意识与道德品质给予正向引导，助力学生实现全面成长与成才。

高职院校文化建设中所坚守的"以生为本"理念，具有丰富而深刻的内涵：其一，明确学生作为文化建设首要受益主体的地位，一切文化建设活动皆围绕学生的需求与发展展开；其二，深刻认识到学生成长成才的内在需求，是驱动高职院校文化建设持续推进的根本动力，只有精准把握学生需求，文化建设方能有的放矢；其三，将学生需求的满足程度作为衡量高职院校文化建设成效的重要标尺，通过科学评估，不断优化文化建设策略；其四，以最大限度满足学生在精神层面的成熟、知识层面的增长为基本目标，从思想引领、知识传授、能力培养等多维度发力，促进学生全面发展；其五，将实现学生的全面发展作为文化建设的终极追求，涵盖知识、技能、品德、情感等方面，塑造适应社会发展需求的高素质人才。

基于上述要求，高职院校文化建设必须紧密围绕学生的成长成才，回应文化建设过程中的种种关切。高职院校应通过营造积极向上的校园文化氛围，引导学生形成理性的文化自觉，使其深刻理解并认同中华优秀传统文化的价值，主动传承与创新文化；培育学生高尚的思想品德，使其具备良好的道德素养与社会责任感；塑造学生健全的个性人格，促进其心理健康与人格完善；提升学生良好的艺术鉴赏力，丰富其精神世界，提高审美水平。高职院校还应通过全方位的文化育人举措，推动高职院校文化建设不断迈向新的高度，为学生的成长成才提供坚实的文化支撑。

2.3.2 以社会主义核心价值观培根铸魂

社会主义核心价值观作为中国特色社会主义先进文化的精髓与集中体现，在理论与实践维度均与学校文化建设存在高度契合性。在高职院校的文化建设进程中，坚持立德树人根本任务，培育和践行社会主义核心价值观应成为核心价值引领，这对培养德才兼备、适应新时代需求的高素质技术技能人才具有深远意义。

具体而言，在价值追求层面，高职院校须将中国特色社会主义理想信念作为文化建设的核心导向，借助系统的教育引导，帮助学生树立崇高的理想信念，深刻认知中国特色社会主义道路的独特优势。高职院校应促使学生将个人的职业规划与人生追求有机融入全社会共同的崇高理想之中，将个人理想的实现与中国特色社会主义伟大实践紧密相连，激励学生积极投身全面建成社会主义现代化强国的伟大征程，贡献自身的智慧与力量。

在文化建设的全方位渗透上，爱国主义教育是关键着力点。爱国主义教育涵盖民族精神与时代精神的培育。民族精神以民族自尊心、自信心和自豪感为根基，是一个民族历经岁月沉淀的精神标识；时代精神则以改革创新为核心，反映了时代发展的脉搏与要求，二者相辅相成、紧密融合。高职院校应高度重视民族精神与时代精神在文化建设中的重要地位，一方面大力弘扬民族精神，激发学生对民族文化的认同感与归属感；另一方面精心培育时代精神，鼓励学生勇于创新、敢于担当。高职院校应通过丰富多样的教育活动，引导学生实现从朴素的爱国热情向理性的爱国思想与实际行动的转化。

从文化建设的重要抓手来看，社会主义道德教育不可或缺，其根本在于立德树人，旨在培养学生具备良好的道德品质与行为规范。高职院校应将社会主义核心价值观深刻融入文化建设的每一个环节，从课程设置、校园活动到校园环境营造，全方位渗透核心价值观教育。同时，高职院校应积极探索创新社会主义核心价值观教育的路径与方法，如借助新媒体平台拓展教育渠道，开展实践教学增强学生的体验感与认知度，不断提升社会主义核心价值观教育的实效性与感染力。

通过以上多维度的努力，高职院校能够在社会主义核心价值观的引领下，构建起具有鲜明特色与时代内涵的校园文化，为学生的成长成才奠定坚实的思想道德基础，推动高职教育高质量发展，更好地服务于社会发展与国家建设。

2.3.3 以中华优秀传统文化厚植文化自信之力

"坚持中国特色、扎根中国大地"是我国高校办学治校与人才培养的根本遵循。中华优秀传统文化作为中华民族的精神纽带与各民族共有的精神家园，具有强大的民族凝聚力，更是中华民族文化自信的深厚根基。对高职院校而言，文化建设应深深扎根于中国大地，充分借助中华优秀传统文化的力量，厚植文化自信。

高职院校需萃取中华优秀传统文化的精髓，凝练出独具职业与行业特色的"匠心文化"，构建涵盖内容、平台、队伍、活动及保障等方面的传统文化育人体系，使育人目标、传承内容、实施过程与措施保障有机融合。同时，高职院校应将传统文化育人与理想信念教育、社会主义核心价值观教育紧密结合，实现传统文化教育与专业技能教育携手共进，推动传统文化教育在学生思想政治教育与德育工作中的创造性转化与创新性发展。

具体实施路径如下：其一，依据职业院校人才培养标准，结合行业特点与专业要求，系统搭建完整的传统文化育人体系，涵盖培养目标、育人内容、实施过程及措施保障等关键环节。该体系应具有前瞻性与系统性，以适应职业教育发展的需求，为学生成长提供坚实的文化支撑。其二，在实施过程中，从完善文化育人制度、打造专业育人队伍、建设科学课程体系、拓展实践基地、营造良好资源环境等维度，对接大学生思想政治教育、德育、专业教学及职业岗位要求，将传统文化与人才培养深度融合，实现第一课堂的传统文化课程教学、第二课堂的传统文化活动开展以及第三课堂的传统文化育人实践的有效贯通，切实落实立德树人根本任务。高职院校还应通过多维度、全方位的举措，让传统文化在高职院校育人中发挥更大作用，培养出德才兼备、具有文化自信的高素质技术技能型人才。

2.3.4 以多维举措凸显校本特色

在高职院校文化建设与育人实践中，为进一步强化文化育人功能，可从以下维度着力。

（1）榜样引领与精神内涵拓展：深入挖掘行业工匠大师以及优秀校友的典型事迹，将其作为激励师生的鲜活素材。通过开展新时代校园精神大讨论活动，紧跟时代步伐，汲取现代职业教育理念、大学精神以及行业新文化的精髓，不断拓展校园精神的内涵。以榜样的力量激发师生的进取精神，促使校园精神在传承中创新发展，形成积极向上的校园文化氛围。

（2）仪式文化建设与文化记忆塑造：积极推进仪式文化建设，精心打造开学报到日、开学典礼日、毕业典礼日、校友返校日、成人礼日等特色校园节日。这些仪式不仅是校园活动的重要组成部分，更是传承校园精神的新型载体。通过富有仪式感的活动，将校园文化元素融入其中，形成独特的文化现象，实现文化在师生心中的深度渗透，进而塑造集体文化记忆，增强师生对校园文化的认同感与归属感。

（3）校史馆建设与精神传承：高度重视校史馆建设，深化校史研究工作。校史馆作为学校历史与文化的承载空间，应将学校的办学传统、价值取向以及理想追求进行系统梳理与展示，使其内化为师生共同奋进的精神动力源泉。通过对校史的深入挖掘与呈现，让师生了解学校发展历程，传承学校精神，增强师生的凝聚力与向心力。

（4）文化校园系统建设与品位提升：秉持系统思维推进文化校园建设，全方位彰显校园文化品位与人文情怀。在文化景观设计方面，以科学理念进行系统规划，将校园精神、校训、校风、教风、学风等核心文化要素有机融入，提升校园文化的系统性与整体性。按照"低碳、智能、生态、人文"原则优化校园建设布局，完善建筑功能，推进智能化管理，营造浓厚的人文氛围，凸显校园文化的人文特质。以"纯洁道德、丰富精神"为导向大力推进校园美育工作，广泛开设艺术类课程，积极开展高雅的校园文化活动，提升校园文化的艺术品位。充分利用课堂教学阵地，以优良教风引领学风建设，培育教师敬畏课堂、学生热爱课堂的教学文化，强化校园文化的教育功能。通过多渠道创设文化载体，将尊师重教、爱校荣校意识融入文明校园创建之中，培育学生的知恩感恩文化，发挥校园文化的价值引导作用。

2.3.5 立足职教特征构建文化育人联合体

2022 年 12 月，中共中央办公厅、国务院办公厅印发的《关于深化现代职业教育体系建设改革的意见》明确指出，职业教育改革的关键方向之一在于"坚持以教促产、以产助教、产教融合、产学合作""构建央地互动、区域联动，政府、行业、企业、学校协同的发展机制"。这一政策导向为高职院校的发展提供了清晰指引，高职院校应立足职业教育的本质特征，充分挖掘和利用属地、行业、企业文化资源，通过双向互动的模式，激发多元活力，构建富有成效的文化育人联合体。

首先，激发行业企业活力是构建文化育人联合体的重要环节。高职院校需积极主动地将行业企业的核心文化元素与价值理念引入校园文化体系，深度融入课堂教学内容，使其全方位浸润于校园文化建设的各层面。通过这种方式，以行业企业的优秀文化底蕴感召学生，让学生在学习过程中，不仅能掌握专业知识与技能，更能深刻理解和认同行业企业的价值追求，为未来顺利融入职场奠定坚实的文化基础。这不仅有助于提升学生的职业素养，还能促进学校人才培养目标与行业企业需求的精准对接。

其次，激发地方活力对高职院校文化育人具有独特意义。高职院校应强化与属地的紧密联系，充分挖掘和运用学校所在地区的历史文化、民族风情、名人典故以及非物质文化遗产等特色资源。将区域文化传播与特色技艺展示有机纳入学校教学与育人活动，在与地方的深度互动交往过程中，实现其对地方优秀文化的传承与发展。同时，以此为依托，大力培养适应当地产业发展需求的工匠人才，为地方经济社会发展提供强有力的人才支撑，形成学校与地方相互促进、协同发展的良好局面。

最后，激发学校自身活力是推动文化育人联合体建设的内在动力。高职院校应借助产教融合、校企合作的平台，在履行社会服务职能的实践中，积极传播学校的价值理念、办学精神以及优秀文化成果至地方和企业。通过与地方、企业文化的交流与融合，不断提升学校的文化辐射影响力，进而在地方和行业内赢得广泛的文化认同。这种文化认同不仅有助于提升学校的社会声誉，还能为学校的可持续发展营造良好的外部环境，吸引更多优质资源参与到学校的文化育人工作中来。

通过回顾文化育人思想基础，厘清高职院校文化建设的基本特点，探索高职院校文化建设的提升路径，为高职院校探索适合自身发展的特色校园文化品牌和文化育人模式提供了有力指导。结合借鉴已有研究基础及理论溯源指导，本书将聚焦学校实际情况，详细介绍"五化"融推"蜀艺成工"文化育人工作。

3 70余年办学历史文化溯源

3.1 孕：行业特色的职教创建期

成都工业职业技术学院，是在原成都市工业职业技术学校的基础上新建而来的。学院由六所中专院校合并而成，这些学校随新中国一同成长，为国家和地方的职业教育及经济发展做出了贡献。回顾学校历史，研究其发展经验和教育理念，对学院未来发展至关重要。

3.1.1 新中国成立初期（1951—1957年）

新中国成立后，迅速恢复国民经济是首要任务，铁路运输是建设重点。1951年7月，为适应铁路发展，西南铁路工程局中级技术学校成立，位于成都市北巷子，学校招收669名学员，下设6个专业，学制2年，因急需人才，首届学生入学一年即毕业分配工作，缓解铁路建设急迫需求。1952年夏，西南军区测绘学校大部分人员和资产器材转至成都，与西南铁路工程局中级技术学校合并，充实了学校的人力和设备。1952年9月，学校招收500名初中毕业生，开设8个专业，实行3年学制，并建立了专业教研组，学生管理改为班主任制。1953年，学校更名为成都铁路学校，有47名教师，师生克服困难，积极投入工作，获得多项荣誉。1955年，学校更名为铁道部成都铁路工程学校。1957年，成都铁路工程学校接管了成都铁路桥梁隧道学校，教学上，学校全面贯彻国家《中等专业学校章程》，学习苏联经验，强调理论联系实际，注重对学生实际操作能力的培养。

3.1.2 建设时期（1958—1969年）

1958年，成都市委成立成都工业专科学校筹备组，将成都市重工业学校并入，开设机械制造、电机电气、塑料、冶金等专业。1959年，学校正式命名为成都工业专科学校，并在成都北郊马鞍山建校。到1962年，学校教职工人数超过240人。同年，成都市财贸干部学校成立，旨在对商业干部和职工进行社会主义教育，由成都市委财贸部领导。学校招收财贸系统干部，教学内容包括马列主义、毛泽东思想基础理论。截至1958年11月底，学校共开办了20余期各类培训班，培训约5 000名学员。

1959年5月，成都铁路工程学校与成都铁路运输机械学校合并，更名为成都铁路学校，开设5个专业，学制四年，学生人数达2 075人。为应对规模扩大带来的挑战，成都铁路学校实施"精讲多练"和"三基一实"教学策略，强调教师讲解要"少而精"，注重难点和重点，确保概念清晰。

1960年，成都市委批准成立财经专业学校，招收188名学生，开设财会、银行和财政专业。但因经济困难，一年后学校停办，师生被下放劳动。1961年，为缓解财会人员短缺，学校复办，招收137名高中毕业生，开设会计和统计专业，同时举办多期培训班。成都市财贸干部学校在1958—1961年办学困难，但培养了900余名在职干部和1 000余名毕业生，为成都市财贸系统输送了专业人才，提升了基层领导干部素质。

1961年，全国铁路教育工作会议于湖南衡阳召开，确立了中等专业学校遵循"调整、巩固、充实、提高"方针。会议强调教学为学校工作的核心，生产与科研为辅助。同年，中宣部与教育部进一步规定科研人员和学生应以专业工作和学习为主。成都铁路学校在新领导的指导下，实行党委领导下的校务委员会负责制，明确学校重大决策由校务委员会制定，党委审查后由行政部门执行，党委不再直接管理行政事务。同时，学校撤销了专业科党支部，成立了教师党支部、职工党支部、学生党支部，并建立了教职工代表大会和教务会议制度。尽管学校应以教学为主，但在1958—1961年初，学校未能坚持这一原则，导致勤工俭学活动和实习工厂工作影响了正常教学。衡阳会议后，学校领导在思想和理论上明确了教学的重要性，确立了以教学为主、上课为重的方针。他们还根据教学计划合理安排教学进程，稳定教师队伍，确保教师有足够的备课时间，并建立和完善了有效的规章制度。这些措施改善了师生的精神面貌，增强了学生的学习风气，学校工作逐渐步入正轨。

1962年，受国家政策影响，成都工业专科学校撤销大专部，与四川省农机学院合并，保留中专并更名为成都市工业学校。学校调整为三个专业，教职工人数减半至110人。同时，学校加强了实践教学，建立了实验室和实习工厂，学生人数维持在600人左右。同年，成都铁路学校减少学生人数，500名学生停课一年，暂停新生招生。1963年，学校恢复原名铁道部成都铁路工程学校，停课学生复课，重新招收新生。

1965年，成都市教育局批准成立成都市城北中学（即后来的公交职中），选址在成华街2号，教职工32人。首批招生8个班400人，由于条件所限，学生分成两部分，四个班在校学文化，四个班参加劳动。学校分别与成都市机具站和文华食品厂建立了长期教学劳动关系，学生轮流到以上劳动基地劳动锻炼、学习技术。为了改善办学条件，教职工们利用休息时间到郊外挖沙修建沙坑，到教育局拉课桌椅，保证了教学活动的正常开展。

1966—1969年，成都市工业学校、成都市财贸干部学校、成都铁路工程学校纷纷被迫停止招生、停课停学等，教学设备、实验仪器、图书遭到严重破坏。

3.1.3 恢复办学时期（1970—1977年）

1970年，成都市教育局批准城北中学转型为全日制初高中，开设24个班级，学校实施"老带新"制度，由经验丰富的教师一对一指导新教师，涵盖教材研究、备课、上课、业务提升等各个方面，办学成效显著。1970年6月，成都铁路工程学校并入成都铁路局，与几所学校合并成立成都铁路局铁路学校，主校区位于成都人民北路，内江铁路职工学校成为分校，专注于短期培训。1970年起，学校开始自主编写教材，并受铁道部委托统一编写全国铁路中专教材，学校教师在7门课程中担任主编，6门课程担任主审，参与编写13门课程，这不仅大大提高了学校声誉，也显著提升了教师的学术能力和教学能力。

1970年10月，中国启动了坦赞铁路这一援外项目。根据协议，中国协助坦桑尼亚和赞比亚建立技术学校，并编写5本教材。1970年7月起，三名中国教师前往该校教学，7年间培养了420名铁路技术人员并且分别担任重要职务，他们的工作深化了中坦、中赞之间的友谊。1972年，成都铁路工程学校更名成都铁路技术学校。

1973 年，四川省中专学校复校，成都市财政贸易学校成为全日制中专，隶属成都市财贸办。学校条件简陋，缺乏统一教材，但注重实用人才培养，根据需求调整课程。尽管设施简陋，但师生克服困难，与财贸单位合作，开设多专业，形成独特办学特色。学校建立团结、诚信、博学和创新的校风，注重严管和厚爱相统一。1973—1977 年，成都市财贸学校在校生约 700 人，开设六个专业。1973 年，成都市工业学校复校，增设机械制造专业，招收 100 名知青学生。1976 年，学校停止招生。1977 年，成都市建设学校成立，应对城市建设需求。学校条件简陋，但师生共同努力改善环境，现为成都大熊猫基地的一部分。1977 年恢复高考后，学校改革和发展迎来了新机遇。

3.1.4 改革开放、走上正轨（1978—1991 年）

1978 年 3 月，全国科学大会在北京召开，邓小平同志强调了科技现代化的重要性，并提出科技是生产力的马克思主义观点，确立了尊重知识和人才的方针，为科教兴国和人才强国战略提供了基础，学校发展也恢复正常。

1978 年，成都市工业学校恢复电子电器科，增设电气运行与控制、电子与信息技术等专业，并开设企业管理、经济贸易专业。改革开放后，成都市财贸学校扩大规模，1988 年启用新教学楼，开始招收财务会计和统计专业学生。学校培养了 700 多名财贸系统骨干，开设思想政治专业，并聘请知名教授提升成人教育质量。城北中学老师们在恢复高考后积极教学，每年都向大学输送人才。成都市建工局职工文化技术补习班于 1979 年成立，后成为建筑中专校前身。1979 年 7 月，成都铁路技术学校和成都铁路工程学校划归西南交通大学，分别更名为西南交通大学成都中专一部和中专二部，1982 年 6 月，西南交通大学又将成都中专二部归还给铁二局。1982 年，成都市建工局职工学校成立，学校除文化补习外，还开设电大班、函授班。

1991 年，成都市工业学校在四川省教委评估中获得高度评价，成为省内优秀学校。学校从四个专业发展到涵盖机电技术、信息技术、轻化工、财经四大类共 10 个专业。

1984 年，城北中学初中部首次采用全国统编教材，并参与全市统一中考。学校推动教师参与教改，语文教师刘晓华参与的教材改革得到市教研室认可，教材在全市推广，学校多次举办刘晓华老师观摩课。学校重视教学质量，初85届中考成绩优异，连续多届获得市教育局表彰。

　　成都市建设学校是一所地方中专校，由于财政困难和办学经费紧张，导致教职工工资发放困难，教学环境和设备难以得到改善。学校为改善状况，成立设计室，举办培训班，增加职工收入。由于毕业生就业渠道狭窄，学校采取跨地区培养方法，稳定生源。1984年起，在十一届三中全会精神指导下，学校开始改革，试行校长责任制，改革人事和分配制度，建立激励机制，稳定教师队伍。学校还拓展成人教育，开办多个培训班，增加生源。学校鼓励学生实习，自谋发展，改善条件。1987年提出建立教学、生产、经营联合体，与企业联合，为学校发展建立经济基础。这些改革措施提高了教师地位，改善了教师福利，提升了学校知名度。1984—1989年，学校在改革道路上取得成就，赢得了社会认可，这段历史成为学校宝贵的精神财富。

　　1984年年底，为强化西南、华南、华中铁路沿线小学师资，铁道部成立成都铁路师范学校，后入西南交通大学成都分部成为成都铁路运输学校，专注于培养中专师范生和开展铁路小学领导的短期培训。1984年11月，铁道部批准成立成都铁路局职工中等专业学校（现新都校区），占地48 411平方米，建筑面积17 926平方米，规模800人，1985年起招收成人中专生，开设六个专业，1999年与成都铁路运输学校合并。

　　80年代，成都市财贸学校更新教学内容，采用自编教材，强化实践教学，建立实习基地如百货公司，并安排经验丰富的教师和行业专家指导学生。学校重视珠算训练，学生珠算技能在成都市中专生评级中名列前茅。

　　1986年，成都市工业学校开始对外交流，与日本甲府市高工互访和互派学生。90年代初，学校成为教育部首批中加职教交流项目学校，与加拿大职教学校进行了十年的交流，推动了教学改革。同年，学校获批成立成都科技大学大专分部，连续三年招生，培养了349名大专生。此外，学校还成立了中华会计函授学校，每年为成都地区提供近30 000人次的会计培训。

　　1988年，为满足社会经济发展需求，城北中学与成都市公交公司合作，开设了公交乘务专业，开启了职业教育的新篇章。在缺乏专业大纲和教材的情况下，教师们自发编写教材，制订教学计划，通过实践不断改进，实现了自力更生。联合办学中，城北中学需平衡文化课与专业理论课、基础知识与技能课的关系，并对文化课进行调整，如改为成都历史沿革和旅游地理，增设形体课。教代会确立校训为爱国、团结、勤奋、守纪、求实、创新，校风为求进步、守纪律、勤学习、敬师长，成功实现从普通教育向职业教育的转型。

1989 年，国家经济调整致职业中专萎缩，成都市建设学校面临经济困境，在市建委支持下，新校园历时 11 年建成，校园建筑除图书实验大楼外，均由学校自行设计，校友参与所有建设项目。

1990 年，成都市财贸学校以提高教育质量为核心，强化师资力量，实施专业教师聘任制。

1990 年，成都公交 16 路成为西南地区首条标准化公交线路。1988 年，城北中学首批职高生在 4 路和 16 路实习，他们的服务受到社会广泛认可。多家媒体对 16 路的标准化服务进行了采访和报道，外地乘客称其为"成都第一车"。学生们为公交公司升级为国家二级企业做出了贡献，体现了教育服务经济的正确性。

1991 年，城北中学更新了与公交公司的办学协议，旨在培养具备文化和公交专业知识的全面发展的学生。学校根据地方规划调整了教学计划和课程，并增设了旅游导游专业，扩大了招生规模，实现了职业教育的多元化发展。

自 1992 年 1 月 1 日起，铁道部决定将西南交通大学成都分部划归成都铁路局，用于建立铁路中专学校。自 1979 年成都铁路技术学校并入西南交通大学以来，成都分部对学校的成长和迁至成都发挥了重要作用，学校不仅恢复了专科学历教育和函授夜大教育，完善了教育层次和形式，提升了教学质量，扩大了办学规模，还在新校区建设及迁址过程中扮演了关键角色，并在政府和公众中树立了良好形象。

3.1.5 深化改革、走向成熟（1992—2010 年）

1992 年，成都市公共交通职业中学正式挂牌，并保留原校名，至此学校技术改革取得了突破性进展。同年，学校开设了驾修专业，进一步扩大了办学规模。

1992 年，成都市财贸学校在国家教委的指导下，与德阳市计委合作开设了首个中专班。随后，学校在多个城市开设了普通班和成人中专班。

1992 年，西南交通大学完成从峨眉迁至成都的任务，初期工作方针强调团结、稳定，确保了学校工作的顺利进行。

1993 年成都市工业学校正式被评为首批省部级重点中专。

1993 年 1 月，建工局职工学校更名为"成都市建筑工程职工学校"。

1994 年，成都铁路运输学校为达成国家一流中专目标，制定了十年发展规划，强调德育、教学、评估，以超常规速度追赶，计划 6 年内进入国家重点中专行列。为此，学校进行了多方面改革：首先，严格教学规范，实施 CBE（能力本位教育）教学改革，优化教学计划；其次，加强师资队伍建设，提升教师职业理想和道德，采取多种措施强化师资；第三，强化学生德育和管理，建立德育领导小组和三级管理网络；第四，针对职业特点，加强实验实训建设，自筹资金建设实验室和校外实习基地。

1994 年，全国、省、市人大代表及市人民政府、市教委领导考察了成都公交职中，关注了学校职业教育的发展规模、规划和校企合作。学校管理、教学设施和教育改革获得积极评价。同年，学校与公交公司更新了联合办学协议，在课程、专业设置、毕业分配和培养目标上达成一致，促进了职高规范化发展。

1996 年，学校抓紧落实发展规划，坚持以市场为导向，主动与多个行业的企业联系，采用多种形式的合作方式，为成都经济培养合格人才。1998 年，学校以驾驶与修理、城市公交为骨干专业，形成了职业高中、职业中专、职业大专多层次的办学特色。

1998 年，随着国家经济改革的进一步深化，高等教育从精英教育向平民教育加速转化，中职毕业生从原来的国家统一分配过渡到自谋职业。中等职业学校深深地感受到了中等职业教育体系正处于分化、重组、强化、淘汰的强烈震荡和巨大压力之中。

1998 年 10 月，成都市建筑成人中专校更名为成都市建筑中等专业学校，专注于学历教育，开设工业与民用建筑、建筑经济管理专业课程，并与多家院校合作开展大专教育。作为建设部项目经理和省建设厅建筑 9 大员的培训基地，学校培养了众多建筑施工企业项目经理、建筑 9 大员和技术工人，并为成都市人事考试中心提供计算机培训服务。截至 1998 年 10 月，学校已培养近六千名大中专毕业生，为建筑行业输送了大量管理技术人才，赢得了社会、企业和家长的广泛认可。

1998 年，建筑中等专业学校被评为省部级重点普通中等专业学校。

1999 年，公交职中深化改革，推行素质教育，注重做人教育，面向市场培养高素质劳动者。学校实行产教结合，校企合一，形成特色。学校改革办学模式，实现从单一到多专业、学历与非学历教育结合，以及从中职到高校的多层次教育。"用现代职教理论武装教师，推进课程改革"获得全国优秀职教成果一等奖。

1999 年 1 月 1 日起，成都铁路运输学校、成都铁路成人中等专业学校、四川省广播电视大学成都铁路局分校三所学校合并，组建新的成都铁路运输学校，各校原有功能予以保留，形成大学本科、专科、普通中专、成人中专等多学科多层次办学体系。

2000 年，成都铁路运输学校、成都市工业学校被命名为"首批国家级重点中等职业学校"（2004 年教育部再次认定）。为提高教学质量，学校大力推进素质教育，改善教学方法和手段，先后修订《教师教学质量评价系统》，引导、鼓励教师围绕提高教学质量这个中心开展工作。

2001 年 5 月，四川省教育厅批准公交职中更名为"四川省成都市公共交通重点职业中学"，与四川省交通职业技术学院等高校合作开展五年一贯制培养，并与多个职业中学合作实施分段教学。学校被教育部等部门认定为全国中等职业学校汽车运用与维修专业技能人才培训单位之一。

2002 年，成都市工业学校加强软硬件建设，并与多家企业建立人才培养合作关系，实行定制化培养，与多所高校合作，提升办学层次，增强办学效益。2003 年，机电技术应用专业被认定为省级重点专业。

2003 年，成都市财贸学校和粮食学校合并，2004 年 12 月，学校被评为省部级重点中专。

2006 年 7 月，成都市工业学校、成都铁路运输学校评定为首批省级示范中等职业学校（成都铁路运输学校排名全省第一）。铁道工程专业以"优秀级"的成绩评为四川省重点专业。

2006 年年底，成都市建设学校顺利通过四川省教委组织的省重点普通中等专业学校的复评。

2007 年，为了扩大学校影响力，在国家六部委和各级主管部门的大力支持下，成都市工业学校在成都市国家级经济技术开发区龙泉龙腾工业园内建成了成都市教育局直属的首个公共实训基地。

2008 年，根据成都市的战略部署、总体发展规划和学校改革发展的迫切需要，成都市委市政府决定将成都铁路运输学校整体搬迁到双流县（今双流区）正兴镇（今双流区正兴街道）。按照"现代化、人性化"的理念和"学校企业一体、理论实践一体、中职高职一体"的要求，新建一所成都铁路运输学校。

2010年7月，成都市人民政府将成都市建设学校、成都市工业学校、成都铁路运输学校、成都市公共交通职业学校、成都市财贸学校、成都市建筑中专学校六所中等职业学校合并为成都市工业职业技术学校。各学校的发展历程均与国家改革开放政策保持同步，取得的每项进步和成绩，均是全体教职工辛勤付出、不懈努力的结晶，也与历届校友的持续关注与援助密切相关。站在新的历史起点上，经过近六十年的风雨历程，我们坚信自身具备应对新挑战、把握新机遇的能力，有信心在职业教育的新征程中再创佳绩，为我国职业教育事业的发展作出新的贡献。

3.2 合：六校合一的中职建设期

2010年，六校整合后，成都市工业职业技术学校制定了"团结稳定、和谐融合、改革发展"的12字方针，确保在机构设置、新校建设、校区管理、制度制定、专业发展等方面，平稳推进相关工作。成都市工业职业技术学校遵循职业教育发展规律，准确把握发展方向，战略规划学校办学定位，明确学校发展目标。总体目标：在2010—2012年，面对现实，把握机遇，以师生发展为本，注重可持续发展，结合实施国家中等职业教育改革发展示范学校建设计划，全面实施素质教育，全面提升办学水平，倾力铸造学校品牌，充分发挥发展示范、改革示范、管理示范的作用，把学校打造成四川省基础能力最实、师资队伍最强、办学机制最优、专业品牌最佳、教育质量最高的学校；办成学生向往、家长放心、企业公认、社会推崇的学校；办成四川第一、全国一流、国际知名的信息化、现代化、国际化职业学校。

成都市工业职业技术学校遵循"学校企业一体化、理论实践一体化、教师师傅一体化、学生员工一体化"的办学思路，并在工作实践中不断发展完善，形成了成都市工业职业技术学校独具特色的办学思路，2010年新华社对成都市工业职业技术学校"四个一体化"的办学思路进行了肯定的报道。成都市工业职业技术学校以抓好骨干教师队伍和双师型教师队伍建设为突破口，深化教学科研，打造了一支专兼结合的高水平师资队伍；在抓好教学常规管理的同时，开展以工作过程为导向的教改工作，从而实现教育与产业、学校与企业、专业设置与职业岗位、教材内容与职业标准、教学过程与生产过程深度对接。按照规模化、集团化、连锁化思路，制定实施了"多元发展战略、人才强校战略、规模效益战略和品牌发展战略"四大发展战略，学校规模从 2007 年的 1.5 万人扩大到 2010 年的 1.93 万人。2010 年新招全日制在校生 6 398 人，超额完成招生任务。成都市工业职业技术学校以开放的视野，实施走出去发展战略，坚持开门、开放、开明办学，通过"走出去、引进来"的方式，加强多层次、宽领域的国际交流与合作，努力提升学校国际化水平，在推进教育国际化工作中取得了新的成绩。

2011 年是成都市工业职业技术学校继往开来、和谐融合、积极进取的一年。在 2011 年的新征途上，成都市工业职业技术学校在成都市教育局的领导下，注重内涵发展，在创建"四川第一、全国一流、国际知名"学校的道路上迈出更加坚实的一步。经过全体教职员工一年来的辛勤工作、携手共进，成都市工业职业技术学校各项工作顺利开展，教育教学建设、人才培养建设、示范校建设、实训基地建设、职教集团运行机制建设都取得了令人瞩目的成绩，科学研究和社会服务也取得了长足进步，新校区建设如火如荼，国际交流广泛深入，技能大赛捷报频传……学校班子和全校 1 200 多名在岗教职工以求实务真的作风、迎难而上的干劲，坚持"团结稳定、和谐融合、改革发展"12 字方针，走"一育、二创、三发展、四个一体化、五个对接"的改革发展之路，着力于"两提高一增强"，励精图治，开拓创新，取得了突出成绩。职业教育集约化、规模化、连锁化的发展需要，造就了这艘媒体口中的成都"中职航母"。成都市工业职业技术学校当时拥有 2 万余名全日制学历教育学生，是全国规模最大的公办中职学校，更是首批国家中等职业教育改革发展示范学校。

磨砺以须，倍道而进。2013 年，乘着党的十八大"加快发展现代职业教育"的东风，成都市抢抓机遇在新启动建设的天府新区建立一所与产业发展联系紧密的高职院校，成都市工业职业技术学校拿出了当仁不让的气魄，迅速投入申办工作中去。2014 年，成都市工业职业技术学校被评为"全国职业教育先进单位"，同年，经四川省人民政府批准、教育部备案，在现有学校基础上新建为公办全日制高等职业技术学院，实现了由中等职业学校向高等职业学院的成功升格。

2014 年，曾经书写了中国职业教育辉煌历史的中职战线"排头兵"，带着新的名字"成都工业职业技术学院"，迈出了从中职学校向高职学院进阶发展的历史性跨越，信心满满地踏上了更高层次的职业教育办学征程。

3.3 升：举办高职的探索发展期

2014 年，成都工业职业技术学院新建为高职院校。党的十八大以来，学院经历了七十余年办学史上发展最快的十年。学校从中职院校晋升高职院校，再到入选"双高计划"、本科层次试点，不断提升职教办学等级水平，实现跨越式发展，书写了中国职教发展史上的一段非凡篇章。

（1）2015—2020 年：砥砺前行，高职"新船"驶入新航道。"我们在中职时期是艘'中职航母'，创造了学校发展的辉煌历史。但升格高职后，我们就像一只驶入新航道的'小船'，办学理念、办学思路、师资体系等不但需要重新设计，而且在办学'硬件'和'软件'上比其他先进学校也有较大差距，这给我们带来了很大的挑战。但我们的优势是没有包袱，可以在这幅全新蓝图上，发散我们的思想，挥洒我们的创造力，锐意创新改革，迎难而上，勇往直前。"（成都工业职业技术学院院长：苏延川）

2014 年，《国务院关于加快发展现代职业教育的决定》正式印发，该决定牢固确立了职业教育在国家人才培养体系中的战略位置，为学校发展注入新的动力。成都工业职业技术学院率先调整发展战略，重塑"以人为本、铸造未来"的办学理念及"办一流高职、育大国工匠"的发展定位，坚持以培养高素质劳动者和技术技能型人才、服务区域产业发展为己任，以"特色鲜明、西部领先、国内一流"为建设目标。

此后，师资队伍建设成为学校的重中之重。通过高层次人才引进、中青年骨干教师培养、双师型教师素质培养、兼职教师队伍建设四大举措，成都工业职业技术学院内培外引，不断建强专任教师队伍。到 2020 年，学校有硕博学位教师比例达 54.3%，"双师素质"教师占专业教师比例达 76.5%。

与此同时，成都工业职业技术学院不断优化专业课程体系，提升教学方法手段。紧紧围绕区域产业布局，调整专业对接产业链，构建专业集群；实施专业进园区行动计划，创新人才培养模式；加大教学改革，深化产教融合，坚持校企合作，推动校企共育。成功申报教育部第二批现代学徒制试点专业 2 个，全国职业院校交通运输大类示范专业点 1 个，省级现代学徒制试点专业 4 个；市级特色院校项目建设专业 1 个，市级重点专业 3 个，校级特色专业 3 个。

在艰难的转型与锐意的改革发展中，学校办学规模逐渐增强，社会影响不断扩大。学校 2014 年高职招生第一年仅 980 名，到 2020 年高职招生规模已达到 5 531 人，学校培养的高技能人才也供不应求，2020 年毕业生首次就业率达到 96.94%，招生就业工作成效显著。

（2）砥砺前行，一步一个台阶。2018 年，成都工业职业技术学院顺利通过四川省高等职业院校人才培养工作评估，学校从高职"新兵"成功迈入合格高职院校的行列。

2019 年，国务院印发《国家职业教育改革实施方案》，提出实施中国特色高水平高等职业学校和专业建设（"双高计划"）。从国家层面上，将职业教育与普通教育放到同等重要位置，对职业教育的认识上升到了一个新高度。成都工业职业技术学院进一步思考人才培养深化改革的新举措和新突破。2020 年，学校出台《全面加快推进学院双高建设的实施意见》，明确了争创"双高"的总目标，谋划了改革发展路线、任务和举措，开启探寻高职办学新征程上的现代化发展之路。

2021—2022 年，成都工业职业技术学院入选本科试点院校，跃进"星辰大海"。"经过过去几年的发展，学校已经在高职战线上站稳了脚跟，我们这艘高职'小船'已经变成了'大军舰'，可以到'星辰大海'里面去闯一闯了，那就是要从高职专科跨越到本科层次职业教育人才培养阶段。这对我们来说是一个更大的挑战，需要学校在办学深度与厚度上苦练内功，以创新跨越的方式深化教学改革，从规模发展转为内涵建设，实现高质量发展。"（成都工业职业技术学院院长：苏延川）

2021 年，成都工业职业技术学院成功入选四川省"双高计划"建设单位，迈进四川省一流高职院校的行列。这时，国家职教改革的东风又扑面而来。2021 年 4 月，全国职业教育大会召开，习近平总书记作出了"稳步发展职业本科教育，建设一批高水平职业院校和专业，推动职普融通，增强职业教育适应性，加快构建现代职业教育体系，培养更多高素质技术技能人才、能工巧匠、大国工匠"的重要指示，职业教育迎来了新的发展机遇。

首先，学校以"三大抓手"提升办学内涵质量水平。一是以群建院，塑专业品牌，将原有七个二级学院合并重组为五个二级学院，紧扣成都产业结构调整方向优化调整专业群，强专业品牌，建成轨道交通国家示范专业点1个，铁道交通运营管理和机械制造及自动化获批省级高水平专业群。二是引育并举，强师资队伍，实行全职和柔性结合的引才策略，在高层次人才引进上实现新突破，成功聘请中国工程院院士、"3D打印之父"卢秉恒为首席科学家，引进全国技术能手2名，教授、博士23名，培养全国技术能手教师1人。三是工学结合，促教学改革，校企合作开发新形态教材30余部，开展项目式、情景式、任务式等教学方法改革，深化1+X证书制度试点，积极申办、筹备各级各类技能竞赛，全面推进"岗课赛证"综合育人。

其次，学校立足深化产教融合与校企合作，以"三大改革"增强服务城市发展能级。一是贯通中职高职，"六年一体"锤炼精湛技艺，学校联合省内62所中职校组建"中高职人才贯通培养院校联盟"，联合开发纵向贯通的培养体系，实施"六年一体化"培养，开发21个专业人才贯通培养方案，5 704名中职生通过联盟来蓉圆了大学梦。二是联通政行企校，"多元共建"探索体制创新，与金堂县人民政府、新华三集团共办具有混合所有制特征的"新华三芯云产业学院"，从学校、学院、专业3个层面共同推进"管理共治、专业共办、平台共建、资源共享、技术共研、人才共育、课程共设、师资共用、教材共编"的混合所有制创新试点，推动学校高质量跨越式发展。三是融通产学训研，"四链融合"优化人才供给，与成都市总工会、天津大学、吉利汽车等共建成都工匠公共实训基地，把学校办进产业功能区，形成集产、学、研、用于一体的成都工匠培育"综合体"，实现教育链、产业链、人才链、创新链在园区"四链融合"。

2022年，成都工业职业技术学院联合成都工业学院及成都地铁运营有限公司组建教改试点共同体，以轨道交通信号与控制专业为载体，成都地铁运营有限公司资源为支撑，采用"0+4"模式联合开展轨道交通信号与控制本科层次职业教育人才培养改革。学校轨道交通信号与控制专业成功纳入四川省本科层次试点，成都工业职业技术学院再次迈进更高层次的职教办学新征程。

（3）十年一剑，踔厉奋发。成都工业职业技术学院从明确职业教育定位职责，到加快现代职业教育体系蓝图设计；从全面深化产教融合校企合作，到主动服务经济社会发展；从助力"人人成才"，到服务"人人出彩"，成都工业职业技术学院在新时代不断取得突破性成就，实现了跨越式发展。

2022年5月，《中华人民共和国职业教育法》正式开始实行，这是国家首次以法律的形式明确了职业教育的地位和发展方向，并着重强调了各利益相关方在职教质量提升中的社会责任和推进方向，职业教育将迎来一波发展的黄金期。

成都工业职业技术学院也制定了新的目标：坚持创新驱动、平台赋能、有解思维，提质培优、增值赋能、以质图强，将学校建设成为特色鲜明、全国一流的高水平工科类高职院校，为区域经济社会发展提供优质人才资源支撑，在服务国家省市战略上书写新篇章。

2023年，成都工业职业技术学院以服务发展为宗旨，聚焦内涵式高质量发展，全面推进"双高"建设，取得国家级教学成果二等奖、全国职业院校技能大赛教学能力比赛二等奖及三等奖、教育部高等学校科学研究优秀成果科学技术进步二等奖、中国国际大学生创新大赛职教赛道金奖、四川省工程研究中心"五大历史性突破"，关键办学能力显著提升，全国综合排名上升102位，在全力建设全国一流工科类高职院校新征程中迈出了坚实的一步。

一是学院整体实力不断提高。在"双高"建设方面，取得国家级标志性成果67项，较2022年增加21项，增幅达45.65%，较双高申报之初翻了6倍；省级"双高计划"中期评价为"良"，实现从C到B提档进位。在教师队伍建设方面，全职引进博士、正高9名，柔性引进国务院特贴专家，"双师"、硕博、高职称人数分别上升16.81%、28.81%、22.43%，整体水平进一步提高，2名教师获评"全国技术能手"，斩获国家教师教学能力比赛二等奖2项、三等奖1项。在教学成果方面，突破性获得国家级教学成果奖2项，打造省级专业教学资源库2个、精品在线开放课程2门、创新创业示范课程1门，获批国家级规划教材3部、省级规划教材17部，省级人才培养与教学改革项目14项，入选四川省首批现场工程师培养计划项目1项。在科研工作方面，"双高"指标翻倍提高，荣获教育部科学技术进步二等奖、四川省科技进步二等奖、社会科学优秀成果二等奖，成功获批轨道智慧运维、水电数智巡检两个省级平台，建成网络安全省级重点实验室。在思政教育方面，创建"匠声传习""思政之星"师生理论宣讲品牌，建设思想政治教育研究中心和积极心理教育研究中心，立项省级重点教改项目1个，厅局级以上课题3项。

二是人才培养质量不断提高。在就业工作方面，5 258名毕业生初次就业率95.64%，同比增长1.64%，对口就业率91.03%，同比提升5.71%，60.44%实现高质量就业，增幅达27.32%，平均就业收入4 514.61元/月，增幅7.2%。在创新创业方面，成功申报省级众创空间，获国家级创新创业大赛金奖、中华职教双创大赛一等奖等省级以上奖项18项，打破历史纪录。在技能竞赛方面，承办省级以上技能竞赛22项，学生获国奖10项、省奖111项。在心理教育方面，组织"奋斗新时代积极向未来"积极教育主题活动7大类、23项，学生参与超10 000人次，一、二、三级心理问题学生比例分别实现控制性下降。在体美育人方面，开展首届"启航杯""匠心杯"比赛和川剧元素定向越野比赛，学院高水平运动队竞赛成绩跨越式提升，建成陈巧茹、梁时民"大师工作室"，影响辐射作用显著激发。

三是对外开放办学不断深化。开展"千企走访服务"，走访企业2 787家，收集重要资源信息7万余条，精准画像产业需求，进一步支撑专业布局动态调整、人才培养模式全面更新。着力拓展合作领域。全年开展对外合作项目51项，新增合作单位42家，企业提供实践教学设备总值2 492.83万元，落实实习经费补贴2 814万元，接收学生实习比例提升至83.16%。搭建高能级平台。建成"新材料新能源装备制造""新能源商用车""装配式建筑""数字农牧"产教融合共同体，进一步形成办学资源共享新格局。深化"园中校"改革。新增高新科技工业园等合作平台，4 546名学生进行"园中校"工学交替培养，占当届86%，同比增加3%。推进国际交流合作。易三仓大学中外合作办学项目顺利通过教育部备案，增设泰国、老挝海外分院2所，9门国际课程通过认证，招收73名留学生，实现零的突破。

3.4 育：追溯办学历史凝练校园文化理念

大学校园文化建设与学校发展密不可分，两者相互促进、相辅相成。校园文化建设通过塑造核心价值观、营造文化氛围和培养人文精神，为学校发展提供内在动力和精神支撑，提升学校的形象、声誉和凝聚力；同时，学校发展为文化建设提供资源保障和实践平台，推动文化创新与传承。良好的校园文化能够促进学校发展、优化管理、增强社会服务能力，而学校的持续发展又为文化建设注入活力，形成良性循环，共同推动学校的全面进步和长远发展。自2011年六校合一，成都工业职业技术学院从中职转型为高职办学以来，校园文化建设在顶层设计上也从挖掘探索到逐步成型，凝练形成了学院理念系统，初步构建起以"工业文化"为核心的校园文化品牌。

3.4.1 构建学院理念系统

成都工业职业技术学院理念系统包括校训、发展理念、发展定位、发展战略、校风、教风、学风、LOGO以及校园歌曲等。

（1）校训：以德润身、技臻至善。

《礼记·大学》中"富润物，德润身"，重在德可养身；"大学之道，在明德，在亲民，在止于至善"，重在学无止境。"以德润身、技臻至善"意为学院教育既要以德树人，又要以技傍身，二者齐头并进。

（2）发展理念：以人为本、铸造未来。

"民为邦本"思想是中国传统文化基本要素之一，学院的根本任务是培养人。"以人为本"是准则，"铸造未来"是愿景，二者缺一不可。

（3）发展定位：办一流高职、育大国工匠。

学院肩负着为先进制造业培养高技术高技能人才的光荣使命。为此，学院始终追求一流，志存高远；立足成都，培育大国工匠。

（4）发展战略：依法治校、改革兴校、质量立校、人才强校。

这四大战略，既是措施又是任务，并将在今后较长一段时间内，作为学院的重点，贯穿学院的各个方面。

（5）校风：勿以恶小而为之、勿以善小而不为。

《三国志·蜀志传》称，"莫以恶小而为之，以善小而不为。惟贤惟德，能服于人。"意在唯贤德乃为人之道，劝勉人们进德修业，有所作为。好事从小事做起，积小成大亦可成大事；坏事要从小事防微杜渐，否则积少成多可坏大事。不要因为好事小而不做，更不能因为不好的事小而去做；小善积多了就成为利天的大善，而小恶积多了则足以乱国家。只要是善，即使小善也要做，只要是"恶"，即使小恶也不能为。

为人之道在于德行养成，德行养成始于点滴积累。正所谓《劝学》云："不积跬步，无以至千里；不积小流，无以成江海"。唯有"勿以恶小而为之，勿以善小而不为"，德行养成才能积微成著，浩然之气才能蔚然成风。

(6) 教风：学为人师、行为世范。

语出自书法家启功教授对陶行知先生"学高为师，身正为范"的深思感悟。中国《礼记》上有两句话，"经师易得，人师难求"，人品、师德、学识构成一个教师的形象。

"学为人师，行为世范"包含了师德规范的全部内容。"师者，人之模范"，教师要把做人与育人统一起来，既要用知识、智慧影响学生，又要用品格、言行感染学生。古人云："道之未闻，业之未精，有惑不能解，则非师也。"教师要将世范意识融入自觉行动，牢记教书育人的使命，在知识讲授、思想道德、言谈举止、生活方式等方面以身立教，为人表率，把立德树人落实到教育教学全过程。

(7) 学风：锲而不舍、精益求精。

"锲而不舍"语出荀子《劝学》"锲而舍之，朽木不折；锲而不舍，金石可镂"，意在用镂刻金石来说明学习要持之以恒。"精益求精"出自朱熹为《论语·学而》"如切如磋，如琢如磨"作集注时所说："言治骨角者，既切之而复磋之；治玉石者，既琢之而复磨之；治之已精，而益求其精也。"强调追求技艺的精雕细琢。学风是精神追求和价值取向的体现，是对学习态度和学习方法的引领和倡导。学风就是价值观和方法论。

1941年，毛泽东在延安整风运动中作了《改造我们的学习》的报告，反对主观主义以整顿学风，倡导"刻苦、在人民群众和社会实践中学习、反对本本主义、敢于和善于从错误和挫折中学习、组织全党共同学习"的学风。

学习知识是一个由少到多、日积月累的过程。学风关乎我们每个教职员工和每个学生。"锲而不舍、精益求精"既是教师治学和传道授业的坚守，又是学生求学和成人成才的保障；既是教师事业发展的成功法宝，亦是学生学有所成的必由之路。

校风、教风、学风是学院精神、价值观和办学理念的集中体现，是学院文化建设的核心内容。成都工业职业技术学院"三风"紧紧围绕学院发展理念、发展定位、发展目标及发展战略，与"以德润身、技臻至善"的校训一脉相承、相得益彰。好比少年成长之要素"从小看大"，学风决定教风，教风决定校风，校风决定作风，作风决定成败。因此，大力倡导"勿以善小而不为、勿以恶小而为之"的校风，"学为人师、行为世范"的教风，"锲而不舍、精益求精"的学风，学院"办一流高职，育大国工匠"的发展目标才能拥有强有力的精神保障。

（8）学校 LOGO 和校歌

LOGO 是视觉的具象也是形象的展示，是象征的符号也是人文的特质。它是成都工业职业技术学院人对自我身份的内在认同，承载着成都工业职业技术学院浓郁的文化精神。成都工业职业技术学院 LOGO，如图 3-1 所示。

图 3-1　成都工业职业技术学院 LOGO

成都工业职业技术学院 LOGO 由汉字、英文和图案三部分构成。成都工业职业技术学院 LOGO 以凝重浑厚的藏蓝作为基础色调，点睛以抽象的留白辅佐，给人以充盈的浮想空间，既蕴含动感又缓冲了主体大块饱和蓝色给人强烈的视觉冲击。

校名为方正大黑字体，沉稳庄重，笔锋圆润，结体紧凑；图案采用螺帽外形，代表学院办学特色和工业传承；"C"的变体外形开口似机械手臂，突出新时代"工业 4.0"主题；"CG"是"成工、成工、成功"三个词的首写字母，意为"成工，成工，祝你成功"；"G"于"C"的环抱之中，取"大足以容众，德足以怀远"的包容之意，二者浑然天成。

LOGO 整体为同心圆状结构，圆融和谐，昭示着"办一流高职、育大国工匠"的学院发展定位将带领学院运转无穷、生生不息。中央蓝白交错，形成手状，象征学院"以人为本、铸造未来"的办学理念和师生牵手、校企合作、校校联合的合作开放办学意识。

成都工业职业技术学院 LOGO 以校训"以德润身、技臻至善"为灵感来源和设计理念，整体设计保持内敛、厚重、简约、大气的气韵。成都工业职业技术学院 LOGO 敦厚而开放，彰显出学院的坚守与秉持；内敛而大气，体现出学院的境界与格调；简约而深刻，昭示着学院的前进与发展。

校歌《工职儿女》，如图 3-2 所示；校园歌曲《成工的天空》，如图 3-3所示。

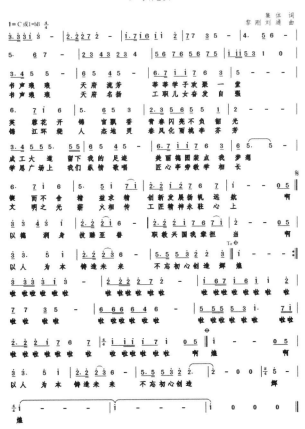

图 3-2　校歌《工职儿女》

成工的天空

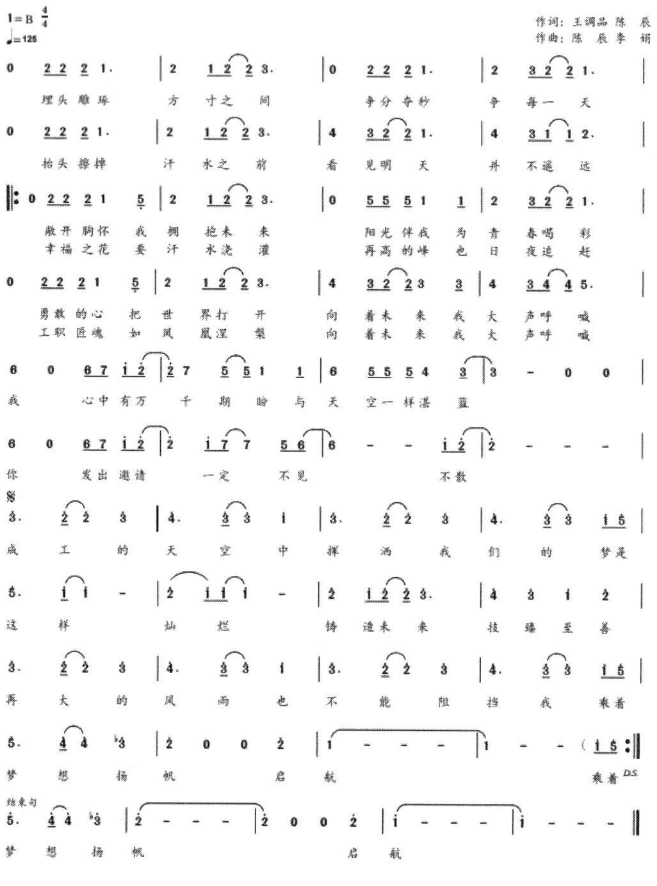

图 3-3 校园歌曲《成工的天空》

3.4.2 打造学院文化育人特色

作为一所工科高职院校，成都工业职业技术学院确立了以传承工匠精神、弘扬工业文化为核心的校园文化建设目标，通过修建工业博览馆，搭建工业文化传播载体平台等举措初步构建起学院工业文化育人特色。

3.4.2.1 建设工业博览馆

为传承弘扬工业文化，成都工业职业技术学院投资 800 余万元建设工业博览馆，博览馆面积为 1 500 平方米，位于成都工业职业技术学院图文信息大楼，于 2018 年落成并正式开放。博览馆由世界工业发展简史馆区和特色专业馆区组成，汇集图像、文字、模型、互动设备等元素，配合声、光、电效果，集中展示了人类工业文明发展历程、天府特色工业文化和轨道交通、装备制造、汽车工程、现代物流四大产业发展成果。成都工业职业技术学院工业博览馆，如图 3-4 所示。

图 3-4　成都工业职业技术学院工业博览馆

（1）世界工业发展简史馆区。

世界工业发展简史展区位于工业博览馆三楼，该展区以四次工业革命历史进程为主线，运用精美展板及多种互动设备，展示了 18 世纪 60 年代以来世界工业发展的总体情况，真实再现了蒸汽技术革命、电力技术革命、信息技术革命和当前以人工智能为代表的新技术革命的发展历程、主要标志和重大影响。

①第一展区：第一次工业革命展区。

18 世纪 60 年代，一场影响深远的经济大革命把世界带入了工业时代，这场变革就是第一次工业革命。它是人类工业发展史上的一次巨大革命，开创了以机器代替手工劳动的时代。

第一次工业革命展区，如图 3-5 所示。

图 3-5　第一次工业革命展区

②第二展区：第二次工业革命展区。

19 世纪 70 年代，第二次工业革命拉开序幕。这次工业革命以电灯的发明为标志，人类社会进入"电气时代"。这一时期的重要发明有发电机、电动机、电话、电报机、电影放映机、内燃机（柴油机）等。

第二次工业革命展区，如图 3-6 所示。

图 3-6　第二次工业革命展区

③第三展区：第三次工业革命展区。

第三次工业革命是人类文明史上的又一次重大飞跃，其标志是原子能和计算机的发明，人类进入"信息时代"。这一时期的主要代表有卫星探测器的发射、载人航天的实现、航天飞机的研发、计算机的发明、生命科学及基因技术的发展、核能的利用和发展。

第三次工业革命展区，如图 3-7 所示。

图 3-7　第三次工业革命展区

④第四展区：第四次工业革命展区。

第四次工业革命，也称工业 4.0，以互联网产业化、工业智能化、工业一体化为代表，人类进入"智能化时代"。工业 4.0 主要分为三大主题：一是"智能工厂"；二是"智能生产"；三是"智能物流"。

第四次工业革命展区，如图 3-8 所示。

图 3-8 第四次工业革命展区

（2）特色专业馆区。

工业博览馆特色专业馆区主要由轨道交通、装备制造、汽车工程、现代物流四个专业展区构成，该馆区结合专业特色，融合各种新颖的人机互动展示手段，展示了四大产业发展成果以及与四川产业发展紧密结合的天府特色工业文化成果。

①轨道交通展区。该展区展示了世界铁路建设发展、中国铁路发展、城市轨道交通发展历程。展区内陈列了蒸汽机、高铁、城市轨道交通机车车辆仿真模型，配置了 AR 高铁转向架、西南铁路互动学习系统、VR 高铁模拟驾驶系统、成都地铁电子沙盘、轨道交通知识抢答系统等丰富的互动体验设施设备，展现了轨道交通产业发展情况。

轨道交通展区，如图 3-9 所示。

（a）   （b）

（c）　　　　　　　　　　（d）

图 3-9　轨道交通展区

②装备制造展区。该展区以西南工业百年发展历程为主线，展示了洋务运动时期工业起步探索，抗战时期为正面战场夺取最终胜利，三线建设期间的艰辛与辉煌，成都工业 2025 产业布局开启新篇的装备制造产业发展历程。展区内陈列了我国自主研发的各类歼击机、运载火箭、盾构机、核电厂设备、风力发电机等体现国家制造水平的尖端装备模型，以及智能化自动装配生产线、小型 3D 打印机、透明触控一体机等互动体验设备，让参观者亲身体验工业科技的先进与智能。

装备制造展区，如图 3-10 所示。

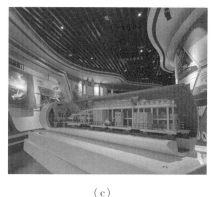

（a）　　　　（b）　　　　　　　　（c）

图 3-10　装备制造展区

③汽车工程展区。该展区系统展示了世界汽车工业和新中国汽车工业的发展历程，不同时代的汽车科技和汽车文化。展区内陈列了各种汽车模型、学生汽车涂装作品、巴哈赛车整车，裸眼 3D 仿真设计、汽车工业发展互动触控、汽车设计互动设备、混合动力虚拟仿真发动机、模拟驾驶设备等，为参观者提供了丰富的具有知识性、参与性、娱乐性的科普体验项目，充分展现了汽车科技的魅力和乐趣。

汽车工程展区，如图 3-11 所示。

（a）汽车工业发展大事记

（b）巴哈赛车

（c）汽车底盘主要结构件展示

（d）汽车外观设计互动设备

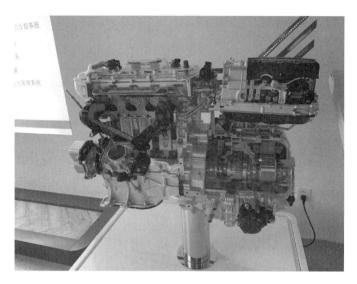

（e）混动汽车发动机模型

图3-11　汽车工程展区

④现代物流展区。该展区引入云计算、物联网、大数据、虚拟仿真、人工智能等创新物流技术，以"智慧物流"为主题，设置了现代物流的系统规划、供应链运营、物流VR/AR、物流大数据等学习体验项目。

现代物流展区，如图3-12所示。

图3-12　现代物流展区

　　成都工业职业技术学院工业博览馆广泛面向校内师生、兄弟院校、合作企业、中小学生、社区居民等开放，在强化思政教育、工业文化普及、工业旅游研学、职业认知和劳动教育等方面发挥积极作用，曾接待泡桐树小学、金苹果锦城一中、三台县刘营职业中学等学校的中小学生开展研学服务、夏令营活动多次，累计接待参观 50 000 余人次。

　　建党 100 周年之际，成都工业职业技术学院工业博览馆开设"中国共产党人的精神谱系"党史学习教育专题展览，充分挖掘爱国主义教育的精神内涵，营造庆祝建党 100 周年红色氛围。打造"建党百年·工业报国"主题沙龙分享活动。发挥文化浸润作用，开展入党积极分子劳动教育和志愿服务活动，依托"汽车工匠文化节"等活动开展工业文化科普教育。丰富工业博览馆馆藏资源，增设汽车模拟驾驶、"玉兔号"月球车、"嫦娥 4号"卫星、"中国空间站"等展教设备，加强对科学家精神、新时代北斗精神、探月精神、载人航天精神的展示。

3.4.2.2　开展工业文化科普传承活动

　　成都工业职业技术学院工业博览馆作为学院建设四川省工业文化普及基地、四川省科普教育基地的重要平台，自 2018 年建成使用以来，以成都市建设全面体现新发展理念的城市、打造世界文化名城为指引，深入挖掘天府文化内涵，积极传承工匠精神。工业博览馆集中展示了人类工业文明发展史、天府特色工业文化，以及轨道交通、智能制造、汽车工程、现代物流四大产业发展成果，在普及工业文化、服务区域产业、展示特色专业、强化思政教育、塑造校园文化、传承工匠精神等方面发挥了重要作用。

　　第一，拓展宣教对象覆盖，推进工业文化普及。工业博览馆建立了专兼职师生讲解队伍，探索开发工业文化旅游资源，广泛面向校内师生、兄弟院校、合作企业、学生家长、社区居民等各类社会团体和公众开放，积极开展工业文化普及与传承。工业博览馆接待的参观者覆盖范围广，年龄跨度大，低至 4 岁幼童，高至 88 岁的耄耋老人。工业博览馆与正兴实验幼儿园合作，精心组织"区域联动 萌眼看世界"研学活动，100 余名小朋友趣游工业博览馆；与成都市正兴小学合作，共同组织 300 余名小学生到博览馆参观，开展工业文化体验活动；对接双流中学实验学校，组织中学生暑期研学，开展工业文化宣讲教育；与武侯区退役军人事务局合作，组织退役军人团体入馆参观体验；积极组织 260 余名离退休老教师到馆参观，

"叙往昔匠心 话未来发展"。工业博览馆在全国工业博物馆大力向中小学普及实践中,领先向学龄前儿童普及的探索性尝试,得到工业和信息化部工业文化发展中心高度评价。

工业博览馆开展工业文化科普传承活动,如图3-13所示。

(a) 正兴实验幼儿园小朋友参观工业博览馆轨道交通馆区

(b) 学生讲解员带领正兴小学学生参观第三次工业革命展厅

（c）离退休老教师参观工业博览馆

图 3-13　工业博览馆开展工业文化科普传承活动

第二，服务区域产业发展，推出特色专题展览。工业博览馆结合区域产业发展和学院专业办学特色，与企业积极开展合作，开设特色专题展览。与北京络捷斯特科技发展股份有限公司采用校企合作模式，以"智慧物流"为主题，共同建设并开放现代物流开放式创新实验中心展区。在成都地铁开通运营 10 周年之际，联合成都地铁运营有限公司，举办"我与地铁共成长——成都地铁开通运营十周年成都工业职业技术学院展"，2020 年 9 月 10 日—10 月 15 日面向全社会开放，展示了学院轨道交通专业教育成果，丰富了馆内展陈资源，为成都市发展城市轨道交通、打造全球 TOD 新高地、建设全面体现新发展理念的城市发挥了积极作用。

第三，围绕立德树人根本任务，创建文化育人特色。工业博览馆结合平台优势和育人特色，在师生中广泛开展爱国主义教育、爱校荣校教育、职业理想教育等思想政治教育活动，推进校园文化建设，创建文化育人特色。一是积极开展新生、新进教职工入馆教育。组织迎新季"趣游工职院，传承匠心魂"工业文化科普等活动，实现新生和新进教师入馆教育的全覆盖；同时结合学院工业文化特色课程教学，把工业文化教育贯穿"思政课程"和"课程思政"的过程；二是通过展示中国工业发展辉煌成果，激发师生爱国主义情怀。通过举办新中国成立 70 周年主题班会等专题教育活动，开展"大国工匠"文化宣传与推广；三是充分利用工业博览馆设施设备优势，发挥服务教学与科研的功能。开展认知实习、专题讲座等专业实践教学活动，为工业文化研究和产业教学科研提供支持，充分挖掘和传承工匠精神。

工业博览馆开展新生入学教育，如图 3-14 所示。

（a）工业博览馆学生讲解员接待学校 2020 级新生参观

（b）轨道交通学院学生在工业博览馆接受爱国主义教育

图 3-14　工业博览馆开展新生入学教育

2019年，成都工业职业技术学院成功获评成都市首批工业旅游示范点、成都市天府文化特色学校、全国工业旅游联盟第一届理事会理事单位，获2019年省级社科科普基地优秀单位称号，工业博览馆加入全国工业博物馆联盟，与工业和信息化部共建工业文化研究中心，加入全国工业旅游联盟理事单位，2020年获得成都市科普基地建设资助项目，2022年获批成都市爱国主义教育基地，2023年获批四川省大中小思政一体化教育基地。以"工业文化"为特色的校园文化品牌逐步彰显，成都工业职业技术学院正倾力打造一张普及工业文化、弘扬天府文化、传承工匠精神的文化名片。

成都工业职业技术学院所获各类荣誉，如图3-15所示。

（a）   （b）

（c）   （d）

图3-15　成都工业职业技术学院所获各类荣誉

3.5　成：持续探索挖掘校园文化特色

"十三五"规划实施以来，成都工业职业技术学院工业文化特色彰显，社会影响力逐渐扩大。但在实践过程中，学院深感自身文化与同类工科高职院校文化特色的区分度不明显，自身文化的"根"和"魂"尚未得到深度挖掘，因此，学院继续在实践探索中思考，确立了红色文化、工业文化、天府文化、校史文化"四化"融合的校园文化建设思路。

3.5.1 确立特色校园文化五年建设规划（2021—2025年）

资料 3-1 成都工业职业技术学院
特色校园文化建设规划（2021—2025年）

一、基础与现状

自《成都工业职业技术学院特色校园文化建设计划（2016—2020年）》颁布以来，成都工业职业技术学院学院以习近平新时代中国特色社会主义思想为指导，坚持正确的文化建设方向，立足学校工科定位，怀抱"工业报国"之梦想，紧跟时代发展，追求"精益求精"文化高品位，凝练学校核心文化，初步构建了"以社会主义核心价值观为统领、工业文化建设为主线、工匠精神培育为重点"的集研究、传播、浸润于一体的校园文化建设体系。

（一）取得的主要成绩

成都工业职业技术学院坚持社会主义核心价值观，以天府文化为引领，凸显工业文化特色，实施"精神文化、制度文化、环境文化、行为文化和专业文化"建设五大行动，着力建设催人奋进的学院精神、科学民主的管理制度、丰富多彩的文化生活、优美舒适的校园环境和独具特色的专业文化，以文化人、以德润校。成都工业职业技术学院为首批四川省文明校园，四川省工业文化普及基地，四川省科普教育基地，四川省五四红旗团委，四川省"三下乡"社会实践活动"优秀单位"，成都市天府文化特色学校，成都市国际化示范窗口学校等，入选全国高职思政工作创新示范案例50强，被人民日报、中国教育报、"学习强国"等主流媒体报道200余次。

1. 工业文化理念渐入人心

成都工业职业技术学院以社会主义先进文化为引领，以工业文化为主线，传承学校发展历史和办学理念，加强工匠精神培育，凝练形成了师生广泛认同的、彰显学校价值追求的核心文化理念和凸显学校特色的校训、校风、教风、学风及学校精神，构建了符合自身办学特色的视觉识别系统。成都工业职业技术学院通过新生入学教育、工匠文化节、"师德标兵"

评选等正面宣传引导，使"一训三风"渐入人心。

2. 制度文化功能初步发挥

科学制定以《成都工业职业技术学院章程》为核心的制度体系，形成《成都工业职业技术学院制度汇编》，覆盖教学管理、学术科研等10个领域300余项制度。初步建立系统完备、科学规范、运行有效的现代高校制度体系，初步形成"党委领导、校长负责、教授治学、民主管理、社会参与"的现代高校治理格局。制度的思想导向作用、行为规范功能以及人文关怀功能得到初步发挥。

3. 工业文化环境初显特色

一是加强场馆建设。投资近1 000万元，建设"三馆一区"（工业博览馆、图书馆工业分馆和工业文明体验区建成且投入使用，校史馆正在筹建），通过文字、图片、实物、视频音频资料、3D动画、全息技术、虚拟体验等形式，为宣传学校文化增添了一个全景式的展示窗口。依托工业博览馆和工业文明体验区初步开展工业文化科普、工业旅游、研学、劳动教育等文化服务活动。二是加强校园空间环境建设。公开征集并根据学校核心文化理念完成了学校主要建筑、部分景观及主干道命名，打造"德园""润园""成工大道"等文化景观，以"工业文化"为主线摆布和装饰广场、教室、公寓、实验室、运动场等校内场所。三是打造"一站一端二微两窗口"。充分发挥一站（门户网站）、一端（手机端）、二微（微信、微博）、两窗口（橱窗和院报）的传播作用，凸显文化时代元素。四是营造文化学习氛围。购买电子出版物，设置文化宣传橱窗、展板，购置文化类科普刊物和图书。

4. 工业文化"六进"推广模式形成

一是文化进"活动"。打造"工业文化节""匠心微影""匠人匠心""匠心培育"等系列活动品牌，参加人数6万余人，全方位培育工匠精神。二是文化进"大赛"。每年举办文化技能大赛节，设立大赛项目40余项；承接成都市总工会举办的各类技能大赛、省市职业院校技能大赛以及四川省职业教育活动周等活动。三是文化进"校园"。设立市民（家长）开放日和基地开放日，年均接待初高中学生、家长及社区居民5 000余人次；举办行业企业专家讲座，年均达20座次；到蒲江职业中学、金堂职业中学、正兴小学等20多所学校开展专题报告27场、指导20余次，参与师生10 000余名。四是文化进"培训"。服务区域经济发展，面向成都产业工人、离岗再就业人员、退役军人、农村转移劳动力等重点群体进行文化宣讲、技能培训及技能鉴定，年均 2 万余人。五是开展文化"扶贫"。对口精准扶贫甘孜州石渠、阿坝州红原、成都简阳，以技术技能扶贫为重点，撒播工业文明种子，培育实用技术人才。六是文化进"乡村"。广泛开展大学生"三下乡"活动，弘扬校园文化。

5. 工业文化研究迈开步伐

一是搭建高端平台。与工业和信息化部工业文化发展中心共建学校工业文化研究中心，成为全国首家与工业和信息化部工业文化发展中心共建的高职学院；由教育部工业文化研究院授牌，成为全国首批工业文化研究中心成员单位。二是大力开发文化课程。开设 32 学时的工业文化类必修课程，学生达 23 000 余名；开发选修课程 15 门，深入推进工匠精神进教材、进课堂、进头脑；开设专业认识实习课，组织学生参观工业园区、工业博物馆及企业等，每年度参与人次 4 000 余人，学时达 5 000 学时以上。三是开展理论研究。发表学术论文 100 余篇，获批专利 30 余项，立项厅局级以上课题 20 余项，获得四川省、成都市社会科学优秀成果奖共 6 项，获批四川省社科联高水平研究团队 1 个。

（二）困难与问题

在全校师生的共同努力下，校园文化建设取得了丰富的成绩，为后期校园文化深化奠定了坚实的基础，但仍存在一些不足之处。

（1）文化建设总体规划不够细致全面，各部门单打独斗、各自为政现象仍然存在，资源未能有效整合，育人合力没有得到有效发挥。

（2）校史、校友资源未能充分挖掘利用，以工业文化为特色的文化品牌核心尚需进一步挖掘和凝练；校园空间环境缺乏工业文化元素；工业文化高端平台作用发挥不够全面，工业文化理论研究层次较低。

（3）以各专业群为特点的专业文化尚未完全形成，师生参与文化建设的时间精力有待进一步提升。

（三）机遇与挑战

（1）政策形势。面对世界百年未有之大变局，在日益复杂的"大舆论场"中，各国文化战略博弈空前激烈。在此背景下，如何用习近平新时代中国特色社会主义思想铸魂育人，引导学生树立文化自信，如何改善西方国家对当代中国文化认知的缺失及误解，如何在教育国际化背景下推动中华优秀传统文化、工业文化、天府文化等的研究、传承和推广是新时代高校文化建设面对的新要求。

（2）职教改革。《国家职业教育改革实施方案》指出，"要把发展高等职业教育作为优化高等教育结构和培养大国工匠、能工巧匠的重要方式。"在我国产业走向高质量发展、职业教育走向类型化发展的时代背景下，高职院校要能够培养出一大批掌握高新技术并符合最新岗位标准的高素质技术技能人才。作为一所以"工业文化"为核心的工科高职院校，如何深化校园文化建设，大力弘扬"劳模精神、劳动精神、工匠精神"，切实发挥文化育人功能，是"十四五"时期学校校园文化建设必须解决的现实问题。

（3）学校发展。在学校实施"双高计划""提质培优"行动计划、强化内涵建设的关键时期，如何进一步深入挖掘校园文化内涵，如何通过文化引领师生践行一训三风，培养抢前争先的意识，激发凝心聚力干事创业的热情，是学校文化建设需承担的重要责任。

（4）学生成长。促进学生的全面发展是人才培养的重要目标。习近平总书记曾说："我们教育引导学生，一个重要任务就是用中国梦激扬青春梦，为学生点亮理想的灯、照亮前行的路。"校园文化在丰富学生校园生活的同时，对学生具有潜移默化的引导激励作用，我校校园文化建设还需进一步增强这方面的作用。

二、指导思想与原则

（一）指导思想

以习近平新时代中国特色社会主义思想为指导，坚持社会主义先进文化的发展方向，遵循文化发展规律，努力建成体现社会主义特性、新时代特征、工业文化特色和成都工业职业技术学院差异化特点的高水平工科院校校园文化。

（二）基本原则

坚持思想引领和以人为本的统一。坚持党对高校的领导，全面贯彻党的教育方针，坚持社会主义办学方向，自觉遵循中国特色社会主义文化建设的根本任务；坚持社会主义核心价值观引领文化建设，立足学校实际，立足师生需求，确保文化建设既有正确的政治方向，又有扎实的群众基础。

坚持立德树人和以文化人的协调。既要注重提高师生的思想品德，又要注重培养师生的人文精神；坚持历史传承与发展创新相结合，积极营造符合现代职业院校精神的校园文化氛围，充分体现文化建设的时代特征。紧密围绕师生两大主体，真正做到因事而化，因时而进，因势而新。

坚持重点推进和分步实施的结合。坚持学校、二级学院两级文化建设的整体性、联动性，加强学校文化和学院文化的协同。紧扣"双高"建设、"十四五"发展规划、提质培优行动计划、内部质量整改等重点工作，有步骤、有计划地推动落实文化建设重点工程和一般项目。

三、建设思路与目标

以习近平新时代中国特色社会主义思想为指导，弘扬社会主义核心价值观，牢固树立新发展理念，实施四化融合，开展五大行动，凸显工业文化特色，全面推动学校文化建设，力争构建较为系统的学校文化体系，激发学校各领域事业发展的引导力创造力，为学校"双高"建设提供坚强的思想保证与精神动力。

——加强"12345N"特色校园文化顶层设计。围绕"以德润身、技臻至善"校训这一中心，树立"两个目标"，坚持"三项原则"，实施"四化融合"，开展"五大行动"，打造"工业文化+N"特色，建成体现社会主义特性、新时代特征、工业文化特色和成都工业职业技术学院差异化特点的高水平工科院校校园文化品牌。获评省级"平安校园"，争创全国文明校园。

——打造高品格的校园环境。建设红色文化、工业文化、天府文化、校史文化"四化融合"的校园文化环境，提升学校工业博览馆、校史馆、工业文化图书分馆和工业文明体验区"三馆一区"，启动建设"文化广场"和"文化长廊"。

——建立高水平工业文化研究平台。以理论研究为抓手，夯实工业文化发展基础，引领学校工业文化传承体系构建。立项相关课题与项目10个以上，出版工业文化科普读物5部，争创省级工业文化研究平台。

——创建高质量的传承基地。打造"工业文化+一院一品"项目、"工业文化+劳动教育"项目等文化特色工程，强化工业文化传承与科普，建成省级优秀工业文化科普基地，辐射全省社区、企业、学校，各类参观2万人次以上。

四、建设内容

（一）统筹规划，加强校园文化顶层设计

围绕一个中心：紧紧围绕学校"以德润身、技臻至善"校训这一中心。确立两个目标：以形成特色校园文化体系为近期目标，建成体现社会主义特性、新时代特征、工业文化特色和工职院差异化特点的高水平工科院校校园文化品牌为远期目标。坚持三项原则：坚持思想引领和以人为本的统一、坚持立德树人和以文化人的协调、坚持整体规划和分步实施的结合的基本原则。实施四化融合：以"红色文化培根铸魂、工业文化精技立业、天府文化优品雅行、校园文化润心修身"四化融合为基准。开展五大行动：精神文化铸魂行动、制度文化保障行动、行为文化培育行动、环境文化提升行动和专业文化建设行动。打造 N 项特色：打造"工业文化+N"、高水平"工业文化+研究平台"、高质量"工业文化+传承基地"、高标准"工业文化+劳动教育"等特色项目，使学校文化成为展示学校独特形象、凝聚学校成员心志、推动学校高质量发展的巨大动力源。

（二）五大行动，铸就坚实文化建设根基

1. 精神文化铸魂行动

一是深化学校精神内涵。培育和践行社会主义核心价值观，传承和创新天府文化，深化"以德润身·技臻至善"理念，实施红色文化培根铸魂、工业文化精技立业、天府文化优品雅行、校园文化润心修身"四化融合"，促进中华优秀传统文化、革命文化、社会主义先进文化融入学校精神内涵。进一步开展校训和校风、教风、学风的讨论和研究工作，开展"工职工匠""工职名家"等评选表彰活动、校园歌曲传唱、"一训三风"践行评比等活动，深入发掘、提炼和传承学校发展过程中所积累形成的宝贵精神财富。

二是强化精神价值引领。发挥好党委讲师团、德育导师团和优秀校友团作用，抓好思想引领。积极开展传播正能量的文化项目建设和精神文明创建活动，申报成都市爱国主义教育基地，争创成都市社会主义核心价值观特色点位。健全党委领导、专家指导、教师协同的"思政课程+课程思政"体系，建成思政课程和课程思政教学创新团队、省级思政教育名师工作室。持续打造思想政治理论课"金课"，建设思政课程示范课堂和课程思政示范课程。打造"思政之星""我心中的思政课"等特色活动品牌，与西南财经大学等共建思政教学实习基地，建设课程思政示范专业，打造课程思政教育案例。

三是培育爱校文化。启动校史校情研究工作，对校史资料进行抢救性的搜集与梳理，形成一批反映学校文脉线索，体现学校精神传承与发展的研究成果，促进工职精神薪火相传。设计并规范开学典礼、毕业典礼、升旗仪式、优秀表彰等重要典仪，将其打造成为学校的经典文化品牌，增强爱校情怀。开展"校友文化"建设工程，广泛收集校友情况，推选出一批具有代表性的校友人物，编辑名校友宣传资料，打造"校友林"，设立"校友论坛"，开展"请进来、走出去"等活动，丰富和完善校友参与学校建设的途径和方式，拓展学校与校友的沟通交流渠道，关心支持校友发展，积极展现校友风采，营造"校友情系母校、母校关怀校友"文化氛围，在互动中传承弘扬爱校文化。

四是持续推动文明校园建设。全面落实中央文明办、教育部关于文明校园建设的要求，完善学校文明校园建设工作实施方案和任务分解表，持续围绕思想道德建设、领导班子建设、师德师风建设、校园文化建设、校园环境建设和阵地建设管理六个方面，努力建设区域精神文明高地。

2. 制度文化保障行动

一是构建现代大学制度体系。契合新时代职业教育发展新要求，融通类型教育特征和适应性提升，修订学校章程，落实党委领导下的校长负责制。制定理事会运行管理办法等制度，发挥理事会咨询协商议事监督作用，优化学术委员会学术认定标准和认定办法等学术治理制度，建立二级管理与创新"以群建院"制度，坚持和完善教代会、学代会、团代会和党外人士相关制度，强化廉洁文化约束制度，构建与学校发展相适应的现代大学制度体系。

二是规范制度废改立程序。出台学校《规范性文件管理办法》，明确学校规章制度制定、修改和废止应遵循的原则，规范学校规章制度名称、起草、审核和签发等程序，确保学校规章制度实体合法、程序正当，切实提高规章制度出台质量。建立规章制度定期审查与清理机制，及时清理与相关法律、法规、规章相抵触，不符合学校改革发展实际，或者相互之间不协调的规章制度。新法律、法规、规章和重要文件发布后，及时对照修订学校相应制度，保证学校制度体系合法适当和协调统一。

三是制度落实和评价。制度修订与制定后，形成《学校制度体系汇编》向全校公布，做好制度宣传学习活动。学校层面定期对规章制度执行情况进行调研督查；归口职能部门实时监测管理领域的制度执行情况；各部门对内部制度机制执行情况进行常态化监督管理。

3. 行为文化培育行动

一是持续加强教师行为文化建设。坚持师德师风建设，形成"立责于心、博学精业；严谨笃学、躬行师道；与时俱进、教学相长"的良好师德风范，争做"四有"好老师。落实《新时代高校教师职业行为十项准则》《教育部关于高校教师师德失范行为处理的指导意见》《新时代高校教师职业行为十项准则》，严格执行师德"一票否决制"。实施"铸魂育人"工程、"头雁引领"工程、"双带头人"培育工程、"同心圆梦"工程等，发掘师德典型，弘扬师德楷模，形成强大正能量。

二是加强学生行为文化建设。持续开展"认知宣讲，让学生明志；品行养正，让学生立德；活动熏陶，让学生践行；技能精研，让学生致用；环境激励，让学生成才"五大行动，引导学生形成"崇尚劳动、德艺并举，明礼修身、诚实守信，敬业爱岗、遵纪守法"行为规范。

三是丰富校园文化活动。持续开展"专业筑梦""实践探梦""青春圆梦"三项教育活动。持续开展"工匠文化节""大国工匠进校园""劳模进校园""做一个匠人、守一片匠心"等品牌活动。以国家级非遗传承人陈巧茹为引领，组建川剧大师工作室；以四川美术家协会主席梁时民为主导，组建美术大师工作室，持续打造"弘扬华夏文明　传承天府文化"的弘扬中华优秀传统文化品牌项目。创新"诵读红色经典，激扬爱国情怀"的红色经典诵读项目。拓宽"青年大学习"主题活动覆盖领域，倡导二级学院争创领学先进集体。开展"小我融入大我，青春献给祖国"等一系列志愿服务活动，弘扬志愿者文化，争创"四川省十佳志愿服务组织"。加强学生社团建设。

四是加强网络文化建设。加强和完善学校"一站二微两窗口"网络阵地，构筑传播矩阵。建立学校融媒体中心，加强网络文化人才队伍建设，提升网络文化建设水平。开展好"学校IT文化节"，打造以易班文化为重点的校园网络思想政治教育特色。挖掘学校优秀典型人物和重大重要事件，打造系列"工职网红人物（事件）"特色品牌，制作学校官方宣传片和主题形象宣传片，在人民日报、教育部网站、中国教育报等主流媒体发声，讲好学校故事，传播学校声音，展示学校形象。

五是加强体育文化建设。积极组织师生参与课余体育活动，开展形式多样的群众性体育运动，支持体育社团发展。引导师生"天天锻炼一小时，人人爱好一项目"，打造至少3项传统体育赛事，开展好一年一度的学校运动会。联合四川省足球协会等，共建马明宇足球工作室，打造学校体育品牌，建设具有学校特色的体育文化。

六是营造书香校园氛围。积极开展"书香校园，悦读人生"读书节等活动，办好纸鸢书院工职分院，不断拓展活动载体，丰富活动内容，大力营造书香浓郁的校园文化氛围，引领学风、教风建设，为文化传承创新提供有力支撑。

4. 环境文化提升行动

一是制订校园环境文化建设方案。遵循"整体策划、分步实施"的原则，以"凝聚工业时光，铸造现代文明"为主题，以"人文、科技、生态、互动、国际"为设计理念，以"巨匠之门"为核心概念，融入红色文化、工业文化、天府文化、校史文化等元素，实施"四化融合"校园环境文化提升工程。

二是打造特色人文景观。以工匠精神为核心，打造学校标志性"网红打卡地"。采用现代灯光照明科技，在校门口、成工大道等要道和重点区域增添工业文化元素。充分利用校园过道长廊，打造凸显社会主义核心价值观、天府文化、工业文化、校园文化等要素的文化长廊。

三是推进工业旅游示范点建设。加强工业文化资源整合，持续开展工业博览馆、图书馆、校史馆和工业文明体验区"三馆一区"建设。结合校史馆建设，广泛收集川渝厂矿企业的工业老设备、老故事等工业遗存，建设以成渝双城经济圈建设为主题的，集文艺、休闲、交流和运动等功能为一体的"文化广场"，推动工业旅游示范点建设。

5. 专业文化建设行动

一是打造"一院一品"特色。凸显类型教育特征，鼓励各二级学院本着突出特色、有机协调的发展理念，以"职业性、实践性、多样性"为目标，利用"一园一院"等产教融合平台，通过专业精神文化、专业物质文化、专业制度文化、专业职业文化、专业人文文化建设，特别注重品牌专业、品牌课程、品牌师资等优势文化建设，持续打造专业职业理想、职业纪律、职业道德、职业技能的"四职"特色，形成各专业的职业性格和独特魅力。

二是开展"一院一品"创建活动。各二级学院进一步总结自身在专业文化建设方面的经验和成效，培育特色，凸显亮点，提升文化育人的针对性和实效性，提升文化建设的内涵和品位。制定学校文化建设"一院一品"创建活动实施方案，围绕思想教育类、教风学风类、校园文化载体类、实践育人类等方面，定期开展创建评比和展示，推出一批重点校园文化品牌。

三是文化产品开发。立足专业特色，强化对学校品牌形象识别系统的创新应用，推出涵盖不同系列不同专业的校园文化产品，建设校园纪念品传播形象店，成为传播工职文化的有效载体。

（三）打造特色，展示校园文化独特形象

1. 打造高水平"工业文化+研究平台"

进一步加强工业文化理论研究，争创四川省工业文化研究中心。根据学校专业群建设重点，围绕成渝双城经济圈的相关工业文化资源调查梳理、工业遗产挖掘、工业旅游产品开发和工业精神培育，深入研究工业文化在学校人才培养以及在社区、在企业、在学校传承中的路径方法。申报国家、省、市工业文化相关课题10项以上，加强研究成果转化应用，积极申报横向课题，为学校制定工业文化传承的政策措施、为省市工业文化发展、为国家工业软实力提升和制造强国建设提供智力支撑与舆论支持。成立学校文化专门机构，建设专兼职的工业文化"研究、宣传、管理"的三支队伍。

2. 打造高质量"工业文化+传承基地"

持续加强学校工业博览馆、四川省工业文化普及基地、成都市工业科技与文化科普基地、"SGI培训中心"等平台建设。发挥课堂主渠道作用，拓展工匠精神，建设工业文化校本课程，打造省级精品课程。挖掘学校"蓉派技艺"元素，承办"工业文化"论坛，举办各类工业文化主题讲座。开展工业科普志愿者服务活动，开展中小学生工业文化研学活动，五年累计各类参观达2万人次以上。

3. 打造高标准"工业文化+劳动教育"

凸显类型教育特征，彰显工科类职业院校优势，构建劳动模范领军、专门课程支撑、实践教学融入的"工业文化+劳动教育"体系。组建裴忠富等国家省市劳动模范指导的学校"工业文化+劳动教育"团队，开设劳动教育课程，优化工匠精神。举办"劳动文化月"，设立专业"公益劳动周"，开展"成都工匠进校园""劳模进校园"等活动，加强"工职青年志愿者"建设，争创"四川省十佳志愿服务组织"。建立学校劳动教育评价标准，将劳动教育纳入学生综合素质评价体系。以劳树德、以劳增智、以劳强体、以劳育美,打造"工业文化+劳动教育"品牌。

五、保障措施

(一)完善体制机制

在学校党委统一领导下,成立党委领导、党政齐抓,由各相关职能部门参与的校园文化建设工作领导小组,负责学校文化建设各项工作的方案规划、决策部署和组织实施等。文化建设工作领导小组下设办公室,负责文化建设协调、联络和落实等具体的日常工作。

(二)加强组织领导

将文化建设纳入学校事业发展总体规划,制订执行文化建设年度工作计划,分步骤、分阶段持续落实推进,实现文化建设与学校的各项工作一起部署、一起落实、一起检查。将各部门文化建设纳入年度目标考核。

(三)加大经费投入

加大文化建设的财力、物力投入,设立校园文化建设专项资金,专门用于文化建设和精神文明创建的相关支出。鼓励通过多渠道、多途径筹措文化建设资金,以保障和加强文化建设的资金投入。

(四)加强队伍建设

增设校园文化建设科,配备一定的人员编制,专职负责文化建设工作的策划调研、组织协调、监督检查等工作。着力建设一支以专职人员为核心,专兼职人员相结合,兼职人员为重要支撑,依托各部门宣传干事的文化建设工作队伍,使文化建设工作任务到位,责任到人,落到实处。定期开展学习、培训、交流活动,不断提高文化建设队伍的工作能力和综合素质。

3.5.2 丰富校园文化育人环境

物质文化是一种显性文化,它以建筑与景观为主要载体,精心设计、融情于景的物质文化具有强烈的感染力。物质文化遵循大道至简的审美原则,追求简洁、清新、隽永的格调,兼具厚重内效的传统文化与丰富多彩的时代文化特征,是职业教育景观和职业文化景观的有机统一。以微观看,物质文化匠心独运,枝叶关情,真诚而细腻,具有色味声光的情趣之美。从宏观看,物质文化围绕空间与情景的设计,赋予建筑及景观以温度和情感,集教育性、实用性、艺术性于一体,错落有致,各美其美。建筑空间所显示出的强大的场所力量,不仅演绎着成都工业职业技术学院的历史、积淀、风骨，还在物换星移中，以一如既往的平和、威严，见证并助推着学生的成长和学院的发展。作为一所从中职升格而来的年轻高职院校，缺乏大学人文底蕴是成都工业职业技术学院面临的一大难题。因此，成都工业职业技术学院精心打造能够体现学院文化特色的景观文化，发挥环境文化浸润效果，增强师生对校园的归属感和认同感。

（1）"成工大道"概貌。"成工大道"取自成都工业职业技术学院名称中的"成"和"工"二字，既代表学院，其谐音又寓意"成功"，是学院的中心主干道，坡地造型，层层台阶往上，故又取名为"步步高"。

"成工大道"两侧有六个采用花朵花瓣造型的柱状建筑，既分别代表原成都铁路运输学校、成都市工业学校、成都市建设学校、成都市财政贸易学校、成都市公交职中、成都市建筑成人中专学校六所中职学校，也代表在高职办学过程中发扬学校历史文化精神，落实国家教育目标要求，遵循职业教育办学规律，强化现代高校治理，形成六校合一、五育耦合、产教融合、校企合作、工学结合、党建与业务深度融合的"六合发展"。

《汉书》有云，"所以大一统者，六合同风，九州共贯也。""六合花开"雕塑寓意中职"六校合一"的高职升华，高职"六合发展"的成就绽放，争创"全国一流工科类高职院校"的奋斗目标。

"六合花开"雕塑，如图3-16所示。

图3-16　"六合花开"雕塑
（备注：原名"升华碑"，后更名为"六合花开"雕塑）

（2）校训石。"富润物，德润身"，重在德可养身；"大学之道，在明德，在亲民，在止于至善"，重在学无止境。"以德润身 技臻至善"意为学院教育既要以德树人，又要以技傍身，二者齐头并进。

成都工业职业技术学院校训石，如图3-17所示。

图3-17 校训图

成都工业职业技术学院有"成工大道"和"匠心大道"两条主干道，围绕两条主干道共有六条道路，六条道路名称取自于原六所学校旧校址所在地，分别为"梁家巷"路、"西二巷"路、"成华街"路、"天祥寺"路、"双园巷"路、"石羊场"路。"梁家巷"是原成都市工业学校所在地；"西二巷"是原成都铁路运输学校所在地；"成华街"是原成都市公共交通职业中学所在地；"天祥寺"是原成都市建筑中等专业学校所在地；"双园巷"是原成都市建设学校所在地；"石羊场"是原成都市财政贸易学校所在地。成都工业职业技术学院根据道路命名与学校发展历史关系，增添校史文化元素改造校史路牌8个，提升校史文化育人功效。

（3）学思塔。学思塔造型由"工""匠"二字拆解、拼合组成；雕塑上方呈现"学思广场"地标名称，中间雕刻学校五大专业群专业文化元素，下方呈现工匠精神内涵，寓意莘莘学子要学思并进，传承弘扬工匠精神、努力学习专业知识。

学思塔，如图3-18所示。

图 3-18　学思塔

（4）墨子像。墨子，名翟，春秋末期战国初期宋国人，中国古代思想家、教育家、科学家、军事家，是墨家学说的创立者。墨子还是一个堪称当时天下第一的"机械师"，他指导制作"滑轮"提重，制造"连弩车"守城，制造"籍车"投石，制作"木鹰"飞天，被后人称为"一个用哲学的翅膀在天空中飞翔的大匠"。

墨子像，如图 3-19 所示。

图 3-19　墨子像

（5）1 号树：黄葛树——金黄拾光。黄葛树根系发达、生长旺盛、枝繁叶茂，每到春天满树华盖、金黄灿烂，因其生长特性被称为"记忆之树"。该树 2011 年从原成都市建设学校移植，承载学院历史记忆，寓意未来蓬勃发展。

黄葛树，如图 3-20 所示。

图 3-20　黄葛树

（6）2 号树：蓝花楹——蓝韵初心。蓝花楹外形美丽、花语丰富，有清丽脱俗、宁静深远之感，也因其顽强生命力象征坚韧与毅力、希望与未来。该树最初由学院教师唐乃春捐种，2011 年从原成都市建设学校移植，寓意学院历代师生坚守初心、矢志耕耘的教育情怀。

蓝花楹，如图 3-21 所示。

图 3-21　蓝花楹

（7）德园。德园坐落于学校成工大道和图书馆之间的一座山坡，取源于校训"以德润身 技臻至善"中的"德"字，寓意师生尊德崇德尚德修德。

德园，如图 3-22 所示。

图 3-22　德园

（8）润园。润园坐落于学校体育馆旁的一座山坡，取源于校训"以德润身 技臻至善"中的"润"字，山坡上种满了桃树、李子树，寓意润泽、滋润师生，与"德园"呼应。

润园，如图 3-23 所示。

图 3-23　润园

83

3.5.3 征集文化建设典型案例

高职院校文化建设是一项系统工程，需多部门联动建设，实践中存在着牵头难、任务推进慢等现象。因此，为进一步提升校内各部门参与文化建设的积极性，培养文化建设自觉意识，提炼各二级学院在专业文化建设方面的典型案例和经验做法，例如，马克思主义学院在红色文化建设方面的典型案例和经验做法，通识教育学院在工业文化、传统文化建设等方面的典型案例和经验做法，各行政职能处室在部门文化建设方面的典型案例和经验做法，提升学校内涵建设水平，助力学校"双高"建设，成都工业职业技术学院于2022年、2023年组织开展了文化建设典型案例征集活动，现将部分案例呈现，以展示学院在文化育人工作中的点滴积累和经验做法。

资料3-2　建设红色文化长廊　坚定师生历史自信
马克思主义学院

一、背景介绍

党的二十大报告指出："弘扬以伟大建党精神为源头的中国共产党人精神谱系，用好红色资源，深入开展社会主义核心价值观宣传教育，深化爱国主义、集体主义、社会主义教育，着力培养担当民族复兴大任的时代新人。"马克思主义学院立足思政育人主阵地功能定位，在师生中大力开展"四史"教育、宣传红色文化、弘扬优良传统，取得了系列成效。为进一步巩固马克思主义在意识形态领域指导地位，引导教育全校师生坚定道路自信、理论自信、制度自信、文化自信，用党的百年奋斗历程砥砺初心使命，用红色文化感召学生厚植爱国情怀、发奋成长成才，马克思主义学院规划、建设、运营红色文化长廊，为学校红色文化建设提供多功能、有特色、重实效的平台载体。

二、主要做法

（一）建设红色文化长廊

马克思主义学院办公区走廊（润德七号楼一楼）有一条约100米长的红色文化长廊，长廊两侧墙体上以图文穿插的形式，完整呈现鸦片战争后中华民族的悲惨遭遇和中国人民救亡图存运动，中国共产党领导的新民主主义革命、社会主义革命、社会主义建设的成功道路，改革开放和社会主义现代化建设新时期的伟大成就，中国特色社会主义进入新时代等一整段波澜壮阔的历史，突出"重大事件、重要会议、重要人物"，详细编撰文字、照片、地图、文献、数据、表格等，形成一条穿梭时空、身临其境的文化走廊，科学、全面、准确地讲述党史，生动、具体、形象地展现红色文化。

（二）线上同步教育资源

马克思主义学院以"数字体验式教学"为引领，利用三维虚拟现实技术（VR）、数据库技术和网络技术，将红色文化长廊全部图文内容原汁原味地"搬"到网络上，通过网络链接快速访问，形成对线下参观学习模式的有益补充，方便师生随时随地查阅学习党史和红色文化，提升红色文化长廊的使用效率，拓展红色文化长廊的服务范围。

（三）配置专业教师讲解

马克思主义学院组织思想政治理论课专任教师担任红色文化长廊讲解员，毛泽东思想和中国特色社会主义理论体系概论教研室、习近平新时代中国特色社会主义思想概论教研室共同负责讲解内容的编制，几位专业知识扎实的教授、副教授现场指导，一批教学能力和教学比赛成绩优异的教师现场展示，多管齐下提升讲解质量。

（四）组织学生参观学习

马克思主义学院将红色文化长廊参观学习和思政课教学实践活动开展结合起来，在思政课上大力向学生宣传介绍，鼓励学生结合课程实践教学主题，到红色文化长廊参观学习，拍摄学生讲解微视频、撰写心得体会，在课堂上汇报呈现。

（五）开展对外交流合作

马克思主义学院与校外专家和教学单位开展深度合作，邀请知名专家学者对红色文化长廊建设和讲解工作作出指导；秉持开放共享原则，欢迎校外教学单位组织学员参观访问红色文化长廊，鼓励校外合作单位在红色文化长廊建设实践教学点。

三、工作成效

（一）构建全域思政育人新格局，打造立体党史"教科书"

马克思主义学院通过文字、图片、灯光技术等综合打造一本多角度、立体化的党史"教科书"。建成红色文化长廊约100米，墙体展示面积超过160平方米，展示内容涵盖了自1840年以来160余年的中国近现代史，涉及人物300多位，事件近300件，"南陈北李"相约建党、新中国成立、小岗村红手印等丰富的史料均在展示之列,让师生们行走在物理空间长廊的同时,学习了解党的光辉历史,传承红色基因、赓续精神血脉。红色文化长廊建成一年多来,累计接待师生参观学习 10 000 余人次,收到学生心得体会和反馈 10 000 余篇,师生对红色文化长廊的内容设置和运营水平高度满意,在全校掀起了一股学习党史、弘扬红色文化的热潮。

（二）让百年党史深度融入思政课程与课程思政

"百年党史为高校立德树人提供了十分丰厚的育人资源。迈向第二个百年奋斗目标、开启全面建成社会主义现代化强国新征程,我们要以培养担当民族复兴大任的时代新人为出发点和落脚点,进一步凝聚起全校师生奋进新征程、建功新时代的强大动力。"马克思主义学院党总支书记刘勇表示,在建党百年之际启用红色长廊,既是学校党建育人的新起点,也为师生们在新征程上不断深化党史学习教育、推进思政课程与课程思政建设找到了突破口。"我们要久久为功,深入推动百年党史、共产党人的精神谱系进教材、进课堂,最大化利用红色资源,以红色长廊带动构建全员、全过程、全方位育人新格局落到实处。"

"漫步校园、途经红色长廊,我们时常驻足观看,或是约上三五好友前来打卡。"成都市荣耀青年宣讲团成员代勇祥表示,红色长廊已经成为红色文化打卡点、又一处校园地标。学院组织人事处处长刘晓莉表示,红色长廊的视觉效果与文化内涵相得益彰,极大拓展了党建红色文化新的教育空间、教育形式,将有力推动全校师生共同建设学校党建文化新品牌、思政课程与课程思政的重要阵地。

四、经验总结

文化建设不是孤立的,而是一项系统性工程。马克思主义学院将红色文化长廊与思想政治理论课教学紧密结合,鼓励学生以红色文化长廊为重要依托,高质量完成教学实践活动,形成了"思政课程为红色文化教育传播奠定知识基础、红色文化长廊为思政课程拓展延伸"的互动格局,大大促进了红色文化在校园内的传播,让红色文化与工匠文化、天府文化、学校文化在校园内交相辉映,共同浸润和培育能担当民族复兴大任的新时代大学生。

资料3-3 以"大科普"思路探索构建高职特色工业文化育人体系
通识教育学院

一、背景介绍

党的二十大报告指出，要"推进新型工业化，加快建设制造强国"。作为以"工业"为主的公办高职，成都工业职业技术学院已成功获评省市工业文化普及基地，但工作覆盖面、渗透度与影响力仍需进一步提高，工业文化育人氛围亟待进一步营造。基于此，通识教育学院以习近平新时代中国特色社会主义思想为指导，按照"文化引领、项目驱动、服务发展、特色打造"的总体思路，探索构建体现中国特色、凸显产业特点、彰显学校特征的"大科普"工作体系，着力推动形成宣传工业文化、弘扬工匠精神"全校一盘棋"的文化育人模式。

二、主要做法

（一）党旗领航，树立体现中国特色的"大科普"理念

通识教育学院通过开展党史学习教育特色活动，将工业文化普及与爱国主义教育结合，传递工业报国情怀。组建工业科普党员志愿服务队，深入社区、乡村、学校及对口帮扶单位，开展文化精准扶贫，助力乡村振兴，党员示范筑起工业文化"桥梁"。

（二）阵地融合，构建凸显产业特点的"大科普"格局

一是将工业文化深度融入课堂教学、校园文化、网络媒体，搭建文化育人立体空间，串起工业文化"脉络"。相关文化课程获评省级精品在线开放课程，课程团队荣获省级一等奖；开展天府人文讲坛、活动年均70余次；开设文化普及专栏、公众号、抖音号，编发工业文化普及手册，打造全媒体平台。二是建设文化普及研究队伍，科普讲解员多次获国家、省、市科普讲解奖项，打响学校工业文化品牌；依托工业文化研究中心，推进工业文化研究。

（三）机制联动，实施彰显高校特征的"大科普"战略

一是初步构建"以社会主义核心价值观为统领、工业文化建设为主线、工匠精神培育为重点"的集研究、传播、浸润于一体的文化建设体系和文化育人考核体系，抓实工业文化建设。二是着眼文化载体的落地赋能，建设"传统文化沉浸式体验区"，以梁时民、陈巧茹引领的中国画、川剧大师工作室为引领，推动构建多元融合的校园文化体系，为文化普及

工作增值赋能。

三、工作成效

通识教育学院在普及工业文化、服务区域产业、强化思政教育、传承工匠精神等方面作用日益凸显。2020年11月，文化普及工作得到教育部职业院校文化素质教育指导委员会的认可，并受邀在第十届全国职业院校"文化育人"高端论坛上作交流发言。2022年1月，当选成都市科普教育基地联合会第一届理事会常务理事单位。同时，面向周边中学、小学、幼儿园开展工业文化研学活动情况被主流媒体报道，相关文化普及经验材料多次被推广。

四、经验总结

通识教育学院始终坚持以习近平新时代中国特色社会主义思想为指导，按照学校"12345N"特色工业文化顶层设计，通过整合资源、搭建平台、完善体系、丰富载体、开发活动等一系列工作，逐步构建起政行企校社等多元主体参与的文化普及"矩阵"，为学校进一步打造集红色文化、工业文化、巴蜀文化、校史文化"四化融合"的文化育人体系做出应有贡献。

资料3-4 成都工业职业技术学院探索构建"1234"传统文化育人模式
通识教育学院

一、背景介绍

党的二十大报告指出："推进文化自信自强，铸就社会主义文化新辉煌。"习近平总书记在四川考察时强调，全面学习贯彻党的二十大精神，要牢牢把握新时代新征程党的中心任务，他指出要"善于从中华优秀传统文化中汲取治国理政的理念和思维"，"把中华优秀传统文化传承好"，"文物承载灿烂文明，传承历史文化，维系民族精神"。基于此，成都工业职业技术学院以习近平新时代中国特色社会主义思想为指导，按照"文化引领、项目驱动、服务发展、特色打造"的总体思路，探索构建体现中国特色、凸显巴蜀特点、彰显职教特征的传统文化育人体系。

二、主要做法

（一）立足学校发展，搭建"高品质"文化育人平台

通识教育学院根据学校"十四五"特色校园文化建设规划，聚焦"双高计划"建设和人才培养核心工作，制定传统文化沉浸式体验区建设规

划，柔性引进具有"中国特色、巴蜀特点"的传统文化大师，携手四川省美协主席、一级美术师梁时民成立"梁时民美术大师工作室"；携手成都市川剧研究院常务副院长、一级演员陈巧茹成立"陈巧茹川剧大师工作室"，打造高品质传统文化育人平台。

（二）融合职教特质，打造"系统化"文化育人模式。

通识教育学院立足学校"工业"特色、"职教"特征，从新生入学直至学生毕业，"1234"传统文化育人贯穿大学生涯，即利用传统文化大师资源上好 1 门传统文化必修课；开好 2 门（国画、川剧）选修课；依托省、市科普平台带好科普社、美术社、川剧社 3 支队伍；搞好"讲、演、赛、展"4 类活动，包括"赓续传统文化自信"系列主题讲座、川剧《白蛇传》动画展演、大师进校园国画笔会、国学经典诵读展演、川剧元素定向越野比赛、美育嘉年华等多元文化交织共融的活动实践，培养具有家国情怀、文化自信的未来工匠。

面向泰国留学生传播天府文化，如图 3-24 所示。戏剧（川剧）表演课，如图 3-25 所示。

（a）

（b）

图 3-24　面向泰国留学生传播天府文化

（a）

（b）　　　　　　　　　　（c）

图 3-25　戏剧（川剧）表演课

（三）聚焦名师效应，推进"全方位"文化育人工作

通识教育学院组建"传统文化大师+高层次人才+青年教师"的教学、科研、普及团队，培养青年画家1名，举办个人画展1场，作品多次入选全国、省、市美协举办的画展；培养川剧"小演员"1名，多次参与校内校外变脸表演；申报省市级课题2项，在核心期刊发表论文1篇；充分利用大师工作室资源，振兴乡村，在学校对口帮扶单位甘孜州石渠县阿日扎镇松格嘛呢石刻合作社开展技术帮扶和教育帮扶3项；服务周边，建立合作站1个，合作开展文化育人活动近百场，共建共享传统文化育人资源，积极推动构建"学校+社区+企业"传统文化育人空间。

川剧《白蛇传》表演，如图3-26所示。

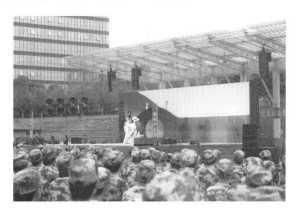

（a）

（b）

图3-26　川剧《白蛇传》表演

三、工作成效

通识教育学院在推广传统文化、强化思政教育、传承工匠精神等方面作用日益凸显。2021 年 9 月，通识教育学院与四川省美协主席、一级美术师梁时民和成都市川剧研究院常务副院长、一级演员陈巧茹签订特聘教授协议；2023 年 5 月，通识教育学院传统文化沉浸式体验区建设落成，大师工作室正式揭牌，面向校内及周边中学、小学、幼儿园开展传统文化研学活动情况，被主流媒体报道。

四、经验总结

通识教育学院始终坚持以习近平新时代中国特色社会主义思想为指导，按照学院"1234"传统文化育人模式，通过整合资源、搭建平台、完善体系、丰富载体、开发活动等一系列工作，逐步构建起集中国特色、巴蜀风格、职教特征于一体的文化普及"矩阵"。

资料3-5　构建"互联网+思政"育人格局 打造理想信念教育新生态
学生工作处（团委）

一、背景介绍

习近平总书记在党的二十大报告中指出，全面贯彻党的教育方针，落实立德树人根本任务，培养德智体美劳全面发展的社会主义建设者和接班人。在全国高校思想政治工作会议上，习近平总书记指出，做好高校思想政治工作，要因事而化、因时而进、因势而新。随着科技和互联网的发展，如何利用新媒体创新高校网络思想政治教育、开展校园网络文化建设、提升网络育人质量已成为当下重要而紧迫的时代课题。

为深入贯彻落实习近平新时代中国特色社会主义思想以及党的二十大、全国教育大会、全国高校思想政治工作会议精神，紧跟时代步伐，在深入分析新形势下三全育人工作的内涵，充分了解学生网络生活的状态的基础上，学生工作处尝试利用网络空间构建起"1233"具有成都工业职业技术学院特色的网络思想政治育人体系，"1"即围绕塑造学生的理想信念为核心；"2"即形成"成工职·易班""工职青年"两大网络思政教育推手；"3"即深挖三类文化精髓，构建具有深厚文化底蕴的网络思政育人体系；"3"即建设三项网络小微思政工程，打通网络思想政治教育"最后一公里"。成都工业职业技术学院网络思想政治教育突破传统，走出藩篱，采取浸润式育人模式，结合新媒体开展大学生思政教育，增强思想政治教育工作的亲和力，提升网络思政育人实效，形成了可借鉴推广的网络思政育人新模式。

二、主要做法

（一）围绕一个核心，占领青年学生网络思想阵地前沿

学生工作处（团委）始终以塑造学生的理想信念为核心，坚持以马克思主义思想为指导，深入贯彻落实习近平总书记系列重要讲话精神，在学院青年心目中牢固树立中国特色社会主义共同理想，培养以爱国主义为核心的民族精神和以改革创新为核心的时代精神，让学生传承坚定的理想信念、传承艰苦奋斗的精神、传承实事求是的精神、传承甘于奉献的精神、传承改革开放的精神，把红色精神、红色文化、优秀传统文化注入青年的血脉，融入青年的灵魂，让红色基因薪火相传、生生不息。

（二）形成两个推手，助力构建完整思想政治教育体系

学生工作处（团委）基于当前无人不网、无时不网、无事不网的新媒体环境，从"全环境育人"的角度形成入脑、入心的网络思政教育推手，让思政教育在新媒体平台上看得见、听得进、悟得懂。

（1）建设具有成都工业职业技术学院特色的"成工职·易班"，设计"易班熊"为工职易班卡通形象，开发出"易签到""毕业跳蚤市场"等多款具有学院特色的手机应用。学院易班推文进入教育部头条共18次，活跃度长期排名在全省前15名。策划组织网上活动50余起，在抖音上发起的体育文化活动"我心中的运动会"全国有1 100万人次观看，100多万人次点赞，20万人次转发。加强工职匠星、优秀学生、优秀校友等优秀朋辈群体的宣传，发挥先进典型的示范带动作用；培养具有网络影响力的同龄人团队，有的放矢地树立导向，让青年学子的同龄人成为正能量的发光源，提高网络育人成效。

（2）建设以"工职青年"微信、微博、抖音为主的新媒体矩阵。依托新媒体矩阵，开展线上主题教育29期，督学信息110期青年大学习期，覆盖全院13 000余名青年学生，累计开展思政引航、团学活动、信息发布等4类主题线上宣传推送，推文累计200余条，10 000余名同学点赞关注，扎实推进网上思想政治育人工作。

（三）深挖三类文化精髓，提升青年学生道德文化修养

1. 持续打造"弘扬华夏文明 传承天府文化"的文化品牌项目

学生工作处（团委）将传统文化融入社团活动，开辟中华优秀传统文化

校园传播新路径，持续高质量打造墨韵社、汉服社等 6 个传统文化学生社团；组建"传统文化展""高雅艺术进校园"等文化建设专场活动 10 余场，引导高雅艺术、非物质文化、民族民间优秀文化走近师生；打造学生宿舍传统文化长廊展示区，以 4 个传统文化展示模块为基础，覆盖 30 余个传统文化主题，累计展示作品 900 余幅；通过摄影、拍摄相关抖音短视频，用浸润式育人模式把中华优秀传统文化注入青年的血脉，融入青年的灵魂。

2. 组建红色经典诵读工作室，传承红色基因，坚定理想信念

学生工作处（团委）创建红色经典诵读工作室，将红色经典诵读活动纳入素质学分体系，以读、诵、写、享四种形式组织开展"青阅·青声"诵读活动、撰写精读笔记，组织学生开展线上线下相结合的沙龙分享会，组织 100 名同学精读红色经典理论著作，组织 1 000 名同学阅读红色经典纪实和文学作品，录制音视频材料 100 条，组织 10 000 名同学分享、传播，用学生喜闻乐见的方式把红色精神、红色文化融入学生课余生活，让红色基因薪火相传、生生不息。

3. 聚力打造工匠文化节，弘扬工匠精神，培育匠心匠魂

学生工作处（团委）持续举办工匠文化节，一是以"传承工匠文脉，激发创造潜能"为主题的专业文化节，二是以"挑战自我极限，炫动青春风采"为主题的体育文化节，三是以"丰润艺术情怀，放飞人生梦想"为主题的艺术文化节，包括建筑文化节、财经商贸文化节、IT 文化节、智汽文化节、轨道交通文化节 5 个专业文化节，将理想信念贯穿活动始终，让文化节成为学院文化盛事。

（四）打造三个小微思政工程，打通网络思政教育"最后一公里"

学生工作处（团委）充分运用新媒体技术，使网络思想政治教育工作"活"起来、"潮"起来，推动思想政治教育工作传统优势同信息技术高度融合，同时利用新媒体育人平台构建起"教师引导、朋辈引领、知行合一"的网络思想政治教育工作新机制。

1. 创办"青阅青声"微信公众号

学生工作处（团委）以学生喜闻乐见的方式推进马克思主义中国化、时代化、大众化，用习近平新时代中国特色社会主义思想武装青年学生头脑，让学生在诵、读、分享的过程中积极践行社会主义核心价值观。

自公众号创办以来，全院共推选 100 余名学生参与线上音频录制，每周由 2~3 名同学录制一期经典著作诵读音频，共录制 20 期线上诵读音频，

采集、筛选学生诵读音频材料150余段。

2. 创新话语表达方式，打造"短视频+"网络思政育人工程

基于大数据以及从树立学生正确意识形态到育人实效的有机转化，成都工业职业技术学院在网络思政育人工作中，提出了"短视频+"的小微思政工程概念。开发红色经典、传统文化慕课微课资源，改变学生长期处于"被教育"的身份及对"传统思政教育"抵触的心理，将学生理论学习与实践活动在网络上呈现，建设4个视频制作、推送模块。一是学业技能，包括专业技能、知识科普、办公软件等；二是生活技能，涵盖运动健身、美食探店、校园助手；三是校园业务，以短视频形式向学生展示与学生切实相关的业务办理、失物招领、公益活动、社团组建等；四是校园红人，从学生个人事迹、思想引领、学习标兵、文艺修身等方面，打造全天候、全方位、全角度的网络思政育人短视频，以妙趣横生的方式"霸屏"学生网络空间，想学生之所想，发挥高职人才聚集的优势。

3. 打造匠心微影——微电影项目团队，组建学生编剧组、演员组、视频拍摄及后期制作组等学生骨干队伍

学生工作处（团委）通过指导教师严格把关剧本题材的选取和内容的编写，打造原创网络宣传优秀作品，"匠心微影"工作室，深入发掘好素材，拍摄原创微电影10部，开发传统文化、天府文化、红色经典短视频、音频不少于200个。让学生在创作过程中，将社会主义核心价值观、法治理念等主流思想观念内化于心、外化于行，达到育人全过程、影响全方位、播放全效能的"网络思政育人"高能量。

三、工作成效

青年在哪里，思想政治教育就在哪里，青年大学生在网络上，思想政治教育就延伸到网络上。在网络空间培育和践行社会主义核心价值观，建设具有强大凝聚力和引领力的社会主义意识形态，才能确保"立德树人"得到全面落实，汇聚网络正能量、唱响育人主旋律，学生工作处（团委）在行动。

学生工作处（团委）所撰写的"构建具有深厚文化底蕴的网络思政育人体系，开创'1233'工职特色网络思政育人新局面"网络思政育人案例，荣获"全国思政创新案例50强"；学院团委荣获"四川省五四红旗团委"、四川省"三下乡"社会实践活动优秀单位、成都市大中专学生志愿者暑期"三下乡"社会实践活动优秀组织奖和优秀团队、成都共青团关爱留守儿童先进集体。2016年，成都工业职业技术学院学生社团参加了由成

都市教育局主办的"最强社团"比赛，斩获了视频类一等奖 2 个、二等奖 2 个，团体二等奖 2 个、三等奖 2 个，爱心千流社获得新媒体人气奖；2019 年匠心微影工作室拍摄制作的 20 余部抖音视频，参与"锦绣天府 光影校园"在蓉高校摄影、微视频大赛，斩获二等奖 2 个、三等奖 4 个和优胜奖 2 个的优异成绩；2020 年，成都工业职业技术学院原创校园电视台法治节目《法制新闻：我心中的法》荣获成都市教育系统第五届校园电视台法治节目竞赛大学组一等奖；2020 年学生工作处（团委）在"成都好YOUNG 短视频"大赛中，荣获组织奖；2021 年红色经典著作诵读工作室荣获"成都市百佳社团"及"社团风采奖"。

四、经验总结

（一）加强网络平台建设，提高学校网络文化吸引力

网络平台是高校开展网络育人工作的主要阵地和重要工具。首先，完善高校网络平台建设是提升网络育人效果的必然要求，要充分利用新媒体平台，如易班、微信、微博、抖音等多种形式进行思想政治宣传。其次，注重创新，努力丰富网络思政教育内容，迎合新时代青年人需求，将死板的政治说教改为生动有趣的价值观念传递，在潜移默化中引导青年学生。最后，要通过融合发展，加快构建现代化的立体传播体系，着力打造有时代热度、有人文温度、有思想深度的思想政治教育阵地。

（二）引导学生主动参与，提高学生参与网络思政育人的主观能动性

学生是网络思政育人的主要对象，在开展网络思想政治教育工作时，要充分调研、考虑本校学生特点、生源结构、学习能力等特点，将网络思政教育与学生实际联系起来，并在网络思政教育工作中引入红色文化、中华优秀传统文化、工匠文化等贴近学生生活实际的专题网络思政教育内容，营造具有深厚文化底蕴的网络思想政治学习氛围。此外，在网络育人平台的建设中，也要充分与学生进行互动，让学生充分参与其中，调动学生的积极性，变被动接受教育为主动吸收，并主动进行学习，将网络真正建设成为学生乐于参与、主动参与的富有生命力的思政育人新阵地。

（三）建立良性动态的联合育人机制，扩大网络思政育人覆盖面

网络思政育人实效性的提升需要良性动态的联合育人机制做保障。机制建设应围绕顶层设计、队伍培养、内容完善、平台建设等方面，联合学校各部门和环节，设置合理的监管机制、协同机制、保障机制，贯穿育人全过程。我们应以"三全育人"理念为指导，构建分工协作、统筹有序的

协同机制，发挥网络资源优势，全面覆盖、彰显文化，在人力和物力上应提供充足的经费保障，不仅有效运用各类新媒体平台，还注重对网络思想政治育人教师的培训，提升网络思想政治教育的效果，拓展网络实践育人功能，形成网络文化与实践联合育人机制。

资料 3-6 铸造特色"铁路文化"内核探索"1131"文化育人模式
——工业类高职院校文化育人模式创新与实践
轨道交通学院

一、背景介绍

党的二十大报告指出，要大力发展社会主义先进文化，加强理想信念教育，传承中华文明，促进物的全面丰富和人的全面发展。《职业教育提质培优行动计划（2020—2023）》提出，要落实立德树人根本任务，构建职业教育"三全育人"新格局，创新职业学校思想政治教育模式。《四川省"十四五"教育发展规划》明确要求，立足学生身心特点和思想实际，加强品德修养，开展德育活动，发挥校园文化育人功能。

在职业教育领域落实"德技并修"的育人机制是一项系统工程，也是职业学院德育工作的长期课题。在此背景下，成都工业职业技术学院以轨道交通学院为试点，以党建为引领，围绕"坚守实干、创新争先"的"铁路文化"内核，以特色项目为抓手，通过不断创新与实践，提炼出具有轨道交通专业特色的"1131"文化育人模式，如图 3-27 所示。

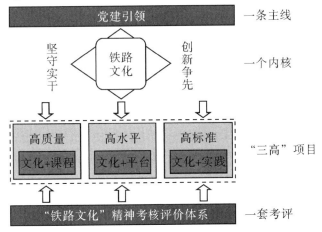

图 3-27 "1131"文化育人模式

二、主要做法

（一）强"党建引领"，立文化育人机制

（1）加强制度保障，构建育人体系。轨道交通学院积极推动"七进"拓阵地，党业融合共育人才。其中，"实践进企业"让党员师生切实融入校企共建理念指导下的产教融合、校企合作项目建设。"考核进制度"形成党委牵头、支部联动、书记联评、党员测评为主要内容的党建考核机制。

（2）培育"双带头人"，强化育人队伍。轨道交通学院教师党支部书记充分发挥"双带头人"的优势，主动担任轨道交通专业集群教学创新团队负责人之一，把党员思想政治教育与学院"双高建设""三全育人"建设有机融合，着力把教师党支部建设成为新时代高校基层的坚强战斗堡垒。

（二）建"特色项目"，扩文化育人覆盖面

轨道交通学院以"坚守实干、创新争先"的铁路文化精神为核心，依托"三高"特色项目，将铁路文化厚植于学生内心深处。

1. 打造高质量"铁路文化+课程"项目，构建大思政体系

（1）强化师资队伍建设。立足岗位能力导向，加强教师教学能力培养，建立"班导师"制，引入企业导师，积极开展教学教研，建设了3个校级技能大师工作室，2022年获得教师教学能力大赛省级二等奖1项。

（2）建立定向培养模式。与成铁集团建立了"2+1"定向培养合作模式，将专业知识、专业技能，以及"坚守、实干、创新、奋进"的成铁企业文化等要求融入人才培养方案及课程标准。

（3）探索课程思政教学方法。在专业课程教学中融入社会主义核心价值观、工匠精神、"艰苦奋斗、志在四方"的铁道兵精神，推进学院课程思政建设。立项并积极建设课程思政示范课程、课程思政教育案例、课堂革命典型案例、教改课题、新形态教材、教学资源库等多项任务。轨道交通学院现已建成省级精品在线开放课程1门（2022年），成功申报《轨道交通企业安全管理》等省级职业教育规划教材5本。

（4）严格课程育人督导检查。坚持重点专项督查、动态常规督查、清单跟踪督查相结合，构建课程育人督查工作体系，确保课程育人工作各项任务落地生根。

2. 打造高水平"铁路文化+平台"项目，提升文化影响力

（1）聚焦铁路文化学术研究，搭建高端学术平台。联合现代轨道交通应用技术研究中心，组建轨道交通专业群教学创新团队、现代轨道交通应用技术研究中心高水平科研团队、师生创新创业团队，通过集聚平台和团队的力量，激发科研活力，全力助推高质量人才培养。3位教师入选国家相应专业指导委员会，多个课题获得立项，发表多篇论文。

（2）聚焦铁路文化时代元素，打造环境育人平台。一是高标准完成400平方米工业博览馆轨道交通体验区建设，通过文字、实物、视频音频、虚拟体验等形式，为宣传铁路文化增添全景式的展示窗口。二是加强校园空间环境建设，将轨道交通行业文化和成都地铁、成铁集团等企业文化融进校园文化，打造6 000平方米轨道交通实训区文化走廊，营造铁路文化氛围。三是充分发挥一站（门户网站）、三微（微信、微博、微视频）、两窗口（橱窗和工职院报）的传播作用，凸显铁路文化时代元素。

3. 打造高标准"铁路文化+实践"项目，夯实适应性教育

（1）对标铁路行业需要，推进"五化管理"。以"班级文化企业化、思想意识员工化、日常行为职业化、专业训练标准化、身体素质适应化"为目标，在常规教学、学习任务考核、学业考核、"班导师制"和"企业文化进校园"五个方面进行针对性培养，将学生培养为企业适用人才。

（2）实施"淡学旺援"，强化企业文化深度融合。与成铁集团建立"淡学旺援"校企合作志愿服务模式，派遣志愿者参加车站检票、验票等志愿服务，帮助学生认知企业岗位生产环境，深刻体会铁路文化，针对性做好职业规划。

（三）立"文化考核"，构文化育人评价体系

轨道交通学院构建了"铁路文化"精神考核评价体系，将"铁路文化"学习纳入学院各层次人才培养计划和方案的必修环节，涉及文化育人、学生参与的各方面，形成轨道交通学院素质学分考核评价体系，增强文化育人效果。

三、工作成效

（一）特色专业文化育人成果凸显

通过铁路文化的浸润，轨道交通学院培养了学生"坚守实干、创新争先"的优秀品质，学生参与各级各类学生技能大赛，获得多个国家级及省级奖项。2022年，轨道交通学院毕业生就业率96.78%，居全校首位，其

中铁道车辆专业就业率达 100%。

（二）特色专业文化育人成果广受赞誉

用人单位对成都工业职业技术学院毕业生整体满意率达 99.27%，其中，轨道交通学院企业整体满意率及政治素养满意率均为 100%。成铁集团与轨道交通学院持续开展定向培养工作，建立春运社会实践志愿者服务和社区结对共建志愿者服务精品项目 2 个，多次获得人民日报、今日头条、四川在线、成都日报等多家主流媒体报道。

四、经验总结

（一）坚持党建引领，确定育人途径，协同多方力量

坚持党管人才原则，提炼专业特色及文化，确定文化育人途径，融学院、教师、企业、社区等多方力量，协同开展育人工作。

（二）德技并修，完善评价，形成育人模式闭环

专业技能与专业文化融合，在传授技能的同时，以专业特色文化系统地对学生进行文化熏陶。同时构建科学合理的德育评价体系，文化育人形成完整闭环。

（三）以点带面，辐射引领，助力三全育人建设

以特色项目为抓手，将专业文化融入育人各个环节。以轨道交通学院为试点，逐步推广到学院其他院系，强化学校工业文化育人实效，助力学校完成"三全育人"综合改革试点建设。

经过多年的探索和实践，轨道交通学院形成了"以专业技能立身，以专业文化养心，以特色项目引领，以考核评价促改"的特色育人途径，逐步复制推广到其他专业或院（系），并结合校情，实施规划与具体工作方案，一院一案，一院一策，扎实开展成果的推广应用工作。加强校际交流，西南交通大学运营安全技术研究院、宜宾市工业职业技术学院等多所兄弟院校均来院进行交流访问，分享育人经验，沟通探讨专业育人路径。

资料 3-7　弘扬鲁班精神，培育现代工匠
成都市工业职业技术学校

一、背景介绍

专业文化是职业院校校园文化的重要组成部分。学校欲提高专业建设水平，打造优质品牌专业，就必须立足专业特色，不断挖掘、丰富专业文化内涵，不断改进课程体系和教学内容，优化人才培养模式，为学生健康

成长、顺利发展创造良好文化氛围。

2016年以来，成都市工业职业技术学校共调整备案，开设12个专业，其中，铁道施工与养护、建筑工程施工两个专业，是学校面向工程施工与养护维修一线培养应用型技术人才和时代工匠的骨干专业，传承弘扬鲁班精神是这两个专业文化建设的重要内涵和取向。

鲁班是春秋末期到战国初期鲁国著名的土木工匠和出色的发明家，姓公输，名般，又称公输子、公输盘、班输、鲁般。因古时"般"和"班"同音，故人们常称他为鲁班。鲁班在当时虽然社会地位低下，却勤于钻研、技艺精湛，为人正直、坚守道义，知错能改、从善如流，集所有劳动者的美德于一身。

自古以来，鲁班精神都被定性为一种职业精神，是广大劳动者从业行为和职业价值取向的体现，是中国百业能工巧匠精神价值的代表，并在实践中不断丰富和发展。根据典籍和历朝历代的传扬，鲁班精神可概括为：勤奋传承规矩，刻苦钻研技术，巧妙创新工具；爱岗敬业态度，精益求精建造，高效诚信服务。鲁班精神也正是今天各行各业的劳动者所应传承遵循的共同职业操守，是工程建设和维护者们所应弘扬光大的职业精神。

二、主要做法

（一）把鲁班精神注入校园文化，完善"三全育人"体系

近年来，成都市工业职业技术学校在铁道施工与养护、建筑工程施工这两个传统专业的建设发展中，坚持把鲁班精神注入专业文化，用鲁班精神激发学生的专业志趣，浸润学生的职业追求，砥砺学生的从业热忱。

成都市工业职业技术学校基于学校历史渊源和专业发展脉络，把鲁班文化注入校园文化，把鲁班精神元素融入铁道施工与养护、建筑工程施工等专业的文化内涵，持续构建以社会主义核心价值观为核心、以"弘扬鲁班精神，培育现代工匠"为特色的校园文化，升华学校文化育人环境，完善学校"三全育人"体系。近年来，成都市工业职业技术学校围绕立德树人根本任务，全面推进校园物质文明和精神文明建设，并在改造提升办学条件的同时，一体规划建设特色鲜明的校园文化景观，不断丰富以鲁班精神、工职校训为代表的校园文化元素，要求专业教师弘扬鲁班精神，做博爱精业的师傅；引导学生传承鲁班精神、争做鲁班传人，鼓励学生领悟职业精神、积累职业能力、坚定职业理想，做父母的好儿女、学校的好学生、企业的好员工、社会的好公民，做符合区域经济社会发展所需要的、

身心俱健、"知行合一"的现代工匠。

成都市工业职业技术学校校园文化元素，如图3-28所示。

（a）　　　　　　　　　　　　　（b）

图3-28　成都市工业职业技术学校校园文化元素

（二）把鲁班精神化入内涵建设，锤炼师生专业情操

成都市工业职业技术学校在专业人才培养方案修订工作中，立足社会对技术技能型人才的需求，将"弘扬鲁班精神，培育现代工匠"作为工程专业文化建设的落脚点和着力点，将鲁班精神融入人才培养目标和课程教学标准。专业教师在教研与教学工作中，注重教学内容与工程现场实际对接，注重挖掘提炼课程中蕴含的文化、思政元素，不断彰显、强化工程人的严谨与专注；学生们通过老师们的言传身教、典范鉴照，逐渐养成刨根溯源、一丝不苟的专业情操，心无旁骛、锲而不舍的工匠作风，并鞭策自己努力成长为技艺等身、敢于担当的现代工匠。

（三）把鲁班精神融入培养过程，强化师生专业技能

成都市工业职业技术学校的专业教师在专业课程教学与实践技能培养过程中，首先鞭策自己全面提升专业综合素质、实践能力和创新能力，要做敬业精业、正直正派的师傅，当学生职业发展的善良引路人，用鲁班一样的务实笃行精神，引导学生在课堂学习和户外实践中追求作业精致和结果完美。学生在老师们的教导和带领下不怕苦、不畏难、勤学苦练，树立起专业学习与职业发展的信心，以事倍功半的恒心磨炼干事意志、积累专

业技能，逐渐发展到实际操作眼快手快、技能提升事半功倍，基本具备健康的心理品质、较好的专业技能、较强的协作意识和良好的岗位适应能力。

工程专业学生进行测量实操训练，如图 3-29 所示。

（a） （b）

图 3-29 工程专业学生进行测量实操训练

（四）把鲁班精神渗入岗位实践，升华师生职业品格

成都市工业职业技术学校坚持职业教育是类型教育而非全才教育的科学定位，鼓励教师秉持素直之心，心怀"为党育人，为国育才"的责任感和使命感，做专业能力强、关联知识广、具有前瞻眼光的新时代好老师。老师们把鲁班精神渗入教育教学过程和生产岗位实习，以工作岗位标准培养学生职业技能，引导学生树立"专注做好一件事，最终一定成大事"的职业发展理念，鼓舞学生专心练技、以技傍身，首先成为技能过硬的"工"，然后升华成为能力卓越的"匠"。学生们想学肯学，不断开阔自己的观察眼界、提升自己的专业能力、发展自己的职业品格，在拼搏进取中迸发出年轻人的朝气和工程人的锐气，基本能在相应工程领域立足发展。

三、工作成效

经过这些年的建设探索和教育实践，成都市工业职业技术学校历届学生大多具备了遵守规矩、热爱专业、吃苦耐劳的专业素养，部分优秀学生勤于钻研、敢迎挑战，代表学校组队参加成都市、四川省职业院校技能大赛，屡次取得第一名的佳绩；两次代表四川省职业院校参加全国职业院校技能大赛并荣获三等奖。成都市工业职业技术学校学生毕业后或顺利升入高职学院继续深造，或直接在工程建设和维护岗位上立足发展。学子们的健康成长和顺利发展，为成都市工业职业技术学校教育教学工作赢得了广泛社会赞誉，给成都市工业职业技术学校专业文化建设留下了鲜亮的实践注脚。

四、经验总结

专业文化建设是校园文化建设的一部分，搞好专业文化发掘与建设，学校的专业吸引力、教师的持续发展力、学生的进取创新力才能不断增强，学校才能真正成为赓续文脉、生发文景、繁荣文化的希望乐园。成都市工业职业技术学校在专业文化建设上的实践探索虽然较浅，仍可总结以下三点经验。

一是专业文化建设要符合科学原则，须从渊源性、专业性等方面进行发掘和升华。成都市工业职业技术学校铁道施工与养护、建筑工程施工这两个专业渊源较久远，专业特色突出，最能体现工匠人才的培养与成长规律。

二是专业文化建设要符合学校实际，须体现学校历史传统与办学核心理念。铁道施工与养护、建筑工程施工这两个专业主要培养工程施工与维护人才，专业文化内涵与学校"以德润身　技臻至善"的校训最为贴切。

三是专业文化建设要符合整体规划，须从学校办学环境、办学特色等方面进行调配和实施。成都市工业职业技术学校作为学院直属学校，成都市工业职业技术学校根据学院的发展战略、资源配置进行专业设置调整，保留并强化铁道施工与养护、建筑工程施工这两个专业。

基于以上三个方面的考量，成都市工业职业技术学校着重在铁道施工与养护、建筑工程施工两个专业探索专业文化建设，并以此带动其他专业共同推进学校特色的专业文化建设。

通过前期的系列探索，在以"工业文化"为核心的校园文化特色基础上，成都工业职业技术学院在红色工业、传统文化、天府文化及专业文化建设上，也取得了星星点点的进步。自 2023 年调研江苏扬州工业职业技术学院等 5 所高职院校，2024 年调研湖南城建职业技术学院等 3 所高职院校以来，学院从确立以"蜀艺成工"的校园文化建设品牌目标，到分阶段、分步骤、分内容进行实践探索，过程中不断进行顶层设计的丰富和完善，初步形成了较成熟的"五化"融推"蜀艺成工"文化育人方案，下文将对围绕学院"蜀艺成工"校园文化建设的起因、经过进行详细介绍。

4 "蜀艺成工"校园文化品牌的诞生

习近平总书记指出："调查研究是谋事之基、成事之道，没有调查就没有发言权，没有调查就没有决策权。调查研究是我们做好工作的基本功。"党历来重视调查研究，把调查研究作为认识世界和改造世界的重要手段，并在调查研究中扎实推进理论创新。为进一步深化校园文化建设，成都工业职业技术学院校园文化建设调研组决定外出考察学习先进高职院校校园文化建设经验，以期不断丰富和完善成都工业职业技术学院校园文化建设内容。

4.1 调研考察谋思路

成都工业职业技术学院校园文化建设调研组先后赴江苏、湖南考察了部分先进高职院校校园文化建设经验，形成相应调研考察报告，并组织召开全校校园文化建设专题研讨会，分享考察学习结果。

资料4-1 江苏高职院校"校园文化建设"考察报告
成都工业职业技术学院校园文化建设调研组

2023年3月29—31日，由学校党委委员、宣传统战部部长带队，党政办、宣传统战部、通识教育学院一行9人，先后赴泰州职业技术学院、扬州工业职业技术学院、无锡职业技术学院，学习考察上述三所学校在校园文化建设等方面的经验做法。现将学习考察情况报告如下。

一、学习考察的主要经验

三所学校校园文化建设，均为"三化融合"（企业文化、校史文化、地域传统文化）为主线推进。

（一）泰州职业技术学院

企业文化方面。主要措施是举办企业文化节、企业文化周，以企业命名校园道路，邀请企业劳模进校园，邀请企业工程师开设讲坛等。

校史文化方面。主要措施是建设校史馆；设置"校训"系列奖：以"厚德尚技、自强不息"校训为基础，设置"厚德奖""尚技奖""自强奖"三种类型奖项，表彰不同层面的老师和学生，并把他们的事迹形成案例，写进课堂。

泰州传统文化方面。主要措施是建设"六园"，展示 6 种不同特点的泰州名人园，显示不同的文化，如：郑板桥，廉洁文化；梅兰芳，戏曲文化等。

专业文化建设方面。主要措施是结合学生认识实习，建设"一院一馆"，既有教学功能，又有科普功能。

红色文化方面。主要措施是实行"1+1"基层党建，一个二级学院与泰州一个红色景点共建；建设"石榴籽"统战文化室。

（二）扬州工业职业技术学院

扬州工业职业技术学院结合"天下玉、扬州工"的古语句，建设"扬州工"特色校园文化，较好实现传统文化与工匠文化的结合。

企业文化方面，不同专业体现不同的企业文化。

校史文化方面，主要措施是建设校史馆、党史学习教育体验馆。

扬州传统文化方面，将扬州传统文化引入校园楼宇道路湖桥。

体育文化方面，重点开展龙狮和飞镖两个特色项目。

扬州工业职业技术学院的校园文化特点：

一是特色、差异发展的典型学校，重点建设"双创园区"，连续 5 年创业获奖第一名。主要措施是引进企业进驻"双创园区"，实现企业生产与学生实习顶岗兼容，"三全三融"高职双创教育模式获国家教学成果奖。

二是首个开设电商直播学院的高职院校，政治站位高、服务地方经济紧，与江苏、扬州乡村振兴部门联合举办"百县千村万主播"项目。

三是构建"1520"育人体系，以立德树人根本任务为主线，解构 5 个方面能力素质目标，分解 20 个方面的具体要求，搭建若干个平台载体，并不断完善。

（三）无锡职业技术学院

无锡职业技术学院将企业引入二级学院办学，建设校中厂，特别是机械生产创新中心引进企业开展生产，创收 3 280 万元。利用企业和学校已有旧机械，建设机械文化展示区。

校史文化方面。编纂《匠心独运　甲子生辉——无锡职业技术学院文化育人研究与实践》书籍，建校史馆。

无锡传统文化方面。组建无锡院士馆、名人院、吴文化园、传统文化实践基地，编纂《无锡优秀传统文化故事》书籍。

二、可供借鉴的主要思路

"红色文化、工业文化、天府文化、校史文化"的"四化融合"文化育人模式，既体现了上述三所高职院校的文化建设经验，也符合新时代的政治要求。借鉴三所调职院校的具体做法，成都工业职业技术学院未来一段时间校园文化建设的主要思路报告如下。

第一，着力丰富"四化融合"的学校文化精神谱系。目前，宣传统战部已牵头，组织马克思主义学院、通识教育学院、图文信息中心、离退休处，举办红色文化、工业文化、天府文化、校史文化等系列专题研讨会，挖掘最能代表学校精神的关键词，开展全校大讨论，形成"成工精神"的具体表达，与校训、校风、教风、学风、办学理念等形成学校完善的文化精神谱系，并构建以"校训"碑、橱窗展示、文创产品等多方位展示的学校精神文化浸润平台。

第二，紧紧结合成都工业发展史，提炼打造"蜀工"特色校园文化建设品牌（暂命名）。一是通识教育学院牵头挖掘成都历史及近代的大国工匠人物、故事，编纂《"蜀工"文化概论》，开展"蜀工"文化教育；二是宣传统战部牵头建设"蜀工"校园文化景观；三是学生处牵头开展"蜀工"系列文化主题活动，培育学生工匠精神；四是各部门将"蜀工"文化融入各项工作，培育教职工爱岗敬业。

第三，整合建设 1 长廊 2 基地 3 场馆的"123 红色文化教育集中展示区"。由马克思主义学院牵头，在润德 6 号楼一楼建设展示区。一是搬迁马克思主义学院办公场所，整合位于一楼走廊的红色文化长廊、安保处的"禁毒警示教育基地"、纪委办的"廉洁文化教育基地"；二是结合"双高"计划，马克思主义学院牵头建设思政虚拟仿真沉浸体验馆；三是结合主题教育，由组织部（人事处）牵头建设"习近平新时代中国特色社会主义思想主题教育馆";四是结合成都"大三线"建设等百年工业发展所体现的艰苦奋斗精神,宣传统战部会同马克思主义学院规划建设"工业中的红色文化主题馆"(暂名)。

第四,规划建设1馆1园1带的"3个1工业文化教育集中展示区"(暂名)。持续建设学校工业博览馆。由宣传统战部牵头,将天府文化与工匠精神结合起来,在校园"成工大道"两侧银叶树林内,打造"千年古蜀工业文化雕塑园",建设太阳神鸟金箔、蒲元神刀、李冰石犀、东汉石人、开明簟席漆床、孔明木牛流马、雷公琴等体现工匠精神的天府传统文化景观雕塑。在德园沿匠心大道一侧边坡打造"百年天府工业文化景观带",采用浮雕等形式,重点展示四川及成都在党的领导下所取得的工业发展成就。

第五,加快形成1碑1馆1牌1窗1廊的"5个1校史文化教育集中展示区"。一是宣传统战部已在成工大道核心段,完成建设以六所中职学校为符号的"升华碑",将进一步补充介绍内涵;二是由图文信息中心牵头、离退休工作处配合、宣统部指导,建设校史馆、编纂学校校史;三是宣传统战部牵头,加快在校园道路导示牌中引入校史,建设校史导示牌;四是由招生就业处牵头,在润德3~5号教学楼间、靠近德园山体处,建设"优秀校友展示橱窗",展示优秀校友风采;五是由学生处牵头,结合"双高"计划的"劳动文化长廊"建设,重点展示学校历届校友中的劳模。

第六,规划建设2室多课程多社团多活动的"2NN天府文化教育集中展示区"。由通识教育学院牵头,在润德4号楼规划建设"2NN天府文化教育集中展示区",发挥陈巧茹、梁师民等传统文化大师工作室作用,重点挖掘四川和成都戏曲和美术史的红色文化、工业文化、校史文化元素,组建师生戏剧团、绘画班等师生社团,编排相关文化文艺节目,开设各类特色课程,开展"一届成工人、一世成都情"等系列活动,推动学校特色文化素质教育;宣传统战部牵头,发挥党外知识分子作用,建设"石榴籽"蓉城同心文化工作室;用天府文化中的成都符号命名学校尚未命名的楼宇、道路等。

第七,规划建设"一院一馆"的"专业文化教育分场馆"。由各二级学院牵头,在所在教学楼,建设体现各专业办学历史、办学特色的专业文化馆,如机械文化馆、汽车文化馆、建筑文化馆、IT文化馆、轨道文化馆、商贸文化馆等,作为学生认识实习、开展专业教育和进行工业文化科普的重要平台。

资料4-2 湖南高职院校文化建设考察报告

成都工业职业技术学院校园文化建设调研组

2024年4月9日—12日，学院党委委员、宣传统战部部长率党政办公室、宣传统战部、马克思主义学院一行7人，赴湖南生物机电职业技术学院、长沙民政职业技术学院、湖南城建职业技术学院考察调研，现就学校文化建设实地参观与座谈交流情况报告如下。

一、调研湖南高职院校的基本情况

湖南生物机电职业技术学院始建于1903年，入选国家首批"双高计划"建设高水平专业群C档、全国乡村振兴人才培养优质校、湖南省"双高计划"建设学校A档、湖南省示范性高职学院和湖南省卓越高职学院。毛泽东、徐特立等曾在学校任教，革命先烈毛泽覃、"国歌之父"田汉、国家领导人王首道曾在此求学，袁隆平院士曾任学院名誉院长。长沙民政职业技术学院始建于1984年，入选首批（28所）国家示范性高等职业院校、国家优质专科高等职业院校、中国特色高水平高职学校和专业建设计划（B档）建设单位、全国首批课程思政教学研究示范中心，获得"全国职业教育先进单位""国家技能人才培育突出贡献奖单位""全国深化创新创业教育改革示范高校"，入选全国高职院校教学资源50强、教学管理50强、学生管理50强和实习管理50强。湖南城建职业技术学院始建于1958年，是湖南省示范性高职院校、湖南省卓越高职院校、湖南省楚怡"双高计划"建设单位、湖南省"楚怡工匠计划"试点高校，被誉为湖南建设人才的摇篮和百万建筑湘军的"黄埔军校"。

二、调研湖南高职院校的主要经验

（一）注重校园文化融合发展与特色彰显

湖南高职院校将地域红色文化、行业文化与校园特色文化融合建设。一是深耕湖南地域红色文化。湖南是红色文化资源大省，三所学校在校园文化建设工作中均把传承湖湘地域红色基因和红色文化作为思想政治工作的重要内容，建立湖南省革命人物专题馆、理想信念教育馆、馆校共建"大思政课"实践教学基地等，深入推进红色文化育人。二是融入行业特色文化。湖南生物机电职业技术学院融入农业行业文化（隆平精神等）、长沙民政职业技术学院融入民政文化、湖南城建职业技术学院融入鲁班文化，将体现学校特色的文化类型充分融入校园文化建设。三是提炼学校特色文化。根据办学历史及专业特色提炼校园文化，湖南生物机电职业技术学院提炼"修业"文化、长沙民政职业技术学院提炼"仁爱"文化、湖南城建职业技术学院提炼"耕读"文化，每一所学校都提炼了体现学校特色的文化，并将之与红色地域文化、行业文化相结合进行整体建设。

（二）构建全方位贯通校园文化育人路径

湖南调职院校从平台建设、课程建设、社会活动、环境建设等方面一体化打通校园文化育人路径。一是建立文化育人场馆。长沙民政职业技术学院投资 800 余万元建设了湖南革命人物专题馆。该场馆建设同思政课程与教学有机融合，提前做好课程设计，师生共同挖掘整理历史资料，成为该校思政课堂教学的主要实践基地。湖南城建职业技术学院建立理想信念教育馆和校史陈列馆，还计划建立鲁班文化馆，充分发挥场馆育人功效。二是开设特色文化课程。湖南高职院校结合学校实际，制作校史微课、开设特色文化课程，依托大学生综合素质实践课程，将校园文化有机与各类课堂充分结合，发挥课堂育人主渠道作用。三是构建文化活动育人体系。湖南高职院校从荣誉表彰冠名到各类活动策划均植入校园文化特色。湖南城建职业技术学院设置"鲁班十佳学子"、鲁班艺术文化节、鲁班科技文化节、鲁班创新文化节等体现学校文化特色节日，以"明德建业、精作筑能"校训命名各类培训班，如"明德班"（打造锤炼团学干部的熔炉）、"建业班"（新入职教师培训）、"精作班"（优秀年轻干部和优秀青年教职工培训班）、"筑能班"（处、科级干部和党支部书记轮训班），策划组织"一读、一讲、一演、一赛、一秀"的"五个一"社团活动，从"三全育人"的角度将校园文化系统植入到各育人环节。四是建设体现学校文化特色的景观雕塑。湖南城建职业技术学院在校园内打造 3 个巨大鲁班锁，长沙民政职业技术学院以"仁爱文化"命名爱众园、亲仁湖等，湖南生物机电职业技术学院为学院创始人塑像等，均体现学校文化特色。

（三）形成全链条、闭环式的高校治理文化

湖南高职院校形成工作有规划、进度有跟踪、过程有监管、结果有考核、评价有反馈的全链条、闭环式治理文化。一是管理制度制定突出"务实"。湖南城建职业技术学院以三年为一周期实施制度"废改立"，编制内控手册，上册是制度文本，下册是配套操作流程，突出指导性、注重实际操作。二是干部队伍建设突出"精准"。湖南城建职业技术学院明确岗位履职要求，形成干部能力"精准"画像，以人岗匹配原则分配岗位、培养干部；积极开展干部交流，任期满 2 届后交流轮岗；对年轻干部的培养使用力度大，现任党委委员、宣传统战部部长 26 岁就担任正处级领导干部。三是行政人员设置突出"精干"。湖南城建职业技术学院新进人员一般为辅导员、专任教师，行政管理人员每次岗位设置调整均减少职数，讲求高效工作，质量办加强行政效能监督考核。四是工作目标设定突出"聚焦"。三所学院均聚焦教育部年度工作要点和上级考核目标，制定学院工作要点，分解下达部门年度目标任务，明确责任部门，纳入年终考核。长沙民政职业技术学院还分析往年各部门工作总结，充分考虑各部门工作现实基础，下达工作任务更加精细。五是工作任务落实突出"督办"。湖南生物机电职业技术学院建立针对"三会一批示"（党委会、院长办公会、专题会、领导批示）的督查督办通报机制，按季度通报考勤和执行决策情况，会后形成台账，由责任部门上报议定事项的完成情况，在下次会议时进行通报。此外，湖南生物机电职业技术学院还针对上级来文及学院下发文件，按月通报文件办理状态、办理速度、办理质量。湖南城建职业技术学院使用 AIC 系统，每周督办重点工作，党政办负责考核评价，严格闭环管理；学院纪委根据发展需要将部分内容纳入政治督查。

三、湖南高职院校经验的主要启示

（一）以学院特色精神文化为指引，深化"五化"融合路径研究

湖南三所学校的校园文化建设均体现了多元融合的文化建设思路，说明学院"五化"融合文化建设方向是正确的、路径是可行的。经过去年的调研论证，成都工业职业技术学院形成了"五化"融推"蜀艺成工"校园文化品牌建设方案，明确了具体建设方向和思路，但五个维度的文化怎么建、如何融、搭建什么样的载体、达到什么样的效果，还缺乏深度研究。目前，在校史文化建设上，成都工业职业技术学院结合历史办学基础和现实办学实际，提出以"六合"理念来建设校史文化的思路，初步提炼"和合共生、达济天下"的学校精神内核，制定"六合"校史文化宣传推广初步方案，取得初步进展和成效，但在其他四个维度的文化建设研究上，还需各部门协同发力、主动作为，利用学院思政研究平台和工业文化研究平台，进一步深化"五化"融合路径研究、细化工作举措方案，明确具体承载项目。

（二）以学院环境文化建设为重点，打造特色文化平台景观

成都工业职业技术学院 2018 年建成的工业博览馆、2022 年建成的两

个"大师工作室"、2023年建成的"心理健康中心"等文化平台，以及近两年建成的学思塔、墨子像、升华碑等校园文化景观小品，都产生了较好的环境育人作用，引起了很好的社会影响，作为重要载体为学院争取了不少荣誉。但学院总体上还显得文化资源较分散，校园文化景观小品相对缺乏，整体校园环境文化气息不足。建议学院每年固定安排文化建设专项资金改善学院校园文化环境。一是特色文化改造既有校园建筑环境。根据学院环境文化"五个提升"要求，丰富教学楼、实训车间、宿舍、行政楼墙面文化，文化装点校园各类设施设备，打造特色绿色文化场景（如建设以花语丰富的六瓣花为主的"六合花园"），个性化命名楼宇建筑（如轨道交通学院所在楼可命名为"天佑楼"、建筑可命名为"鲁班楼"）等。二是大力推进校园育人场馆景观建设。根据"蜀艺成工"校园文化建设规划，建设工业文化轴、校史文化轴及专业文化带、红色文化带、文明实践区等校园文化景观，以及校史文化馆、天府文化馆、红色工业文化馆、专业文化馆等综合性文化育人室内场馆。

（三）以师生行为文化养成为目标，开展特色文化浸润活动

湖南三所学校的校园活动均能以学校"一训三风"、传统代表人物等文化精神来赋能校园活动。成都工业职业技术学院去年在修订学生表彰荣誉制度时已经纳入了一些特色文化符号，但整体上各部门用学院特色文化符号冠名校园活动的意识还不充分，各项校园活动设计呈现的特色文化内涵还不能很好体现。建议各部门强化"特色文化浸润"意识。一是用学院特有文化精神符号冠名校园活动，如师德师风培训可冠名为"润德班"，教师能力培训可冠名为"臻技班"，工匠文化节可冠名为"墨子"工匠文化节，十佳管理服务明星可冠名为"和合"十佳管理明星等。二是打造推广学院特色文化产品。如策划排演"墨子"思政舞台剧等学校特色文化剧目，设计制作学校"六合花开"主题文创产品等，校内外广泛推广传播形成品牌。三是开设学院特色文化课程。在学校现开设中华优秀传统文化、工匠精神等课程的基础上，依托"五化"融合研究，开设系列特色文化课程，如体现专业文化的川派建筑赏析、蜀道文化等课程的，开设"六合拳"体育特色课程，拍摄制作"六合花开"主题系列网络微课程、宣传报道文集等。

（四）以学院制度文化建设为关键，改进学校相关管理工作

成都工业职业技术学院已基本形成较为完善的治理体系，但在治理能

力建设上仍有较大空间，需要尽可能从其他先进高职院校的办学中汲取营养，在一些关键点上学习借鉴。建议学院持续深化治理体系改革。一是梳理现有管理制度，明确部门职责边界，编制制度配套的简约操作流程，形成学院制度执行内控手册。二是研究干部队伍建设，给干部能力"精准"画像，以人岗匹配原则分配岗位、培养使用干部。三是优化目标任务下达方式，改变自下而上，突出自上而下，由参考部门实际下达目标任务。四是研究建立督办例会制度，可按月或双月或季度为周期，定期通报任务落实情况，对重大任务由学院纪委纳入政治督查。五是加速智慧校园建设，推动信息技术与学院管理深度融合，信息化呈现学院各项管理工作进展状态。

资料4-3　江苏参会、考察交流学习心得
宣传统战部　李杰

2023年10月14—15日，我赴江苏徐州参加了第十一届职业院校"文化育人"论坛，聆听了江苏省社会科学界联合会党组书记张新科、南京航空航天大学马克思主义学院党委书记徐川、教育部职业院校文化素质教育指导委员会主任、深圳职业技术大学党委书记杨欣斌等业内"大咖"分享的三场专家主题报告，聆听了文化育人教育指导委员会下设各专业委员会优秀代表的工作经验交流分享报告九场，涉及文化育人、美育工作、劳动教育、心理教育等工作。江苏建筑职业技术学院作为本次会议的承办方，分享了学校文化育人工作经验，并组织参会人员实地参观了徐州博物馆、学校文化育人基地，组织观看体验了学校文化育人活动。10月16—17日，我与马克思主义学院积极心理教育改革课题组赴江苏常州参加了积极教育骨干教师研修培训，实地参观了常州市高级职业技术学校、常州旅游商贸高等职业技术学校，聆听了这两所中职学校校长关于积极心理教育的经验分享，并在江苏理工学院聆听了学校党委书记、教育学院院长张长英关于积极心理教育研究的报告。在徐州举办的文化育人论坛高朋满座、精彩纷呈、议程满满，在常州的考察交流内容丰富、干货满满，两场学习都让我获益颇丰。

一、关于校园文化建设的学习思考

通过聆听专家讲座及现场参观了解职业院校校园文化建设经验做法，主要有以下几点感悟。

（一）以研究性思维引领校园文化建设

从三场专家主题报告到九场育人工作经验分享交流，无一不让我感觉到专家及各学校领导们扎根中国大地办教育的研究性思维、对文化育人各方面工作的系统性思考及实践，个人认为，这都源于各专家及学校领导们的研究性思维。他们深挖中华优秀传统文化内涵、深入理解贯彻落实习近平新时代中国特色社会主义思想，用理念指导行动和实践。比如，江苏省社会科学联合界党组书记张新科以《中华优秀传统文化在职业院校育人中的实现路径》为题，探讨了文化育人在职业教育中的实施策略。他组织编写了《中华优秀传统文化（大学生版）》教材，教材组织架构清晰，内容丰富，对学生理解中华优秀传统文化具有很好的启发引导作用。再比如，开封文化艺术职业学院分享了题为《新时代 新美育 新教材——〈高职美育教程〉建设的实践与思考》的报告，该学校以教材建设为契机联合组织河南省10余所学校共同编写教材，集思广益，共同致力于将新时代美育工作做深做精。此外，让我更为震惊的是，常州旅游商贸高等职业技术学校作为一所中专院校，也编写了学校《常州之窗 如境校园》专著，并作为德育课程教材纳入课堂教学。

（二）依托地方文化精髓打造校园文化特色

徐州作为我国"两汉文化"的发源地，有"彭祖故国、刘邦故里、项羽故都"之称，拥有大量文化遗产、名胜古迹和深厚的历史底蕴。江苏建筑工程职业技术学院立足徐州本地中华优秀传统文化资源，打造了"教室人文课堂""学校场馆课堂""实践舞台课堂"三个课堂，将"礼射文化"和非遗项目融入校园文化育人，开设射艺、陶艺、剪纸等24门专题课程，这些课程的开设充分结合徐州本地历史文化特色，将中华优秀传统文化进行了系统化的课程建构及特色打造。

此外，常州旅游商贸高等职业技术学校以"如境"文化为校园文化内核，编写《常州之窗 如境校园》专著。学校校园文化打造可以说是常州文化的缩影，将学校作为展示常州的一个窗口。一是以常州历史文化名人命名学校建筑，例如"季子楼""霞客楼"等，并将这些历史文化名人的生平重要事件通过墙面文化等进行展示；二是以常州历史沿革名称命名主干道，如"延陵道""兰陵道"等；三是打造"如境"场馆，例如，常州菜文化博物馆、常州历史文化名人馆——霞客馆等。校内雕塑、景观石、小品也都充分结合地方特色及中华优秀传统文化内容，让文化处处可见。

两所学校的校园文化都充分结合了地方文化特色，并以外显的课程、活动、景观、场馆、楼道命名等方式进行展现。

（三）注重校园文化建设载体平台的体系化建设

江苏建筑职业技术学院以传承创新中华优秀传统文化为切入点，投资近4 000万元建成8 000余平方米的4个中华优秀传统文化教育"综合体"，建成400平方米的全国首家中国礼射文化展览馆以及5 000平方米的中国礼射文化实训基地，2 000平方米的中国传统文化体验馆，250平方米的中国古籍阅览室，400平方米的中国古建筑文化馆，形成一系列"展馆课堂"，为师生近距离接触、感受中华优秀传统文化魅力搭建了最佳平台。

常州旅游商贸高等职业技术学校打造的"图书馆"极具吸引力，高端优雅的阅读环境及依托专业所建文化博物馆均是学校以系统思维整体打造学校校园文化建设载体平台的具体体现。

（四）注重校园文化社团及活动的体系化设计

江苏工程职业技术学院利用学校丰富的展馆资源开展"一月一主题"（从游季、丹青季、青春季、立业季、问学季、非遗季、雅乐季、明礼季等）活动，打造传统文化体验周、诗词大会、中秋雅集等一批体现"家国情怀、社会关爱、人格修养"的传统文化育人品牌。组建礼射队、陶笛社、龙狮队等13个传统文化社团，弘扬"礼射文化"以礼修身精神、"鲁班技能"德技并修精神和"非物质文化遗产"创新创业精神。

江苏工程职业技术学院组织开展大型史诗话剧《雨花台》、京剧《锁麟囊》、徐州棒子戏《母亲》等高雅艺术进校园活动，开展剪纸、曲艺、行冠礼等"传统文化元素进校园"活动。开展社团活动，策划组织"一读、一讲、一演、一赛、一秀"的"五个一"重点社团活动和常规社团活动。开展礼射文化、古建筑文化保护等非物质文化遗产保护活动，增进学生对中华优秀传统文化的了解、认识、热爱与践行。

（五）专业文化与中华优秀传统文化的交融渗透

江苏建筑工程职业技术学院整合、梳理、挖掘各专业可落实、可渗透的传统文化课程资源，打造中国古建筑、民间艺术创新设计等17门品牌课程，帮助学生体悟传统文化魅力。组织学生利用彩绘技能装饰社区公共空间，将传统文化标志性元素纳入城镇化建设、城市规划设计和城市公共空间的"传统文化元素进社区"活动；开展古建筑文化保护等"非物质文化遗产保护"活动。常州商旅中职学校依托烹饪专业，开发东坡家宴十道菜，每道菜均出自苏东坡的诗词，烹饪专业学生不仅要学习烹饪技术，还要了解每道菜背后的故事，能够引经据典说菜品。这两所学校都将专业文化与中华优秀传统文化进行了很好地交融渗透。

二、将学习经验运用到学校校园文化建设的几点思考

结合学习的几点感悟，根据学校校园文化建设实际情况，笔者建议可从以下几方面进一步深化细化"五化"融推"蜀艺成工"校园文化建设方案。

（一）加强校园文化建设的学习与研究

此次学习，深感个人文化知识的欠缺，对红色文化、工业文化、天府文化、校史文化、专业文化"五化"的了解不够全面深入，缺乏对各类文化知识的系统性梳理。作为学校校园文化建设的牵头部门，宣传统战部应以研究为引领，联合马克思主义学院、通识教育学院、图文信息中心等部门进一步加强对红色文化、工业文化、天府文化、校史文化的研究和阐释，通过专著和教材编写、课题研究等方式推动文化育人团队加强学习、产出文化育人研究成果。

（二）利用成都历史文化资源丰富学校景观建设

前期，"蜀艺成工"校园文化建设方案对学校整体景观建设做了规划安排，但还可以着眼更细微之处，进一步完善学校校园景观。一是完善楼宇命名。润德1~6号楼可保持不变，各专业实训楼命名可结合专业领域杰出历史代表人物来命名，诸如专业实训楼命名为"天佑楼""鲁班楼"；学生食堂命名可结合川菜文化中的历史人物或文化元素命名。二是增加学校景观小石。在学校学生驻足停留之处增加小石头，于细微处展现中华优秀传统文化的基本精神，包括天下为公、民为邦本、为政以德等十大内容呈现于景观石；丰富德园、润园山坡文化景观，将苏轼、杜甫等诗人的佳作进行艺术化呈现。

（三）加强室内场馆及教室、宿舍文化建设

一是增设川剧历史文化馆及成都美术历史文化馆。通识教育学院牵头成立了两个大师工作室并开展了丰富多彩的活动，后期可在前期基础上进一步建设室内川剧历史文化馆、成都美术历史文化馆，加强学生对川剧及美术历史文化的了解。二是加强教室文化建设。学校教室墙面空白，可深挖地方历史文化资源，丰富墙面文化。三是学生宿舍文化也应有系统化思考，将学校文化特色融入其中。

（四）加强学校文化建设资源的统筹协调

通过参观学习及专家的汇报可以看出，好的校园文化建设一定有领导高度重视，顶层设计完善，各方配合有力，全员协同参与的特点。目前，学校文化建设由宣传统战部统筹，各部门协同开展，取得了一定的成效，但还存在着各自为政、沟通不及时不充分的情况，学校可定期开展校园文化建设工作例会，加强统筹指导及各部门的协同交流借鉴。

4.2　推陈出新定方案

基于高职院校文化育人工作中普遍存在的价值取向偏颇、融入工业文化泛化、注入企业文化主观、关注文化间性碎片化等现实问题，本书以马克思、恩格斯、列宁有关文化育人的思想以及习近平文化思想等为理论依据，遵循高职院校校园文化建设应遵循的职业性、实践性、区域性和创新性等特征，在广泛调研江苏、湖南等地高职院校校园文化建设经验基础上，结合成都工业职业技术学院发展历史中积淀形成的文化底蕴，在理论指导和持续的实践中总结提炼了"五化"融推"蜀艺成工"校园文化建设方案，从江苏高职院校考察报告中暂定的"蜀工"校园文化到后期拓展为"蜀艺成工"校园文化品牌，方案前后历经十余次修改最终成型，在探索学习过程中逐步明确了成都工业职业技术学院校园文化品牌建设的方向。

资料4-4　成都工业职业技术学院
"蜀艺成工"特色校园文化品牌建设方案

为全面实施成都工业职业技术学院"十四五"校园文化建设规划，推进成都工业职业技术学院红色文化、工业文化、天府文化、专业文化、校史文化"五化"融合的特色校园文化建设，助力培养兼具家国情怀、工匠精神、健康体魄、文化视野、劳动技能的高素质技术技能人才，编制如下方案。

一、建设思路

全面学习贯彻落实党的二十大精神，以习近平文化思想为指导，以社会主义核心价值观为引领，以培育劳动精神、劳模精神、工匠精神为主线，突出四川与成都工匠精神研究与培育，强化学校"六合文化"精神表达，推动红色文化、工业文化、天府文化、专业文化、校史文化"五化"融合，推进"蜀艺成工"特色校园文化品牌建设，将校园文化建设融入学校人才培养、科学研究、社会服务、文化传承创新、国际交流，打造系列特色文化研究成果、课程、景观、基地、活动，形成一批典型案例，申报上级有关建设项目。

（一）"五化"融合的目标呈现

"五化"融合，就是以红色文化培根铸魂、天府文化优品雅行、工业文化锻造匠心、专业文化精技立业、校史文化润心修身，在"五化"建设中始终融入"工匠精神"这个主魂。一是传承学校发展历史，建设校史文化。以"六合文化"为主题，提炼学校精神内核，设计形象LOGO，创作文创产品，编印"六合花开"主题系列文集，推进"六合花园"建设等。争取以匠心大道为主轴，建设校史文化景观轴，植入能代表学校中职办学历史、高职发展成就的文化景观。二是立足学院工业属性，弘扬工业文化。用好工业博览馆、工业科普基地、工业文化研究中心、图书馆工业分馆等载体平台，广泛开展工业文化研究普及特色活动。争取以成工大道为主轴，建设工业文明景观轴，重点突出能体现四川与成都工业文明发展史的文化景观。三是服务学校所在区域，普及天府文化。以川剧、国画大师工作室为依托，开展系列特色中华优秀传统文化传承活动，推进天府文化馆和天府文化浸润区建设。四是瞄准学校"德技并修"职教特点，弘扬红色文化，建设专业文化。以马克思主义学院为基地，建设"蜀艺成工"省级大、中、小学思政一体化实践教学基地，推进红色工业文化馆建设；以"蜀道""大三线""交子""茶马驿道""川派建筑"等文化资源为依托，建设各具地方特色、专业特点的专业文化。

（二）"蜀艺成工"的内涵解析

校园文化建设必须立足学校办学基础、资源禀赋。一是呈现传统蜀艺的"成都工业跨越"。蜀人自古精于工艺，古往今来，蜀地诞生了许多珍贵工艺，一代又一代蜀人在传承"蜀艺"中，继承和发展着以蜀文化为重要组成部分的中华文明。当今，川蜀大地深入贯彻落实党的二十大精神，全面推进新型工业化，成都启动了制造强市建设，这座历史文化名城进入了由"传承工艺"到"振兴工业"的新时代。二是突出传统蜀艺的"成都工职传承"。蜀地历史悠久，文化底蕴深厚，文化层次丰富，有许多极具地域特征、民族特征、时代特征的艺术瑰宝。成都工业职业技术学院作为四川成都的高职院校,承担"文化传承与创新"职能,理应把传承和发扬蜀艺作为重要使命,大力构建具有中国特色、四川特点、巴蜀风格的文化育人体系。三是坚定传统蜀艺的"工职师生成功"。"蜀道难,难于上青天",但蜀道虽难,笃行,青天亦可至。蜀地人民自古就有越天堑、改水道,变不可能为可能的传统,诞生了许多鬼斧神工、巧夺天工的奇迹。成都工业职业技术学院师生必须不畏艰难、只争朝夕、逆天改命,全面掌握现代工业技术技能,引领"成工人"向"成功人"转变。

(三)"六合文化"的精神表达

中华优秀传统文化中"六合",有天下、和谐、顺时、聚力之意,学校以此提出"六合文化"建设。其精神内核表达为:同心合力、顺时施宜、通济天下。这里的"六合"既指六所中职学院合并归一,又拓展为学校在办学过程中发扬悠久历史文化精神,贯彻落实国家教育要求,遵循职教办学特点,从六校合一衍生到五育耦合、产教融合、校企合作、工学结合、党建与业务深度融合的办学"六合"。六校合一,是学校办学历史基础,提倡团结和谐、合作聚力的精气神。五育耦合,是国家人才培养要求,强调学校德智体美劳五育工作必须耦合互嵌、融合共生,培育的人才必须德智体美劳全面发展。产教融合、校企合作、工学结合,是职教办学特点,强调学校人才培养必须遵循的职教规律。党建与业务深度融合,是学校办好学的坚强政治保障,强调学校现代治理结构的优化。

三、主要举措

(一)提升现有校园建筑设施文化品味

(1)提升校园设施文气。增设空白围墙的宣传画、充电桩的宣传标识、垃圾桶的美化图案、值班房电梯的文化装饰等。

责任部门:后勤国资处、建筑工程学院(排名第一的部门为牵头部门,下同)。

(2)提升校园绿化环境。对德园、润园以及各处山坡贫瘠地进行土壤改善,营造"小桥流水""色彩缤纷"的校园绿色环境。

责任部门:后勤国资处。

(3)提升主要建筑色彩。对行政楼、教学楼、实训楼等加设具有简单造型的彩色线条。

责任部门:后勤国资处。

(4)提升校园文化功能。对学校大门及校园周边外围要加强与天府新区合作，强化服务天府校区功能；对各实训区域要加强专业间的呼应，强化专业融通；对体育馆要加强综合利用，强化文艺演出、报告会的综合功能；在教学楼内增设教师休息室，体现学校人文关怀；对学生寝室周边要加强利用，打造"天府工职创新创业街区"；对垃圾站要加强管理，提升清洁度；对学校东大门要强化形态表达，增设指引等标识。

责任部门：后勤国资处、通识教育学院、招生就业处（创新创业学院）、各二级学院、宣传统战部。

（二）打造校园公共文化育人环境

（1）打造工业文化景观轴。沿成工大道及西大门入门两侧，立足学院"工业"主属性，以工业文化为主线，以"锻造匠心、传承匠魂"为主题，以四川、成都工业文明为重点打造工业文化主题景观轴。

责任部门：宣传统战部、通识教育学院。

（2）打造校史文化景观轴。沿匠心大道，结合校史，以"不忘初心、砥砺前行"为主题，建设树木林、文化墙、雕塑等，全面展示中职办学历史、高职发展成就、优秀校友风采等，激发"成工人"努力成为"成功人"。

责任部门：宣传统战部、图文信息中心（档案馆）。

（3）打造红色文化景观带。从学校西大门左侧，沿梁家巷路，靠北辰楼和润德7号教学楼侧，至匠心大道端，凸显德技并修的"德"，重点以"培根铸魂、厚植情怀"为主题，以名人名事名诗名句为题材，设置雕塑、文化墙等文化景观，展示以爱国主义为核心的民族精神和以改革创新为核心的时代精神。

责任部门：宣传统战部、马克思主义学院。

（4）打造专业文化景观带。从学校西门沿北站西二巷路，在教学楼、各专业实训中心边，凸显德技并修的"技"，重点以"爱岗敬业、精技立业"为主题，采用专业工具造型、旧有设备、重要合作企业标识、典型人物等专业标志性符号，按专业群分段展示。

责任部门：宣传统战部、各二级学院。

（5）打造天府文化浸润区。在2~4号楼公共区域和德园、润园区域，以"优品雅行、创新创造"为主题，凸显中华优秀传统文化和区域特色的天府文化教育，增加包括"天下为公、民为邦本、为政以德"等中华优秀传统文化景观小石；将苏轼、杜甫、李白等诗人（词人）的佳作进行艺术化表达，内含"自古文人皆入蜀"的寓意，呈现天府文化兼容并蓄的特征。

责任部门：宣传统战部、通识教育学院。

（6）打造新时代文明教育景观圈。环操场、学生宿舍、学生食堂、美食广场周边及内部两条道路，以学生文明行为养成教育为目标，以"文明修身，厚德端行"为主题，打造"四"字形新时代文明教育景观圈，建设兼具教育、践行和休闲功能的体现新时代文明要求的安全文化、廉洁文化、绿色低碳文化、劳动实践教育、寝室文化、体育竞技文化等主题文化景观。

责任部门：宣传统战部、纪委办公室、学生工作处（团委）、后勤国资处、安全保卫处、通识教育学院。

（三）打造楼宇室内文化育人环境

（1）建设专业文化长廊。在二级学院各实训楼和教学楼内区域，丰富进门口、墙面文化的色彩图案、雕塑等景观，结合专业领域杰出历史代表人物命名楼宇等。在二级学院教学楼、实训楼走廊，挖掘专业中的红色文化、工业文化、天府文化、校史文化、专业文化以及合作企业文化元素，提炼各自专业精神，建设体现专业办学历史、办学特色、主要合作企业的专业文化长廊。

责任部门：各二级学院。

（2）建设管理文化长廊。在行政楼内，以积极的名人名言、经典诗词歌赋、社会主义核心价值观等内容为题材，建设以"为党育人、为国育才"主题的管理文化长廊，激发全体教职工爱岗敬业。各办公室文化由各部门结合自身实际打造。

责任部门：宣传统战部、各部门。

（3）建设红色工业文化馆。在润德1号楼4、5楼，结合"大三线"建设、"两弹一星"功勋人物等，建设以"红色工业文化馆"为基础的四川省大中小学思想政治教育一体化基地。

责任部门：马克思主义学院。

（4）完善工业博览馆。在图文信息大楼3楼，数字化建设学院"工业博览馆"。

责任部门：图文信息中心（档案馆）。

（5）建设校史馆。在图文信息大楼3楼，建设体现学校各个时期办学历史、情景再现学习时光、呈现学校发展愿景的校史馆等。

责任部门：图文信息中心（档案馆）。

（6）建设天府文化馆。在润德 3 号楼，建好陈巧茹川剧大师工作室、梁时民美术大师工作室，建设包括凸显古蜀工业文明在内的天府文化馆。

责任部门：通识教育学院。

（7）完善职业体验馆。在各二级学院实训场馆，在建成的 3D 打印、汽车喷绘、轨道驾驶三个职业体验馆基础上，充分利用实训场地建设各专业的职业体验馆。

责任部门：各二级学院。

（四）开展"四位一体"的文化内化活动

（1）开展文化内化研究。一是编撰学院"蜀艺成工"入学教育读本，系统介绍学院物质文化、制度文化、精神文化、行为文化内容，增强新生对学院的了解与归属感。二是依托学院工业文化研究中心，重点挖掘四川工业发展成就、人物、故事，深入开展"蜀艺成工"文化内涵、外延、本质、特征、历史、呈现方式、特色与影响以及融入学院人才培养、科学研究、社会服务、文化传承创新、国际交流的方法途径等研究。三是依托学院思政研究中心，研究成都工匠精神的历史变迁和时代表达，组织编写师生广为传颂的"蜀艺成工"文化歌谣、三字经或七字诀。

责任部门：马克思主义学院、通识教育学院。

（2）开展文化素质教育。一是开发模块化的教室人文课堂。以工匠精神、优秀传统文化、思政课为基础，整合、梳理、挖掘各专业可落实、可渗透的文化课程资源；打造中国古建筑、货币发展史等专业文化课程；开设川剧、蜀绣、夏布、成都历史文化名人等选修课程；邀请传统文化大师走进课堂，举办"中华优秀传统文化"系列讲座，实现教室人文课堂育人。二是用好学院场馆课堂。结合思政课、专业课、文化课等课程内容特点，组织学生参观合适的校园景观及文化场馆，并组织学生志愿者讲解团，让学生在课堂参观及志愿服务中亲身体验。

责任部门：通识教育学院、图文信息中心（档案馆）、各二级学院。

（3）搭建文化实践活动舞台。一是吸收四川及成都地区的学院合作企业文化元素，成立"蜀艺成工"大学生文化艺术团，持续举办"蜀艺成工"工匠文化节和网络音乐文化节，开展"一届成工人、一世成都情""六合花开"系列文集等"蜀艺成工"系列品牌活动。二是系统组建师生戏剧团、绘画班等重点社团及汉服社、经典诵读社、诗社等常规社团，依托社团组织开展川剧、绘画展、工业文化科普、剪纸、汉服秀等校园文化活动，策划组织"读、讲、演、赛、秀"的"五个一"社团活动。三是以课程、赛事、项目为载体，办好以三大球为代表的高水平运动队，打造以选拔人才、活跃校园体育氛围为主要目标的多级赛事体系，探索以"定向越野"为代表的特色体育项目，以"小众"打造"蜀艺成工"特色体育竞技文化。

责任部门：学生工作处（团委）、宣传统战部、离退休工作处（工会）、图文信息中心（档案馆）、通识教育学院。

（4）开展特色文化荣誉表彰。推进学院"六合文化"建设，将"六合"理念贯穿学院办学治校全过程。在学院评选表彰相关项目或个人时，一是设置"同心合力""顺时施宜""通济天下"等奖项。二是内化校训精神，在教职工荣誉表彰时设置"崇德奖""修身奖""技臻奖"等奖项；内化学风精神，在学生荣誉表彰时设置"锲而不舍""精益求精"等奖项。

责任部门：组织部（人事处）、学生工作处（团委）。

四、推进实施

（1）推动品牌建设融入日常。尽快推动"蜀艺成工"特色文化品牌建设与日常教育教学活动深度融合，对结合日常教育教学工作开展的项目，如"工匠文化节""荣誉体系""工业文化研究""文化课程建设""体育赛事"等文化研究、教学、内化工作，由各部门结合每年的经费预算，申报经费预算、推进工作。

（2）加快景观基地项目建设。加强学院文化景观顶层设计，已规划建设的文化景观和实践基地项目，纳入2024年经费预算的，加快建设进度；以后每年组织相关专家开展方案设计、论证、经费预算等工作，及时申报进入学院建设项目库，纳入学院年度预算。

（3）开展文化培育项目申报。加强"蜀艺成工"特色校园文化研究成果、课程、景观、基地、活动等建设思路及成果的提炼打造，鼓励结合专业特色对文化品牌进行提炼、升华和聚焦，进一步丰富建设内涵，充分彰显学校文化品牌的辨识度、知名度和影响力。

（4）探索校企合作运营模式。探索与四川文投等高端文化产业机构合作，以"蜀艺成工"文化为主题，充分利用校园闲置资源和空间，推进学校文化资源社会化利用，获取社会效益和经济效益。鼓励引导企业、校友等校外人士通过冠名等方式捐资建设校园文化景观小品。

（5）提升校园环境管理水平。要强化校园环境设施设备的管理使用，按功能划分责任、形成制度，明确分管领导、科室负责人、具体管理人职责，形成管理倒逼机制。一旦失责，严格追责。

五、工作要求

（1）提高站位，高度重视。站在国家"文化自信"的政治高度，充分认识学校加强校园文化建设的必要性，增强学校特色校园文化建设的信心和决心。

（2）精心谋划，系统推进。全面梳理学校校园文化建设现实基础，研究明确操作路径，系统推进学校校园文化建设工作。金堂校区重点参考各二级学院文化景观打造和专业文化建设。

（3）突出重点，提升品位。打造网红打卡点，便于文化传播和品牌打造。突出统一"蜀艺成工""六合文化"文化主题视觉色系，提升校园文化品位。

（4）上下联动，形成合力。增强协同意识、加强配合，形成学校"党委领导、宣传统战部牵头、部门各司其职"的校园文化建设贯通合力，掀起学校校园文化建设热潮。

4.3　实践检验促提升

方案印发后，成都工业职业技术学院遵循"系统设计、分步实施"的建设原则，印发了 2024 年校园文化建设重点任务清单、"六合文化"推广方案，并对部分校园活动/荣誉进行冠名，在实践中不断强化提升学校文化育人浸润效果。

资料 4-5　2024 年校园文化建设重点任务清单

成都工业职业技术学院 2024 年校园文化建设重点任务清单，如表 4-1 所示。

表 4-1 成都工业职业技术学院校园文化建设重点任务清单（2024 年）

序号	主要任务	工作内容	工作要求	责任部门（排名第一的部门为牵头部门）
1	提升校园设施文气	增设空白围墙的宣传画、充电桩的宣传标识、垃圾桶的美化图案、值班房电梯的文化装饰等	2024 年 7 月底前，研究提出建设思路，形成建设方案，编制造价预算，年内争取资金完成建设或纳入 2025 年预算建设	后勤国资处、建筑工程学院
2	提升校园绿化环境	对德园、润园以及各处山坡贫瘠地进行土壤改善，营造"小桥流水""色彩缤纷"的校园绿色环境	2024 年 7 月底前，研究提出建设思路，形成建设方案，编制造价预算，年内争取资金完成建设或纳入 2025 年预算	后勤国资处
3	提升主要建筑色彩	对行政楼、教学楼、实训楼等加设具有简单造型的彩色线条	2024 年 7 月底前，研究提出建设思路，形成建设方案，编制造价预算，年内争取资金完成建设或纳入 2025 年预算	后勤国资处
4	提升校园文化功能	对学校大门及校园周边外围要加强与天府新区合作，强化服务天府校区功能；对各实训区域要加强专业间的呼应，强化专业融通；对体育馆要加强综合利用，强化文艺演出、报告会的综合功能；在教学楼内增设教师休息室，体现学校人文关怀；对学生寝室周边要加强利用，打造"天府工职创意街区"；对垃圾站要加强管理，提升清洁度；对学校东大门要强化形态表达，增设指引等标识	2024 年 7 月底前，研究提出建设思路，形成建设方案，编制造价预算，年内争取资金完成建设或纳入 2025 年预算	后勤国资处、通识教育学院、招生就业处（创新创业学院）、各二级学院、宣传统战部

表4-1(续)

序号	主要任务	工作内容	工作要求	责任部门（排名第一的部门为牵头部门）
5	打造工业文化景观轴	沿成工大道及西大门入门两侧，立足学院"工业"主属性，以工业文化为主线，以"锻造匠心、传承匠魂"为主题，以四川、成都工业文明为重点，打造工业文化主题景观轴	2024年7月前，研究提出建设思路，形成建设方案，编制造价预算，争取纳入2025年预算	宣传统战部、通识教育学院
6	打造校史文化景观轴	沿匠心大道，结合校史，以"不忘初心、砥砺前行"为主题，建设树木林、文化墙、雕塑等，全面展示中职办学历史、高职发展成就、优秀校友风采等，激发"成工人"努力成为"成功人"	2024年7月底前，研究提出建设思路，形成建设方案，编制建设造价预算，争取纳入2025年预算	宣传统战部、图文信息中心（档案馆）
7	打造天府文化浸润区	在2~4号楼公共区域，以"优品雅行、创新创造"为主题，凸显中华优秀传统文化和区域特色的天府文化教育，增加包括"天下为公、民为邦本、为政以德"等中华优秀传统文化景观小石；将苏轼、杜甫、李白等诗人（词人）的佳作进行艺术化表达，内含"自古文人皆入蜀"的寓意，呈现天府文化兼容并蓄的特征	2024年5月底前，完成设计方案及造价预算，争取资金年内完成建设或纳入2025年预算建设	宣传统战部、通识教育学院

表4-1(续)

序号	主要任务	工作内容	工作要求	责任部门（排名第一的部门为牵头部门）
8	建设管理文化长廊	在行政楼内，以积极的名人名言、经典诗词歌赋、社会主义核心价值观等内容为题材，建设以"为党育人、为国育才"主题的管理文化长廊，激发全体教职工爱岗敬业	2024年4月底前，完成设计方案及造价预算，争取资金年内完成建设或纳入2025年预算	宣传统战部、各部门
9	建设红色工业文化馆	在润德1号楼4、5楼，结合"大三线"建设、"两弹一星"功勋人物等，建设以"红色工业文化馆"为基础的四川省大、中、小学思想政治教育一体化基地	尽快完成设计方案及造价预算，年内完成2024年建设任务	马克思主义学院
10	建设校史馆	在图文信息大楼3楼，建设体现学校各个时期办学历史、情景再现学习时光、呈现学校发展愿景的校史馆等	2024年7月底前，研究提出建设思路，形成建设方案，编制造价预算，争取纳入2025年预算	图文信息中心（档案馆）
11	开设文化课程	二级学院以工匠精神、中华优秀传统文化、思政课为基础，整合梳理挖掘各专业可落实、可渗透的文化课程资源，打造专业文化课程；通识教育学院结合学院"五化"融合，开设川剧、国画、太极拳等文化选修课程	2024年7月底前，各二级学院、通识教育学院报送计划打造课程，尽快付诸实施，即日起长期执行	各二级学院、通识教育学院

表4-1(续)

序号	主要任务	工作内容	工作要求	责任部门 (排名第一的部门 为牵头部门)
12	加强形象 IP 设计 传播	重点以"六合花开"主题,确定文化标识、宣传口号(如"六合同风、花开校园"等),进一步设计完善标识(LOGO),拍摄"六合花开"形象宣传片,树立统一品牌形象	2024 年 10 月底前,完成"六合花开"学院宣传片拍摄,校内网大力推送	宣传统战部
13	出版 "六合花开" 品牌 系列专著	介绍学校发展成就、学术成果或对外形象推广的书籍、专著、手册等,均可印刷"六合花开"标志,如《媒眼看工职—宣传报道集》	各部门结合实际工作植入"六合花开"标志,即日起长期执行	各部门
14	打造 "六合花开" 系列 文创产品	主要针对教师、校友、同行打造一系列文创纪念品,如笔记本、笔、胸针、水杯、雨伞等,可用于赠送校外友好人士,充当教师从教三十年礼物、教职工荣休礼物、师生各项奖励的奖品等	各部门结合实际工作提出文创产品设计需求,会同宣传统战部确定设计方案,即日起长期执行	宣传统战部、各部门
15	打造 "六合花园" "六合花境" 校园 标志性 文化景观	采用六片花瓣特征的植物,如六出花、百合花等,打造"六合花园",在德园靠润德 2 号楼广场侧,或润园靠近梁家巷路的坡地,或待开发的80 亩荒地等处种植,以美景、花香浸润人心,成为校园美景打卡地	结合校园环境文化改造,分步打造融入打造"六合花园",种植六片花瓣特征的植物等	后勤国资处

表4-1(续)

序号	主要任务	工作内容	工作要求	责任部门 (排名第一的部门 为牵头部门)
16	以冠名校园活动带动"六合文化"品牌深入人心	采用"一训三风""六合文化"等精神内涵,根据活动内容和荣誉表彰命名活动主题,如十佳管理服务明星可冠名"和合",大学生网络文化节文艺晚会可冠名"六合花开",等等	各部门统计负责组织开展的荣誉表彰及活动,会同宣传统战部确定荣誉冠名,即日起长期执行	各部门
17	编排"六合花开"思政话剧曲目	墨子是中国古代思想家、教育家、科学家、军事家及墨家学说的创立者,此外墨子作为一名能工巧匠曾在止楚攻宋时用机关与公输般进行攻防演练,具有强烈的传奇经历和丰富的人物故事属性,看点颇多,适合打造话剧艺术作品	7月底前,研究思考编写话剧文本,提出编排演预算,争取纳入2025年预算排演	马克思主义学院

资料4-6　印发学校"六合文化"推广方案

成都工业职业技术学院始终将文化作为赖以生存、发展的重要根基和血脉,结合中职办学基础和高职办学实际,初步提出以"六合"精神建设校史文化,称"六合文化",现就其品牌推广提出如下方案。

一、指导思想

文化是一个国家、一个民族的灵魂,文化自信是一个国家、一个民族发展中更基本、更深沉、更持久的力量。没有高度的文化自信,没有文化的繁荣兴盛,就没有中华民族伟大复兴。大学文化集中体现了一所大学的个性、办学理念和精神追求,是培养高层次人才的重要载体,是建设文化强国的动力源泉,是创新思想文化的发展高地。成都工业职业技术学院"六合文化"建设和发展,就是要积极发挥校园文化的凝聚、引领、辐射作用，通过校园文化建设助力育人格局新风尚，培育师生高远的理想价值追求，提升学校文化软实力，增强学校文化辨识度，为创建中国一流高职院校提供动力保证和思想保证。

二、"六合文化"内涵诠释

"六合"是中国古代哲学概念，指天、地、东、西、南、北，有"天下"之意，代表着古代中国人对世界和宇宙的看法。《山海经·海外南经》中有"地之所载，六合之间，四海之内"的记载，习近平总书记也多次引用"六合同风，九州共贯"典故。中华优秀传统文化中还有人的和谐的"六合"、时辰节气的"六合"、武术应用的"六合"等表述，"六合"有天下、和谐、顺时、聚力之意。

高校校史是大学的文脉传承，是大学重要的育人源泉。大学变迁和发展过程中的标志性事件或者人物故事，对于广大师生、校友具有天然的认同、聚合和引领作用，有助于激发师生、校友的深厚家国情怀和不懈奋斗精神，进而形成教师、学生和校友教学相长、相辅相成的大学文化育人共同体。成都工业职业技术学院"六合文化"的核心是校史文化，兼具教师文化、校友文化特点。

"六合文化"建设，既是对成都铁路运输学校、成都市工业学校、成都市建设学校、成都市财政贸易学校、成都市公共交通职业学校、成都市建筑中等专业学校"六校合一"办学历史的高度凝练，也是学校继承中职办学传统、深化学校现代治理所形成的六校合一、五育耦合、产教融合、校企合作、工学结合、党建与业务深度融合"六合发展"高职办学理念的集中呈现。其中，"六校合一"是高职办学基础，"五育耦合"是新时代国家德智体美劳教育目标，"产教融合、校企合作、工学结合"是必须遵循的职业教育规律，"党建与业务深度融合"是实现党的领导、学校治理能力现代化的政治保证。

"六合文化"的第一层次是"六校合一"的建校精神，其内涵包括团结、融合、奋进、聚力等精神气质，表达为"和合共生"。"六合文化"的核心为天下规律，知六合者知天下，因此，"六合文化"的第二层次是胸怀天下、遵循职教规律办好职业教育，为构建人类命运共同体贡献工职力量，表达为"达济天下"，这与教育家精神关于"胸怀天下，以文化人""心有大我，至诚报国"的表述刚好契合。两个层面的精神内涵初步提炼整合为"和合共生、达济天下"的学校精神文化。

三、主要推广举措

"六合文化"建设要求针对教师、校友、社会、同行等受众群体，将学校发展成就贯穿校史馆、校史长廊、校史文化标识、成果专著、文创产品、育人成效活动、文化艺术作品等各方面载体。

（1）加强形象 IP 设计传播。"六合文化"建设，聚力展现学校发展建设成就，重点以"六合花开"主题，确定文化标识、宣传口号（如"六合同风、花开校园"等），进一步设计完善标识（LOGO），拍摄"六合花开"形象宣传片，树立统一品牌形象。

责任单位：宣传统战部。

（2）打造处处可见"六合花开"标识的校园环境。"六合花开"标识要体现在校园硬环境建设的重要角落，如"升华碑"底座、路牌、宣传栏、海报、壁画、机电设备网格箱等。

责任单位：各部门。

（3）打造"六合花开"品牌系列专著。介绍学院发展成就、学术成果或对外形象推广的书籍、专著、手册等，均可印刷"六合花开"标志，如《媒眼看工职·宣传报道集》。

责任单位：各部门。

（4）打造"六合花开"系列文创产品。针对教师、校友、同行打造一系列文创纪念品，如笔记本、笔、胸针、水杯、雨伞等，可用于赠送校外友好人士、教师，充当从教三十年礼物、教职工荣休礼物、师生各项奖励的奖品等。

责任单位：各部门。

（5）打造"六合花园""六合花境"校园标志性文化景观。采用六片花瓣特征的植物，如六出花、百合花等，打造"六合花园"，以美景、花香浸润人心，成为校园美景打卡地。经前期调查，两种花卉颜色丰富、品种繁多，均为优异园艺品种，同时均为山地花卉，适合校园坡地环境种植。种植地点建议在德园靠学思广场侧、润园靠近梁家巷路的坡地（可上下延伸花境）、待开发的 80 亩荒地等处。

责任单位：后勤国资处。

（6）以冠名校园活动带动"六合文化"品牌深入人心。根据活动内容命名教育教学活动主题，特别是培养师生"和合共生、达济天下"情操。例如，十佳管理服务明星可冠名"和合"，大学生网络文化节文艺晚会可冠名"六合花开",等等。

责任单位:学校各部门。

(7)推动"六合拳"体育文化建设。"六合拳"指以手、眼、身相合为外三合,精、气、神相合为内三合,是中国传统武术中长拳的一种,为国家级非物质文化遗产。相关部门可研究六合拳教学,尝试在学生中开展"六合拳"课程,这也是传承中华优秀传统文化的一项举措。

责任单位:通识教育学院。

(8)编排"六合花开"思政话剧曲目。墨子是中国古代思想家、教育家、科学家、军事家及墨家学说的创立者,提出了"兼爱""非攻""尚贤""尚同""天志"等观点,墨子"以民为本、胸怀天下"的思想正好与"六合文化"的精神相对应,同时也与德技兼修校训、蜀艺成工文化相契合。此外,墨子作为一名能工巧匠曾在止楚攻宋时用机关与公输般进行攻防演练,还创立了人类历史上第一个设有文、理、军、工等科的综合性平民学院。墨子之多能堪称中国古代的"六边形战士",具有强烈的传奇经历和丰富的人物故事属性,看点颇多,适合打造话剧艺术作品。

责任单位:马克思主义学院、通识教育学院。

(9)建设"六合花开"校史馆、校史文化长廊、校史墙。校史馆内容涵盖办学历史、发展历程、成果成就、名师风采、知名校友等,以文献、图片、视频、文物等载体呈现。

责任单位:图文信息中心。

自分步推进"蜀艺成工"特色校园文化品牌建设以来,成都工业职业技术学院校园文化建设在前期基础上又取得了阶段性成果:制订了"蜀艺承天府,成工铸匠魂"校园景观文化改造方案;完成了中国工业精神红色文化馆建设,打造校园景观小品10余处;2024年度校园文化建设重点任务清单内容推进有力,编印"六合花开"系列丛书2册,制作文创产品,建设"合园",大力推广"六合"文化;举办大学生网络文化节,打造《六合花开》宣传片等经典网络文化作品7个;学校领导受邀在全国高职院校校园文化建设研讨会上就"蜀艺成工"校园文化建设经验做交流发言,受到教育部职业院校文化素质教育指导委专家及同行的高度认可。学院"蜀艺成工"品牌文化及"六合花开"精神文化部分实践成果,如图4-1到图4-8所示。

图 4-1 "蜀艺承天府，成工铸匠魂"校园景观文化改造方案封面

图 4-2 2024 年 11 月中国工业精神红色文化馆建成

图 4-3　"六合花开"——成都工业职业技术学院十年宣传报道集

图 4-4　"六合花开"2024 年毕业典礼

图 4-5   "六合花开"网络文化节

图 4-6   "匠星蜀韵"工匠文化节

图 4-7 "六合花开"文创丝巾

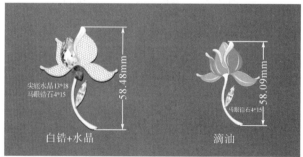

图 4-8 六合花开文创胸针设计

资料4-7 "五化"融推"蜀艺成工"文化建设

（2024年11月在全国职业院校校园文化建设研讨会上的发言材料）

成都工业职业技术学院紧紧围绕"办一流高职，育大国工匠"的办学定位，"高素质技术技能人才"的培养定位，"立足成都、服务四川、辐射全国"的服务定位，深入挖掘红色文化、工业文化、天府文化、校史文化、专业文化育人资源，努力把学生培养成赓续红色基因、践行工匠精神、弘扬传统文化、引领时代风尚、献身城市发展的"蜀艺成工"人。

一、"蜀艺成工"文化的产生背景

成都工业职业技术学院肇始于1951年，前身为成都铁路运输学校、成都市工业学校、成都市建设学校等6所行业中专校，2014年经四川省人民政府批准设立为公办全日制高等职业技术学院。作为一所年轻高职院校，成都工业职业技术学院以服务新中国第一条铁路成渝铁路建设为起点，始终以培育劳动精神、劳模精神、工匠精神为主线，坚持红色文化引领，深挖地方文化资源，立足学校"工业"特色，突出区域、职教、校本特征，将红色基因、天府特质、工匠精神、专业内涵、校史底蕴"五元"融合，构建了以红色文化培根铸魂、天府文化优品雅行、工业文化锻造匠心、专业文化精技立业、校史文化润心修身的具有职教特色、巴蜀特点、学校特征的"蜀艺成工"校园文化。

蜀人自古精于工艺，越天堑、改水道，诞生了许多鬼斧神工、巧夺天工的奇迹。成都工业职业技术学院建设"蜀艺成工"文化有三重内涵：一是呈现传统蜀艺的"成都工业跨越"。进入新时代，成都这座历史文化名城开启了由"传承工艺"到"振兴工业"的转变，呈现彰扬成都工业文明发展是成都工业职业技术学院服务城市发展的应有之义。二是体现传统蜀艺的"成都工职传承"。成都工业职业技术学院把传承和发扬蜀艺作为重要使命，大力构建具有中国特色、四川特点、巴蜀风格的校园文化，这是学院推动文化繁荣、建设文化强国、建设中华民族现代文明的应有之责。三是实现传统蜀艺的"成工学生成功"。成都工业职业技术学院用传统蜀艺的工业文化元素，引导学生不畏艰难、只争朝夕、逆天改命，实现"成工人"向"成功人"转变，这是成都工业职业技术学院大力弘扬劳模精神、劳动精神、工匠精神，为中国式现代化培养更多大国工匠、能工巧匠和高技能人才的重要使命。

二、"蜀艺成工"文化的实施路径及主要内容

成都工业职业技术学院基于高素质技术技能人才培养目标，以"蜀艺承天府，成工铸匠魂"为主题，编制"蜀艺成工"校园文化品牌建设方案，深入推进特色校园文化建设。

"蜀艺成工"品牌建设方案，如图4-9所示。

图4-9　"蜀艺成工"品牌建设方案

（1）建设"蜀艺成工"文化载体。一是建设工业文化体验区。成都工业职业技术学院以传承创新"蜀艺成工"工业文化为切入点，投资1 000万余元建成1 500余平方米工业博览馆，连同各二级学院实训基地，一体化打造3万余平方米的工业文化体验区，以此获批建设四川省工业文化普及基地、四川省科普教育基地、四川省大中小学思政一体化基地、成都市爱国主义教育基地，年均接待15 000余人次参观研学。二是建设若干传统蜀艺大师工作室。联手国家级非物质文化遗产项目川剧代表性传承人陈巧茹，建成川剧大师工作室；联手一级美术师、享受国务院政府特殊津贴专家梁时民，建成国画大师工作室；联手夏布非遗传承人张芳副教授，建成夏布非遗工作室。三是建设天府红色工业文化馆。深入挖掘中国工业文化精神谱系、四川区域"两弹一星"、大三线红色工业文化资源，建成红色工业文化馆。四是实施校园景观文化赋美工程。基于"五化融合"的实体教育空间建设，谋划推进"蜀艺成工"校园环境景观建设，打造天府工业文明轴、红色文化景观带、天府文化浸润区、校史文化景观墙、专业文化景观带，以及新时代文明景观圈等。

（2）开展"蜀艺成工"文化活动。一是定期举办"蜀艺成工"工匠

文化节。成都工业职业技术学院每年举办以"蜀艺成工"为主题的工匠文化节,培养学生辛勤工作、专心致志、精益求精、创造创新的工匠精神。二是探索形成"2234"传统蜀艺传承模式。督促教师上好工匠精神、中华优秀传统文化"2"门必修课,开好国画、川剧"2"门选修课,建好科普社、美术社、川剧社"3"支队伍,搞好讲、演、赛、展"4"类活动,先后举办"赓续传统文化自信"系列主题讲座、川剧《白蛇传》动画展演、大师进校园国画笔会、国学经典诵读展演、川剧元素定向越野比赛、美育嘉年华、"熊猫工坊"等多元文化交织共融的活动实践。三是实施"传统蜀艺"志愿服务活动。推进"工业文化+劳动教育"体验项目,开展"蜀艺成工"工业文化进社区、进学校、进乡村、进扶贫、进培训、进课堂等"六进"活动,组织大学生志愿者讲解团,为中小学生、社区居民、企事业单位普及工业文化。

(3)深化"蜀艺成工"文化研究。一是加强文化研究载体建设。成都工业职业技术学院与工业和信息化部共建工业文化研究中心,加入四川省工业文化协会、成都市工业文化促进会,获建四川省工业文化研究中心,全面深入开展"蜀艺成工"文化内涵及传承研究。二是开展成都工匠文化研究。开展成都市哲学社会科学重点课题"成都工匠精神的历史变迁、时代表达与培育路径研究""工匠精神课程改革实施路径研究"等项目研究,出版专著《"五化"融推"蜀艺成工"文化育人探索》。三是开展特色专业文化研究。整合、梳理、挖掘各专业可落实、可渗透的"蜀艺成工"专业文化资源,系统打造二级学院专业文化特色品牌。学校轨道交通学院以传承"五丁开山"的蜀道文化为主线,推进轨道交通特色专业文化建设;智能制造与汽车学院充分挖掘三星堆文化中的工匠元素,结合大三线文化内涵,推进建设智能制造特色专业文化;建筑工程学院传承川派建筑文化,推进建设建筑工程特色专业文化;财经商贸学院传承成都交子、茶马古道文化,推进财经商贸特色专业文化。

三、"蜀艺成工"文化的主要成果及推广应用

(1)育人成效。成都工业职业技术学院培养出了一批勤奋进取、自强不息、坚韧执着、创新实干的优秀学生。学生王民友获2023年中国国际大学生创新大赛金奖,其以校训元素命名的公司年营业收入超过1.5亿元;学生罗心雨获"全国技术能手";学生施冰洋获第七届全国铁道行业职业技能大赛铁路车辆钳工决赛第三名。

王民友获 2023 年中国国际大学生创新大赛金奖，如图 4-10 所示。

图 4-10　王民友获 2023 年中国国际大学生创新大赛金奖

（2）建设成效。成都工业职业技术学院为首批四川省文明校园、成都市天府文化特色学校。《打造工匠精神传承基地，弘扬工匠文化》入选教育部《2021 年中国职业教育质量年度报告》高职"服务贡献"典型案例。文化育人项目获批四川省高校思政育人精品项目。打造原创歌曲《成工的天空》在中国教育电视台展播，拍摄系列宣传片《工职儿女》《工职匠魂》《工职答卷》被"学习强国"转载报道。以"打造特色文化　共育大国工匠"为题在 2020 年第十届全国职业院校"文化育人"高峰论坛交流发言。

成都工业职业技术学院系列宣传片，如图 4-11 所示。

图 4-11　成都工业职业技术学院系列宣传片

（3）社会影响。成都工业职业技术学院"蜀艺成工"文化建设受到众多主流媒体报道。其中，成都日报以"成都工业职业技术学院努力办好人民满意的教育"为题报道学院校园文化建设成效，中央主题教育官网转载；四川省教育厅官网以"成都工业职业技术学院'五化'融推'蜀艺成工'校园文化品牌建设"报道学院校园文化建设成果。

下一步，成都工业职业技术学院将持续完善"蜀艺成工"文化培育体系，经过 3~5 年的努力，努力形成职教特点、巴渝特色、学校特征的特色鲜明校园文化，为培育具有工匠精神的高素质技术技能人才，推进职业教育不断创新发展做出新的贡献。

5 "五化"融推"蜀艺成工"校园文化建设行动框架

文化的探索与积淀是一个持续的过程，成都工业职业技术学院从探索以"工业文化"为特色的校园文化品牌到形成"蜀艺成工"校园文化品牌，经历了混沌、反思、学习借鉴、研究深化等系列过程，虽然形成了系列工作方案并付诸实践取得了一些进步，但至今仍处于建设的初期阶段。为进一步理清学校校园文化建设思路，本章从理念层面对"五化"融推"蜀艺成工"校园文化建设进行探索，并归纳总结提炼建设的具体行动路径，以期更好推进后续建设。

5.1 "五化"育人机理

学校坚持以习近平新时代中国特色社会主义思想为指导，以立德树人为根本任务，以培育与践行社会主义核心价值观为引领，秉承"以德润身技臻至善"校训，深入挖掘中华优秀传统文化、革命文化和社会主义先进文化等红色文化育人资源；立足工科职业院校服务产业的产教融合特点，深入挖掘工业文化育人资源；以服务四川及成都经济社会发展为己任，深入挖掘巴蜀天府文化育人资源；深入开展产教融合、校企合作，提炼专业文化建设资源；传承学校历史文脉，深入挖掘校史文化育人资源，探索实践红色文化、工业文化、天府文化、专业文化、校史文化"五化融合"文化育人模式，努力把学生培养成赓续红色基因、弘扬地域文化、践行工匠精神、引领时代风尚、献身城市发展的新时代建设者和接班人。

五化，是内容，包括红色文化、工业文化、天府文化、校史文化、专业文化。

融，是要求，包括用蜀艺讲五化故事，用五化传蜀艺匠心。

推，是途径，包括研究引领，建立文化研究中心，形成学校文化理念和传承方式途径；理念传播，开设系列文化课程，编制系列文化读本，策划推广文创产品，冠名校园活动荣誉；环境熏陶，建设校园文化主题景观、校园日常氛围营造，楼宇文化环境改造等；实践升华，建设室内文化实践教育场馆，开展校园系列传承活动；协同校企合作企业、属地政府，建设校外文化实践基地，开展特色文化志愿服务活动；评价促进，对学生成才进行评价。

蜀艺成工，是目标，包括呈现传统蜀艺的"成都工业跨越"，全面彰显成都工业发展成就；体现传统蜀艺的"成工职院传承"，建立学校文化传承责任体系；实现传统蜀艺的"工职学子成功"，提炼形成工职学子成才标准。

5.1.1 红色文化

红色文化作为我国社会主义先进文化的重要组成部分，是在革命战争年代，由中国共产党人、先进分子和人民群众共同创造的极具中国特色的先进文化。红色文化不仅包含着坚定的理想信念、崇高的革命精神，更记录了无数革命志士的英雄事迹。作为一种历史文化形态，红色文化既是我国优秀的传统文化，又是高校在培养学生时可以利用的宝贵文化资源，具有丰富的育人内涵和价值。

首先，红色文化育人有助于提高学生的政治素养。红色文化蕴含着深厚的爱国情操和奋斗精神，以及无数革命志士的英雄事迹。通过学习红色文化，学生可以更好地理解我国的历史，明确自己的责任和使命，增强对社会主义核心价值观的认同，从而提高政治素养。其次，红色文化育人有助于培养学生的道德情操。红色文化不仅是一种历史文化形态，更是一种精神力量。它蕴含着崇高的革命精神、坚定的理想信念和崇高的道德品质。通过学习红色文化，学生可以感受到革命先烈的崇高品质，从而培养自己的道德情操。再次，红色文化育人有助于提升学生的文化自信心。红色文化是我国优秀的传统文化，它蕴含着深厚的文化底蕴和独特的文化魅力。通过学习红色文化，学生可以更好地了解和认识自己的文化传统，增强文化自信，为我国的文化繁荣作出贡献。最后，红色文化育人有助于推动高校学生党建工作。红色文化育人是高校学生党建工作的重要内容，它可以引导大学生党员正确认识时代责任和历史使命，自觉做社会主义核心价值观的坚定信仰者、积极传播者、模范践行者。通过红色文化育人，可以加强高校学生党员的思想道德建设，提高全民族的思想道德建设水平，为实现中华民族伟大复兴中国梦提供强大的思想保证。为了促进红色文化在育人过程中达到"进课堂、进教材、进头脑"的目的，高校通常可以从以下几方面入手开展工作。

第一，构建红色文化育人课程体系。课程体系的设计不仅直接影响到红色文化的传播效果，更关乎大学生的思想政治教育。首先，从红色文化本身出发，选择与当今时代发展和大学生个体较为紧密的内容，以点连线、以线结面、以面筑体，全力建构有利于高校贯彻落实立德树人根本任务的完善育人体系。其次，充分考虑高校的特点和学生的需求，设计出既具有特色又富有实效的课程体系。例如，理工科为主的高校可以多选择一些如电影《钱学森》之类表现科学家坚持科研、爱国奉献的作品，以文科为主的高校可以多选择一些如电影《闻一多》之类表现人文知识分子在中国共产党的领导下追求民族富强的作品。同时还应该注意课程的连续性和系统性，使课程内容能够有机地结合在一起，形成一个完整的育人体系。再者，注重课程的实践性和互动性，通过实践活动，使学生能够亲身感受红色文化的力量，从而更好地理解和接受红色文化。例如，可以组织学生参观红色教育基地，参与红色主题活动，或者开展红色文艺创作，使学生在实践中感受红色文化的魅力。最后，充分利用现代科技手段，如网络、多媒体等，使课程更加生动、形象，提高学生的学习兴趣。例如，可以开发红色文艺课程的在线资源，如红色文艺作品欣赏、红色文艺创作方法等，使学生可以随时随地学习。

第二，融合线上线下资源，拓展红色文化育人渠道。首先，将红色文化资源融入高校课程体系。课程是高校教育的主渠道，将红色文化资源融入课程体系，可以使学生在学习专业知识和技能的同时，接受红色文化教育。例如，在思政课教学中，可以设置红色文化与社会主义核心价值观教育专题，通过案例分析、讨论交流等方式，使学生深入了解红色文化对社会主义核心价值观的支撑作用。此外，在专业课教学中，也可以引入红色文化元素，如文学、艺术等课程，使学生在学习专业知识的过程中，感受红色文化的魅力。其次，利用红色文化资源丰富校园文化活动。校园文化活动是高校红色文化育人的重要载体，通过举办各类红色文化主题的活动，可以增强学生的参与感和认同感。例如，可以定期举办红色文化讲座、研讨会、主题展览等活动，让学生亲身感受红色文化的力量。此外，还可以结合学校特色和地域文化，开展红色旅游、红色演出、红色志愿服务等活动，使学生在实践中接受红色文化教育。再次，利用现代传媒手段宣传红色文化。现代传媒手段具有传播速度快、覆盖面广、互动性强等特点，是宣传红色文化的重要途径。高校可以通过校园网站、微信公众号、微博、抖音等新媒体平台，发布红色文化教育的内容和资讯，吸引学生的关注。此外，还可以利用电影、电视、广播、报刊等传统媒体，制作红色文化教育节目，传播红色文化知识，营造良好的红色文化氛围。最后，构建校外红色文化育人实践基地。校外红色文化育人实践基地是高校红色文化育人的重要补充，可以让学生在实践活动中感受红色文化的力量。高校可以与爱国主义教育基地、革命历史纪念地等合作，建立红色文化育人实践基地，定期组织学生开展参观学习、调研实践、志愿服务等活动，使学生在实践中接受红色文化教育。

第三，强化红色文化育人环境营造。首先，建设校园景观是红色文化育人的重要手段。优质的校园景观有利于营造良好的文化氛围，对学生进行全方位的熏陶。高校可以通过塑造红色校园景观、建设文化长廊的方式弘扬红色文化，彰显红色初心。例如，可以在校园内设立红色文化宣传栏、红色文化专柜，或树立革命家雕像等，努力营造浓厚的红色文化教育气氛，让学生直观地感受红色文化的魅力。此外，还可以在校园景观中融入红色历史人物故事、革命历史事件等内容，让学生在欣赏美丽校园的同时，也能深入了解红色文化，增强对红色文化的认同感和自豪感。其次，教室是红色文化育人的重要载体。教室是学生学习的主要场所，教室文化的建设对于红色文化育人具有举足轻重的作用。教室文化的建设可以从以下几个方面入手：一是定期更换红色主题板报，使红色文化深入人心；二是走廊里悬挂红色主题的词、句、诗的匾额，墙面上专题化地布置简短的红色故事展板等，让学生在行走的过程中也能感受到红色文化的气息；三是教室内的红色文化氛围，如悬挂名人格言、励志警句等，让学生在潜移默化中接受红色文化的熏陶。再次，开展校园文化活动是红色文化育人的有效途径。校园文化活动是学生在校期间参与度最高、影响力最大的活动，通过举办以红色文化为主题的相关实践活动，可以提高学生对红色文化的认识和理解，培养学生的红色文化素养。例如，可以开展红色歌曲比赛、红色文化征文、红色经典朗诵等活动,激发学生的创作热情,让学生在参与活动的过程中,更加深入地了解红色文化,增强红色文化育人的实效性。最后,红色文化教育环境的营造,需要结合高校的教育特点和学生的实际需求,进行有针对性的设计。在营造红色文化教育环境的过程中,应注重环境的多样性,避免单一化,使学生在不同的环境中都能感受到红色文化的魅力。同时,应注重环境的创新性,结合现代科技手段,如数字化、网络化等,使红色文化教育环境更具吸引力,更能满足学生需求。

5.1.2 工业文化

工业文化是伴随着工业化进程而形成的、渗透到工业发展中的物质文化、制度文化和精神文化的总和,工业文化对推动工业发展由大变强具有基础性、长期性、关键性的影响。工业文化在工业化进程中衍生、积淀和升华,时刻影响着人们的思维模式、社会行为及价值取向,是工业进步最直接、最根本的思想源泉,是制造强国建设的强大精神力量,是打造国家软实力的重要内容。高校是人才培养的摇篮、科技创新的重镇、文化传承的高地,始终站在推动时代进步的最前线。工科高校作为工科人才培养的主阵地,不仅应在科技创新、核心技术攻关方面贡献力量,还应在弘扬工业精神、传承工业文化价值、提升大学生工业文化素养等方面做出努力。因此,工业文化与工科高校校园文化建设密不可分,将工业文化融入工科高校校园文化建设具有重要的现实意义和时代价值。

近代中国的工业起步于洋务运动时期。新中国成立后,在党的领导下我国逐渐摸索出了一条符合国情的中国特色社会主义工业化道路,并积淀了深厚的工业文化底蕴。随着我国人才强国战略的实施,制造业人才队伍建设有力支撑了制造业持续、快速发展。建设制造业强国的根本是人才,高校是人才培养的摇篮和科技研发的高地,工科高校作为工科人才培养的主阵地,不但为我国工业发展输送了大量人才,还培育了不少制造业高端人才,有力推动了国家工业体系的建设。首先,时代发展需要传播工业文化理念。工业文化见证了党领导国家进行现代化建设的历史进程,是现代中国工业史、技术史的重要见证,具有重要且多元的价值。工业文化集中体现了人类在工业生产中认识世界、改造世界的足迹,是工业社会正常运行的"润滑剂"。我国工业文化筚路蓝缕的百年发展历程,是中国共产党在一穷二白的基础上,带领中国人民实现由贫穷落后的农业国家成长为世界第一工业制造大国的历史性转变，在这一过程中我国的工业发展也取得了举世瞩目的伟大成就。因此，工业文化的培育是一项长期而艰巨的任务。当前，工业文化已成为推动工业发展的重要力量。工业文化将前人积累的先进知识、经验集于一体，为后继发展提供基础。但认知的获得主要以传播和教育两种手段进行。人们通过教育可以直接系统地获得已有的知识；通过传播可以扩大受益面，结合自身的时代、地域、个体特色予以扬弃，并在传承的基础上实现融合、创新和发展。工科高校通过校园文化建设传播工业文化理念，将工业文化融入校园文化建设，让学生认识、了解工业文化，不仅是培养新时代大国工匠的需要，也是"十四五"时期工业发展对人才培养提出的时代要求。其次，工科高校肩负着弘扬工业文化精神的历史使命。在中国工业化发展过程中，无数中华儿女热爱祖国、无私奉献、自力更生、艰苦奋斗，不仅具有勇于登攀的"两弹一星"精神，科学求实、勇于创新的"大庆精神"，还具有争创一流、甘于奉献的"劳模精神"。这些宝贵的精神财富是实现中华民族伟大复兴的重要力量。因此，传承和弘扬工业精神的基本要求是形成能够推动工业与社会进步、符合价值理念、顺应时代发展趋势的工业文化。作为培养高素质工业人才的工科高校，应不断推动工业文化走进校园，弘扬工业文化精神，在推进国家工业发展中发挥积极作用。精神文化建设也是高校发展的重要组成部分，重视精神文化建设是高校立德树人、提高办学能力、与时俱进的基础。习近平总书记指出"要注重文化浸润、感染、熏陶，既要重视显性教育，也要重视潜移默化的隐性教育"。最后，弘扬工业文化有利于提升工科学生人文素养。工科高校承担着为国家培养工业人才的社会责任。《推进工业文化发展实施方案（2021—2025 年）》提出"推进工业文化进校园，加强普通高等学校和职业学校的相关专业、学科建设，支持开展理论研究和教学实践，将工业文化有效融入精品课程，推动工业文化学科体系建设"。高校开设工业文化教育课程对学生具有至关重要的思想引导作用。因此，工业文化以学科建设、教学实践的方式融入工科高校校园文化建设，既是推进工业文化发展的有效方式，也是工科高校提升学生工业人文素养的重要举措，可以鼓励青年大学生发扬中国工业精神、传承中国特色工业文化，以国家发展为己任，不断夯实专业基础，培养社会责任感、创新精神和实践能力，担负起历史赋予的时代使命和责任。高校传承弘扬工业文化，主要可从以下几方面入手。

第一，发挥课程思政主渠道作用。习近平总书记在学校思想政治理论课教师座谈会上指出："思想政治理论课是落实立德树人根本任务的关键课程。"课程思政强调在非思政课教学中融入思政元素，潜移默化地引导学生践行社会主义核心价值观①。当前，工科高校应践行"大思政课"理念，将我国在工业化进程中的工业精神、工业思想融入完整准确全面贯彻新发展理念"大思政课"，引导工科高校学生完整准确全面贯彻新发展理念，传承和培育工业精神，提高工业文化素养，积极投身工业生产各部门、各领域，为新时代工业化发展作出贡献。高校应具体从以下三个方面培育学生：一是弘扬以社会主义核心价值观为引领的工业文化育人理念，以"大思政课"为契机，将思政课程与课程思政有机结合，实现协同育人并发挥工业文化的价值引领作用。二是传播以工匠精神为核心的工业文化育人内涵，遵循思政课铸魂育人的价值导向，注重"社会即课堂"的现实观照，鼓励工程师、企业家上讲堂，围绕工业道路、工业创造、工业精神等问题为工科高校学生授课。同时还可以增设"工匠讲堂"等特色课程，宣讲我国工业化进程中的典型事迹，激发学生的学习热情，弘扬工匠精神。三是传承以红色文化为主线的工业文化育人基因，在"大思政课"框架下，继承红色文化优良传统，弘扬红色文化的时代内涵，挖掘红色文化中的工业元素，加强对不同历史时期工业发展的教育。

第二，加强工业文化宣传推广。建设工业文化与践行社会主义核心价值观是一脉相承、相辅相成的，社会主义核心价值观的"爱国、敬业、诚信、友善"等内容与现代工业文化的勤劳、创新、质量、诚信等观念高度切合。高校人才培养以培育学生的文化素养为基础，在工科高校学生的教育中，应重视工业文化理念的传播，提升大学生的工业文化素养，营造浓郁的工业文化氛围，使工科大学生在今后的工作中更好地服务于国家工业的发展。一方面，要在校园建设中突出工业文化元素，营造工业文化氛围。譬如在校园文化建设中，可以吸收工业遗产的相关元素建设校园特色景点，让优秀工业文化遗产"走进"校园，结合校园地图、校园地标等，浸润工科大学生的工业文化观念。另一方面，要在校园文化宣传中加大工业文化的推广力度，注重弘扬优秀工业文化和工业精神，引导学生树立正确的工业文化观念，激发学生实业报国、工业兴国的热情。譬如可以设立

① 张孟镇，洪昀. 新时代高校课程思政研究范式及其实践路径探析［J］. 教育现代化，2019（34）：222-224.

工业精神专栏，包括劳模精神、工匠精神、科学家精神、企业家精神等，讲解我国工业化进程的名人故事，使学生了解我国近代以来工业发展历程，激发学生的拼搏精神。同时，学校可以通过校园官网、宣传栏和广播等，及时讲解国家最新的工业发展规划文件，让学生了解国家工业发展的方针政策，明确学习目标，努力丰富自己的工业文化知识。通过对工业文化多角度、多形式的宣传推广，工科高校可以营造工业文化的校园氛围，展现工科高校特色，提高学生对工业文化的学习兴趣，提升学生的工业文化素养。

第三，注重在实践中培育工业文化。实践是检验真理的唯一标准，工科高校应加强实践教学环节，让学生在实践中感悟工业文化、传承工业文化。例如，加强校企合作，与企业合作建立校外实践基地，为学生提供实际操作和项目经验，共同推动工业文化的传承和发展。同时，还可以开展各类创新创业竞赛，激发学生的创新意识和实践能力。此外，还可以通过丰富校园活动形式，突出专业特色等，定期举办工业文化相关主题的征文、艺术节、工业文化主题讲座、展览和论坛等校园活动，引导学生树立正确的职业观念和价值观，弘扬并传承工业精神，培育具有工科特色的校园文化。

5.1.3 天府文化

天府文化是以成都平原为核心发展起来的文化，千百年来，厚重的底蕴与岁月的积淀，让成都呈现出与众不同的温润气质，散发着静谧别致的生活之美，影响着成都市民的生产和生活方式。天府文化既是天府之国的文化概括，也是成都地域文化的特产，浓缩了巴蜀文化、四川文化、西蜀文化精粹。作为一座底蕴深厚、人文荟萃、时尚休闲的国家历史文化名城，成都市在第十三次党代会上把天府文化的内涵概括为"创新创造、优雅时尚、乐观包容、友善公益"十六个字。天府文化分为语言文化、内海文化、治水文化、农耕文化、移民文化、兼容文化、工匠文化、时尚文化、开放文化、商贸文化、创新文化等。作为一所地方高职院校，推动地域文化融入学校是成都工业职业技术学院的一项重要任务。将天府文化融入校园文化就是要推动学校全面落实立德树人根本任务，在社会发展、城市规划等政策引领下，统一规划、深入研究、全面推进、形成常态①。

5.1.3.1 制度性融入，政府规划、统一组织

任何一种文化的传承首先要营造一个良好的氛围，以便引起大家的兴趣，继而通过互动性的实践活动，将他们从被动的文化受众逐步转化为文化传播传承的主体。天府文化融入校园文化是一项系统工程，需要做好顶层设计，制定科学的融入方案和严谨有效的保障制度。成都市人民政府建设天府文化展览馆，给普通市民提供一个可观、可触、可感的文化空间，向外界展示一个真实、立体、清晰的成都形象，让天府文化变成一个通俗、雅趣、鲜活的经典符号。成都市教育行政部门牵头组建天府文化进校园领导小组，制订统一的行动方案，确定融入形式、内容和进度表。一直以来，成都在天府文化推广方面举措颇多，城市的每一个角落都体现着天府文化，例如地铁站点创意 LOGO、市徽太阳神鸟图案、创意产业园、东郊记忆音乐产业基地、《天府文化》期刊（含微信、微博公众号），以及国际非物质文化遗产节、诗圣文化节、金沙太阳节、成都创意设计周、成都大庙会等。这些成都文化设施、城市特色标识，让传统文化精神活下来、火起来、传下去。此外，政府还可以印发天府文化主题宣传册或口袋书，向成都范围内的学校快速传播、宣传天府文化；从天府文化中提炼可视听的元素，开发与天府文化相关的电影、主题歌曲、纪录片、文娱节目等，培养学生对天府文化的情感吸引。

5.1.3.2 全方位融入，学校推进、师生实践

第一，从学校层面研究、推进天府文化融入校园文化。学校通过认真构思与精心布置，使校园成为学习天府文化和丰富学生生活的舞台。在显性方面，从建筑风格、校园环境入手，设计学校艺术长廊，集中展示天府文化的精髓；在图书馆、教室、实训场地、食堂、宿舍等地方的醒目位置张贴天府文化名人、名言、名胜的照片，让日常居所被浓浓的天府文化形象所包围；设计具有天府地域特色的校徽、系徽、班徽，让其成为学校、系（部）、班级的文化标识；邀请天府文化民间传承艺人进校园，向学校师生近距离展示独具特色的天府文化。在内涵方面，提炼符合天府文化的校训，让口号成为师生不断前进的精神动力；开展丰富多彩的校园科技文化艺术节活动，把校园活动和社会实践作为提高学生文化素养的重要载

---

① 陈本锋. 天府文化融入成都校园文化的意义、内容与路径 [J]. 天津中德应用技术大学学报, 2020 (39): 106-111.

体；继承学校的优良传统，制定符合天府文化精神的规章制度，形成独特的制度文化、行为文化和精神文化，营造积极健康、青春活力、生动活泼的校园文化氛围。

第二，从教师层面宣讲、引导天府文化融入育人过程，构建以"天府文化"为核心的人才培养方案和课程标准。课堂教学是学校教育中传授知识、传达观点最为直接和有效的方式。从教师层面宣讲、引导天府文化融入育人过程，就是将天府文化融入课程开发、教材编写、教案设计等，将天府文化所包含的精神追求、价值理念、道德规范、行为准则等贯穿课堂教学的全过程，注重课程的工具性与精神性相统一，教学的知识性与文化性相统一。在课堂教学中融入天府文化，让学生随时随地都能受到天府文化的熏陶，为实现天府文化走进学生内心创造条件。在日常管理中融入天府文化，让学生在吃、穿、住、用、行诸方面体现天府文化，使之成为学生外化于行、内固于心的价值导引。从教师层面宣讲、引导天府文化融入育人过程，前提是教师对天府文化的内涵能够了然于胸，例如，将铸刀之蒲元、斫琴之雷威等人的工匠精神，论策之诸葛亮、筑堰之李冰等人的创新理念融入教育教学过程，只有这样才能在教学中对天府文化的释义准确到位。

第三，从学生层面践行、推广天府文化融入学生生活。从学生层面践行天府文化就是要让天府文化融入学生的学习和生活。在兴趣社团方面，学生可以成立天府文化社团，如品茶社、蜀绣社、汉服社、川剧社，组织社员学习、感受天府文化；在校园活动方面，以天府文化为主题开展朗诵赛、演讲赛、辩论赛等赛事，组织学生探讨、宣传天府文化；在校际学生交流方面，加强跨校文化交流，从学生的互动交流、不同校园文化的差异与共性讨论等层面进一步理解天府文化融入校园文化的积极意义；在行动方面，学生可以在自习时间阅读天府文化经典读本，在周末时间到成都范围内的景点或历史博物馆开展生活体验、社会实践或游学活动。

5.1.3.3 深层次融入，成立基地、深入研究

"融"之一字包含"融合、调和"之意，代表程度较深。天府文化博大精深且动态发展，学生应学而时习之、入脑入心，方能解其中真味。学校可以向成都市社科联申请设立天府文化研究室或教学研究基地，深入挖掘地域文化的内涵特质、人文精神、道德规范，撰写系列教材与研究著作、普及读物；组织专家团队研发文化实践课程，推进地域文化研学旅

行；策划地域文化系列讲座活动，组织专家学者走进校园讲述地域文化精髓。深层次融入就是要让学生参与天府文化的宣传和推广，自觉自愿成为天府文化的代言人。

教育是长期的过程，天府文化融入校园文化也不可能一蹴而就，其非一校一生之事，也非一朝一夕之功。天府文化融入校园文化要建立长效融入机制，分步骤、分阶段、全方位、常态化推进。"常态化"是指把这件工作作为教育行政部门和学校的日常工作来抓，融入日常、形成常态；"持续性"就是要把天府文化融入校园文化的项目制工作转化为经年累月的长远规划，持之以恒、百年树人。

5.1.4 校史文化

高职院校虽然建校时间较短，但其校史却记录着自身的历史文化和历史传统，凝结着办学精神，尤其是高职院校的人才培养目标、培养模式及办学中渗透的职业教育思潮，彰显出高职院校个性的育人文化。校史文化中蕴含的精神内涵，人文典故中的人格魅力，对培养学生良好人生观、价值观和事业观具有积极作用①。

第一，以"血脉"为纽带的办学历史具有情感优势。高职院校无论来源于成人高校还是来源于中职院校，都不同程度地涉及校名更迭，校址变迁，多校区办学，隶属关系调整，校长等重要人事任免，分院、专业的调整、设立及发展等涉及学院发展脉络的内容，形成了以服务社会为办学宗旨、与时代发展相契合的办学传统，记录了不同时期的"血脉"联系。校史记载的常态化的大型活动以及发挥凝聚力的组织文化，如开学和毕业典礼、五四青年节、教师节表彰、校庆日、校园开放日、校园双选会等主题活动能最大限度地促进学生融入校园氛围，认同校园文化，找到归属感。

第二，以办学精神为核心的文化体系具有规范约束价值。办学精神是学校办学实践的灵魂，成为师生推进学校发展的精神化身。目前，高职院校的核心办学精神已发展成为一个较为成熟的文化体系，主要包括突出价值追求的办学理念，彰显文化基因的校训，展示特色文化名片的校徽、校歌、校旗，引领办学形成的校风、教风、学风等具体内容。它能让日常的监督逐步转化为学生的自我约束，并内化为学习动力，养成良好习惯，规范自我行为。

① 李秀华. 校史文化特点及育人路径探析：以北京农业职业学院为例 [J]. 北京农业职业学院学报，2017（5）：84-87.

第三，以史为镜的办学成就及典型经验具有职业指导价值。高职院校每上一个台阶都书写着师生奋斗的成就和经验，包括成人高校变高职或中专升格为高职这一办学层次的变化；市级、国家级专业、实验室及基地等重点项目的建设；校企合作、工学结合等人才培养模式的突破、重大改革的标志性事件；重大科研及教学成果的出现；人才培养方面取得的标志性成果；历届学生在校期间的重大活动及重要成就等。学校围绕市场需求办学的成就和经验，体现了高职院校特有的技术技能人才导向，营造着不同时期的专业文化氛围，有利于学生树立职业理想，培养职业素养。

第四，与校史相关联的重要人物典故及轶事具有德育导向价值。校史文化中最感染人的当属与学院发展相关的人和事，包括历届领导班子的开拓转型思路，校长、系主任的改革举措；创建者的艰苦奋斗的贡献及校园典故；模范教师的育人思想、治学方略、人格魅力；优秀校友的榜样事迹；上级领导来校的评价及指示；社会名人的来访及题字；与校园人物相关的标志性建筑、道路及广场等。通过校史中的人物和故事开展育人，使校史校情教育更生动、鲜活、富有生命力，更易与思想政治教育相融合，以突出的价值导向塑造学生的心灵，培养学生的精神。

推进校史文化育人，可以从固化校史文化成果、物化和活化校史文化等方面深入开展相关工作。

第一，固化校史文化成果。一是建立校史文化研究的工作机制，成立校史研究机构，以保护和完善校史档案资料为基础，以老校友或老同志的口述史、自撰或回忆录为补充，推进校史文化的系统研究。同时，归纳提炼学校核心精神，梳理校园文化体系，丰富人文典故。二是加强对校史教育的规划设计，将校史文化教育纳入入学教育和考核体系，尝试在形势与政策课中设立校史或学科专业史方面的文化模块，或在时机成熟时通过开设选修课或必修课的形式，推进校史文化走进课堂。有针对性地筛选校史素材，按照不同阶段目标，编印校史教材、校史知识手册，为校史教育提供载体。三是结合开学典礼、创业就业教育或大型活动，穿插不同的校史文化专题、校史文化讲座、校友事迹报告会，让学生了解历史，感知核心精神，领略前辈先贤的优秀品质，树立职业理想。

第二，物化校史文化。一是结合新生代高职学生对网络依赖的特点，建立线上和线下同步的高品位校史馆，融合现代技术，通过鲜活的文字、图片及音视频资料展示校史文化。二是在校园环境规划与景观设计中，融入历史元素设立或复建与核心历史文化相关的校园景观，将校史纪念碑、校风校训壁画、知名校友文化墙、校史走廊、主题雕塑、校训树、校友林等系统融入校园环境建设。三是开展丰富的新媒体校史文化知识宣传，尝试通过微信定期对新生推送学校简史或在景观和建筑上标注二维码的形式，吸引学生用微信扫一扫来了解该景观或建筑的建设年代、功能等内容。四是加强校史文化在校报、电子屏、展板、灯箱等多种载体上的展示，在形象识别系统、宣传品、获奖证书等载体上多体现校训、办学理念、办学宗旨。

第三，活化校史文化。一是结合高职学生特点，搭建丰富的活动载体，开展体验类校园文化活动，如传承办学精神的征文，践行办学理念的演讲，重温校史的经典话剧、寻根图片展、校歌比赛等，增强校史吸引力。二是吸纳学生担任校史馆志愿讲解员，以学生的视角感悟精神内涵，讲述校史，树立学生自尊心与自信心。三是调动学生参与校史整理、校史微信编辑、校史文化作品创作、校史文化展览等工作，让学生成为校史文化的宣传者。

5.1.5 专业文化

专业文化建设是专业领域核心人员围绕专业发展的要求和人才培养目标，在长期的教育实践中自主形成的、并被全体成员普遍认同、进而服务于师生全面发展的共同价值观念和行为准则，能够促进专业建设步伐，提升教师师德，促使学生热爱其所学专业，并对自己的职业生涯规划有一定的科学认识，高职专业文化具有职业性、多样性、发展性和实践性。

第一，高职专业文化的职业性。高职教育的特性决定了其专业文化在职业精神、职业规范、职业观念、职业操守等方面与职业文化的相通性，职业人在长期实践过程中形成的优秀文化基因是高职专业文化构建与发展的根本基础。高职教育以就业为导向的发展定位，决定了高职专业文化无论在内容、形式还是实施等环节都需要与社会职业标准保持高度一致，并实现人才培养过程与社会职业岗位的文化融合。

第二，高职专业文化的多样性。高职院校每个专业都有自己对应的职业岗位群，不同职业岗位群具有独特的职业规范和职业标准，不同的职业标准和规范在具体的实践过程形成了多样化的专业文化。

第三，高职专业文化的发展性。随着社会发展和经济转型，职业岗位标准及对入职人才的要求也在不断变化，建立于专业基础上的专业文化则不断吸收职业文化的优秀因子，使培养的人才能在文化层面满足经济社会发展和具体职业岗位的要求。

第四，高职专业文化的实践性。在学生职业技能形成和具体的职业实践过程中，在教师、师傅的言传身教影响下，在职场化的教学与学习氛围熏陶下，通过各具特色的职业实践活动，专业文化潜移默化地渗入学生人生观与价值观，帮助学生顺利进入社会，成为合格的职业人。

在具体的实践过程中，专业文化建设遵循由具体到抽象、由物质到精神的逻辑演化规律，按照"器物""制度""精神""文化"四个层次逐层递进，建设"器物"平台激发学习兴趣，构建"制度"体系规范职业技能，提炼专业"精神"约束职业道德，升华"文化"内涵引领专业发展。首先，在"器物"层面上，按企业工作环境布置学习场所，用器件、模型、标识等与职业、专业相关的物品营造物质文化氛围，按企事业单位基本工作单元对班级进行改造，以班组形式构建上下级"领导关系"和"同事关系"，在环境与形式两个方面营造专业文化建设氛围，为专业文化建设奠定实施平台。其次，在"制度"层面，专业文化建设应强调工学与校企结合特征，以制度建设推动人才培养方案、师资队伍建设、教学组织、教学标准等内容与职业岗位能力素质标准相协调，以职业工作内容充实教学内容，以职场形式改革教学组织形式，以职业标准优化教学评价标准，提高学生从事专业技术的能力。再次，在"精神"层面，归纳总结职业实践过程中最能体现职业素养要求的精神内涵，将其融入人才培养规格要求，融入专业技术课堂教学及企业实践过程，协助学生习得相关知识，引导学生领会并自主积淀专业精神。最后，在"文化"层面，通过专业教学、职业实践以及形式多样的文化教育活动，以专业文化建设引领专业建设，协助学生构建以专业文化为核心的个体文化体系，引导学生形成正确的价值观、职业观、学习观与文化观①。

---

① 赵明亮，贾生超. 技术理性的反拨：论高职教育专业文化建构［J］. 芜湖职业技术学院学报，2014，16（4）：19-21.

5.2 "五化"融推"蜀艺成工"校园文化建设工作思路

成都工业职业技术学院展开"五化"融推"蜀艺成工"校园文化建设的工作思路具体如下。

5.2.1 系统谋划,完善"五化"融推"蜀艺成工"文化育人组织体系

成都工业职业技术学院系统谋划构建立体化"五化"融推"蜀艺成工"文化育人组织体系,自上而下打通文化育人渠道。一是做好顶层设计。成都工业职业技术学院成立文化建设指导委员会,全面负责校园文化建设的总体规划及实施,指导、协调、部署学校文化建设工作,对重大文化建设项目展开论证,提出决策,指导和协调有关部门组织开展全校性文化活动。二是加强多方联动。成都工业职业技术学院持续推动全校各部门根据工作内容和业务属性,深挖各自分工范畴内的校园文化建设管理工作,如宣传统战部统筹校园文化整体建设,负责工业文化建设;马克思主义学院负责学校红色文化建设;通识教育学院负责天府文化及中华优秀传统文化建设;各二级学院负责专业文化建设;图文信息中心负责校史文化建设等,其余部门根据工作职责加强制度文化、法治文化、廉洁文化、党建文化、师德文化、校友文化、科技文化、膳食文化建设等。加强校地联动,与天府新区、正兴街道等联动,推进天府文化建设,培养成都市民特质;加强校企联动,深入推进"一园一院",工匠精神培育、企业文化浸润;加强家校联动,深入开展家教家风家训等教育。三是充实多元育人队伍。成都工业职业技术学院依托校企合作成功经验,坚持跨界融合理念,持续深化政行企校家社六方协同育人,打造多元主体协同的育人队伍,实现党政工团学协作、社会师资配合的育人局面。四是构建交流机制。成都工业职业技术学院制度化推进文化育人工作联席例会,定期汇报交流"五化"融推"蜀艺成工"文化育人建设取得的各项成绩,分析存在的问题和不足,明确下一步努力方向。

5.2.2 研究引领,丰富"五化"融推"蜀艺成工"文化育人内容体系

成都工业职业技术学院全面贯彻落实党的二十大报告提出的"推进文

化自信自强，铸就社会主义文化新辉煌"的使命任务，遵循学校"五化"融推"蜀艺成工"文化育人总体思路，依托思政教育研究中心、工业文化研究中心、匠心微影工作室等开展"三研一创作"工作，提炼具有"蜀艺成工"特色的"五化"文化育人内容体系。一是研编教材。成都工业职业技术学院挖掘四川红色文化资源，紧密结合我国百年工业发展成就、四川大三线建设，成都建设践行新发展理念的公园城市示范区、学校过去10年从中职迈入本科办学的跨越式发展等内容，研究编写校本《红色文化》《中华优秀传统文化》《工匠精神》《川派建筑文化》等能体现红色文化、天府文化、工业文化、专业文化、校史文化的教材，依托思政课程、课程思政以及选修课发挥教材育人功效。二是研究课题。成都工业职业技术学院充分发挥思政教育研究中心、工业文化研究中心平台效应，组建高水平文化研究团队，聘请工业和信息化部工业文化发展研究中心、四川大学、同济大学等校外专家，共同推进学校已立项省市哲学社会科学课题"成都工匠精神的历史变迁、时代表达与培育路径研究"等研究工作，助力学校申报教育部及国家人文社科等更高级别课题。三是研发产品。成都工业职业技术学院研发具有学校文化特色的纪念产品，将学校文化以符号、数字、图形、色彩、图案、工艺等形式进行形象化具体化，发挥产品对外宣传作用，塑造学校文化品牌特色。四是创作网络文化作品。成都工业职业技术学院推出更多如同《工职青年》《工职匠魂》《成工的天空》《美丽中国》等具有传播力、影响力、感召力、引领力、创新力的优质媒体作品。将增强中华文明传播力影响力纳入文化育人的内容范畴，坚守中华文化立场，提炼展示中华文明、校园文化的精神标识和文化精髓，讲好中国故事、工职故事，传播好中国声音、工职声音，展现可信、可爱、可敬的中国形象、中国青年形象和"成工人"形象。

5.2.3 分区规划，拓展"五化"融推"蜀艺成工"文化育人场景建设

成都工业职业技术学院分区规划，拓展"五化"融推"蜀艺成工"文化育人场景建设。

（1）打造"三带一圈"校园文化景观。

一是打造"专注勤勉"工业文化主题景观带。立足学校"工业"主属性，从校西大门为起端，以工业文化为主线，在核心地段的成工大道和匠心大道，以锻造匠心为目标，打造"专注勤勉"工业文化主题景观带。沿

成工大道两侧银杏树林内，打造包括太阳神鸟金箔、蒲元神刀、李冰石犀、东汉石人、开明簟席漆床、孔明木牛流马、雷公琴等体现工匠精神的"古蜀工艺景观园"。在德园沿匠心大道一侧边坡建设以弘扬劳模精神、劳动精神、工匠精神为主题的"成都工业景观墙"，艺术展现四川及成都在党的领导下所取得的工业发展成就、涌现出的天府工匠名人名事，与学校展现世界工业文化、中国工业文化历史发展的工业博览馆连成一体。

二是打造"笃信向美"红色文化主题景观带和"创新创造"专业文化主题景观带，体现"以德润身、技臻至善"校训精神和"德技并修"职教特点。以德为先，从学校西大门左侧，沿梁家巷路、靠北辰楼和润德7号教学楼侧、至匠心大道端，重点以四川和成都名人名事名诗名句为题材，以培根铸魂为目标，建设体现以爱国主义为核心的民族精神和以改革创新为核心的时代精神相统一的"红色文化景观带"。从西校门沿北站西二巷路、靠近教学楼侧和从匠心大道图书馆起、靠近各专业实训中心侧，以精技立业为目标，以专业群分段建设体现专业工具造型、旧有设备、重要合作企业标识等专业标志性符号的"专业文化景观带"。

三是打造"只争朝夕"学生行为文化培育景观圈。环操场、学生宿舍、学生食堂、美食广场周边及内部两条道路，打造"四"字形新时代文明主题景观圈。沿匠心大道靠近操场侧，设置人才培养目标"德、智、体、美、劳"五字景观带。沿操场、学生宿舍、学生食堂、美食广场周边，建设兼具教育、践行和休闲功能的体现新时代文明要求的安全文化、廉洁文化、绿色低碳文化、劳动实践教育文化、寝室文化、体育竞技文化等主题景观，激励学生争做新时代成都工匠，让成工人成为"成功人"。

（2）建设"五区共育"文化浸润区。

成都工业职业技术学院坚持理论教育与实践养成相结合，不断健全完善各类文化实践教学基地，组织学生通过社会调查、志愿服务、生产劳动、公益活动等方式参加文化实践活动，增强学生文化自觉和文化自信，涵养学生家国情怀。

一是建设红色文化浸润区。在润德7号楼一楼，以原有的红色文化长廊、廉洁文化教育基地、天府禁毒基地为基础，结合大三线建设、"两弹一星"功勋人物等建设"红色工业文化馆"；建设习近平新时代中国特色社会主义思想"匠声传习"研习所。二是建设工业文化浸润区。在图文信息大楼，进一步丰富"蜀艺成工"文化元素，数字化建设学校"工业博览馆"。三是建设校史文化浸润区。在图文信息大楼，建设体现学校各个时期办学历史、情景再现学习时光、呈现学校发展愿景的校史馆，编纂学校《六瓣花开（暂名）》校史读本。在校史馆附近、润德3~5号教学楼间，靠近德园山体处，建设校友长廊、展示优秀校友中的"蜀艺成工"人；建设劳动文化长廊，重点展示学校历届校友中的蜀中劳模。四是建设专业文化浸润区。各二级学院在各自所在教学楼走廊，挖掘专业中的红色文化、工业文化、天府文化、校史文化、专业文化以及合作企业文化元素，提炼各自专业精神，建设体现专业办学历史、办学特色、主要合作企业的专业文化长廊。五是建设天府文化浸润区。在润德3号楼一楼，加强陈巧茹川剧大师工作室、梁时民美术大师工作室等大师工作室建设，组建师生戏剧团、绘画班等体验式天府文化艺术社团，重点挖掘四川和成都戏曲和美术史的"蜀艺成工"文化元素，编排相关文艺节目，开展系列特色天府文化普及传承。以学院传统文化沉浸式体验区为中心，建设体现以"蜀艺成工"精神为主题的"川茶""蜀锦"等"川"字号、"蜀"字号天府文化景观点。

5.2.4　全媒联合，构建"五化"融推"蜀艺成工"文化育人传播体系

成都工业职业技术学院始终坚持党管宣传、党管意识形态、党管媒体，加快推进媒体深度融合，加强全媒体传播体系建设，塑造主流舆论新格局，不断提高新闻舆论传播力、引导力、影响力、公信力。一是打造"优势互补三方联动"学校网络文化宣传阵地。以高校思想政治工作网、中国大学生在线、易班网等网站为引领，精心打造学校和二级部门门户网站，形成融思想性、教育性、服务性、互动性的学校和二级单位网站相得益彰的校园网站集群。及时跟进社会网络媒体受众变化，全面建设学校融媒体中心，加强学校微信公众号、微博、抖音、易班等新型网络平台建设，巩固学校官方微信公众号"全国高职高专微信公众号百强"、争创"全国高职高专微信公众号50强"。以学校新媒体联盟为主体，加强二级部门微信公众号、微博、抖音、易班等网络平台建设，遴选培育学校师生优秀自媒体建设，形成学校、学院、师生三级媒体联动传播机制。二是推送内容丰富、形式多样的网络文化传播内容。发挥网络信息传播途径多样性、速度即时性、操作交互性等特点，加强中国特色社会主义理论体系的网络传播，推进道德实践楷模等先进人物典型事迹的网络宣传，大力弘扬

中华优秀传统文化。以"成公子"网络文化工作室为主体，加强推送不同主题的中华优秀传统文化、红色文化、工业文化、工职文化的作品。三是建设"专兼结合、层次清晰"的网络文化育人队伍。制订"网络教育名师培育支持计划"和"校园好网民培养选树计划"实施方案，建设一支政治素养高、业务能力强、专业化、梯队化的网络文化工作队伍。依托学校学科和人才优势，积极推动辅导员、专家学者、思政课教师、青年学生等上网发声，传播主流价值，引导网络舆论，维护网络秩序，共建网络文明，推动形成良好网络文化生态。

5.3 "五化"融推"蜀艺成工"文化育人行动路径

成都工业职业技术学院坚持推进文化自信自强，以"完善内容、健全机制、搭建平台、创新模式、拓展阵地"为抓手，协同推动"五化融合"文化育人模式出实效。

5.3.1 融合"红色文化、天府文化、工业文化、专业文化、校史文化"，形成"五化融合"文化育人内容

成都工业职业技术学院以学生德智体美劳全面发展为目标，遵循"以文化人、以文育人"思想取向，坚持红色文化引领，深挖地方文化资源，立足学校"工业"特色，突出区域、职教、校本特征，将红色基因、天府特质、工匠精神、专业内涵、校史底蕴"五元"融合，构建了以红色文化培根铸魂、天府文化优品雅行、工业文化锻造匠心、专业文化精技立业、校史文化润心修身的具有中国特色、巴蜀特点、学校特征的"五化融合"文化育人体系，实现文化育人内容由"碎片分布"转向"一纲多目"，赋能职业教育高质量发展。

一是以弘扬革命文化为关键，赓续红色基因，开展系列教育活动。以"爱党爱国、守责守纪"作为革命文化育人的理念，用先烈的英雄事迹打造红色文化，积极挖掘"江姐精神"等革命文化资源，开展读"红书"、唱"红歌"、讲"红色故事"、诵"红色经典"、清明祭奠革命烈士等活动，引导学生将红色文化精髓内化为自身的思想情感、道德修养；利用学校图书馆、党史学习书屋等功能场室，开展革命史书画展览，让学生见证

无数革命者进行的长期革命探索和斗争，并为之流血牺牲的不屈不挠精神。通过多角度、立体式革命文化的宣传教育和体验教育，让学生学习老一辈革命家们的不怕苦不怕累不怕牺牲、勇于创新和顽强拼搏的精神，引导学生树立正确的世界观、人生观和价值观，增强学生对国家发展、民族振兴的历史使命感和责任感，充分发挥革命文化育人功能。

二是以传承天府文化为重点，坚定文化自信，构建多维文化育人载体。深入挖掘天府文化内涵，以"兼收并蓄、开拓进取"作为天府文化育人理念，结合川菜、川剧、蜀绣等传统文化特色，培养学生继承弘扬"创新、创造、优雅、时尚、乐观、包容、友善、公益"的品质。建设"××美术大师工作室""××川剧大师工作室"，依托工作室，上好"1"门传统文化必修课，开好"2"门（国画、川剧）选修课，依托省、市科普平台带好科普社、美术社、川剧社"3"支队伍，搞好"讲、演、赛、展""4"类活动，包括"赓续传统文化自信"系列主题讲座、川剧《白蛇传》动画展演、大师进校园国画笔会、国学经典诵读展演、川剧元素定向越野比赛、美育嘉年华等多元文化交织共融的活动实践，以及"熊猫工坊"向共建"一带一路"国家青年传播天府文化，充分发挥地方文化育人功能。

三是以融入工业文化为要求，凸显匠人匠心，全力助推学生精神成人。以"敬业专注、精益求精"作为工业文化育人理念，积极引入企业文化，充实工匠大师和技术能手充实教师队伍，开展工匠精神宣传活动，举办年度"工匠文化节"，培养学生辛勤工作、专心致志、精益求精、创造创新的工匠精神。投资800余万元建成1 500平方米工业博览馆，获批"四川省工业文化普及基地、成都市爱国主义教育基地"，每年系统开展工业文化进活动、进大赛、进校园、进扶贫、进培训等活动，工业博览馆年均接待10 000人次参观研学，涵盖中小学生、社区居民、企事业单位等多个群体，充分发挥工业文化育人作用。

四是以打造专业文化为特色，聚焦产教融合，协同做足专业文化特色。聚焦产教融合，每个二级学院对应将四川和成都优秀传统产业行业文化作为专业文化建设的主线，融合重点合作企业文化，打造既具有地方产业文化特色，又具有专业自身特，还具有企业文化元素的专业文化。学校轨道交通学院以传承"五丁开山"的蜀道文化为主线，推进轨道交通特色专业文化建设；智能制造与汽车学院充分挖掘三星堆文化中的工匠元素，结合"大三线"文化内涵，推进智能制造特色专业文化建设；建筑工程学院传承川派建筑文化，推进建筑工程特色专业文化建设；财经商贸学院传承成都"交子"文化，推进财经商贸特色专业文化建设。

五是以凝练校史文化为抓手，深挖办学特色，增强知校爱校荣校情怀。搜集整理学校"六校合一"办学历史，挖掘六校办学特色，编撰学校校史册、开展"口述校史"活动、建设校史"升华"碑、改造校史路牌、筹建校史馆，将校史文化元素呈现在校园建筑、校园环境、实训基地和展览馆中，提升师生接受校园文化熏陶的覆盖率，充分发挥"专注勤勉、只争朝夕"的校史文化育人功能。

5.3.2 融通"课内课外、校内校外、国内国外"，健全"协同参与"文化育人机制

成都工业职业技术学院积极搭建文化育人跨界合作平台，建立健全"纵向贯通、横向协同"的文化育人机制。纵向建立多级文化建设组织机构，横向依托合作平台，建立健全政府搭台、行业指导、企业参与、学校主导的文化育人合作机制，将文化向企业、乡村、国外院校等进行传播推广，同时吸引行业企业、兄弟院校等参与到学校文化育人建设中，推进文化资源整合和育人力量融合，形成大师聘任和引进机制、大师领衔文化育人机制、文化基地共建共管共享机制、文化育人内外融通机制等，在助力区域经济与产业转型升级、服务乡村振兴、推动国际交流合作上提供文化支撑，打造跨界合作、多元协同的"文化育人共同体"，推进文化育人课内课外、校内校外、国内国外三融通，实现文化育人机制由"一元主导"转向"多方协同"。

一是文化育人课内课外相融通。加强思政课程和课程思政改革引领作用，将文化育人元素融入思政课程内容和课程思政标准中，开设32学时工匠精神、中华优秀传统文化特色必修课，拓展国画、川剧选修课等，充分利用课堂阵地，开展文化育人活动。同时，依托社团活动、文体活动、社会实践、技能大赛、作品制作、经典诵读等，充分利用课外时间，传承和传播中华优秀传统文化、革命文化、社会主义先进文化、天府文化、工业文化、专业文化等，充分发挥第一课堂、第二课堂和第三课堂的文化育人功能，实现文化育人课内课外相融通。

二是文化育人校内校外相融通。以科普基地、职业教育集团、中高职联盟等合作育人和协同创新平台为依托，丰富校园文化育人资源，形成文

化传承和创新的合力。开展校园文化进社区、进学校、进企业、进培训、进乡村振兴等活动，将校园文化传播从在校大学生延伸到中小学生、社区居民、毕业生等群体，从校园延伸到社会，服务在校学生、街道社区、中小学等人员，提高学校特色文化育人的影响力，实现文化育人校内校外相融通。

三是文化育人国内国外相融通。主动融入共建"一带一路"倡议，聚力提高学校文化软实力的影响力与传播力，将文化国际化传播落实到文化理念和文化资源的输出上。在泰国和老挝开设 3 个海外分院、建立 2 个"熊猫工坊"、开设新能源汽车技术和铁道车辆技术 2 个专业，校内招收泰国留学生国际班，系统开展"中文+职业技能"国际培训、文化交流拓展活动，营造开放、多元、和谐、包容的国际化文化氛围，实现文化育人国内国外相融通。

5.3.3 融汇"研究引领、科普传承、浸润体验"，打造"研学悟践"文化育人载体

成都工业职业技术学院以打造"研究引领、科普传承、浸润体验"文化育人载体为目标，遵循"五化融合"思路，搭建了"研学悟践"全方位文化育人载体平台，如图 5-1 所示。

一是打造"两协会两中心"文化研究平台。与工业和信息化部共建工业文化研究中心，加入四川省工业文化协会、成都市工业文化促进会，获建四川省工业文化研究中心，通过研编教材、研究课题和横向交流，科学引领学校文化育人。

二是拓展"两基地两工作室三馆三长廊多社团"文化传承平台。两基地是指充分发挥四川省工业文化普及基地、廉洁文化教育基地作用，广泛开展文化科普传承活动。两个工作室是指成立"××美术大师工作室""××川剧大师工作室"，打造高品质传统文化育人平台。三馆是指突出工业文化传承，建设图书馆工业分馆、工业博览馆；突出学校精神传承，建设校史馆。三长廊是指突出伟大建党精神传播，建设红色文化长廊；突出工匠精神传承，建设劳模文化长廊；突出学生行为养成教育，建设宿舍文化长廊。多社团是指高质量建设传统文化工作室、红色经典诵读工作室、青年学生思想政治学研社、科普社、美术社、川剧社、墨韵社、汉服社等学生社团，搞好"讲、演、赛、展"四类活动。

三是打造"两区一带一中心"文化体验平台。建设工业文明职业体验区，开展 3D 打印、轨道交通司机、汽车彩绘等现代工业文明线下体验；建设"工智时代"创客区，突出天府文化"创新创造"元素，开展天府文化线下体验。打造校园文化景观带，持续打造"升华碑""墨子像""学思塔""校史路牌""天府文化墙"等能体现五种文化的校园主题文化景观带，实现学生校园全景体验。建设智慧思政虚拟仿真践悟中心，开展红色文化线上体验。

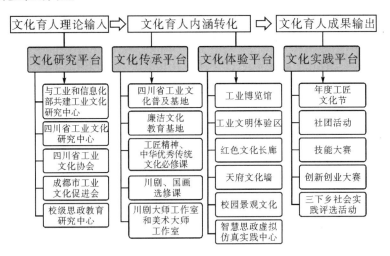

图 5-1　全方位文化育人载体平台

5.3.4　融贯"德、智、体、美、劳"人才培养全过程，创新"五育共生"文化育人模式

成都工业职业技术学院创新德智体美劳"五育"共生文化育人模式，培养"五育"全面发展的社会主义建设者和接班人。通过品牌带动、项目驱动、比赛推动、师生互动、校企联动"五动"赋能，将文化育人浸入"五育"全过程，实现文化育人模式由"各行其是"转向"全面发力"。

一是将"五化"育人融入德育全过程。制定学院"大思政"工作格局方案和全校思想政治工作任务分工表，把推动文化育人作为思想政治教育体系的重要内容加以落实，将文化素养浸入校园文化品牌建设、特色文化活动品牌建设、文化传承基地建设等，以独特的"五化"融合校园文化引导师生，以良好的文化氛围影响师生，增强德育工作的针对性和实效性。

二是将文化育人融入智育全过程。根据"五化"内容侧重点修订人才培养方案，细化知识、能力、素质（价值）三个维度的人才培养目标和毕业要求，将文化建设融入学校重大教育教学改革项目、提质培优项目、学生技能大赛项目等，丰富学生专业知识，提升学生文化涵养。

三是将文化育人融入体育全过程。开设定向越野特色校本体育课程，将体育运动会与工匠文化节开幕式相结合，引导学生通过体验—探索—感悟—提高—巩固领悟课程、活动背后的体育精神和工匠精神，助力培养学生合作、拼搏、意志的体育精神，发挥体育强体、育人双重属性和双向功能。

四是将文化育人融入美育全过程。组建"传统文化大师+高层次人才+青年教师"的教学、科研、普及团队，持续开展培养青年画家和川剧"小演员"、举办画展、川剧变脸等特色美育活动，将五种文化元素融入传统文化月活动、文创作品制作、文化服饰制作、工匠文化节等文体活动，以文化育人丰富拓展美育途径，提升工科学生审美能力水平。

五是将文化育人融入劳育全过程。通过开设劳动精神必修课，打造劳模文化长廊，开展劳模进校园等活动全面落实劳动教育工作，将理念文化、环境文化、行为文化和制度文化渗入劳动教育，在文化熏陶下增强师生对劳动的使命感、责任感和荣誉感。将文化技艺融入助力乡村振兴、创新创业、专业作品设计制作等，形成了"尚劳、爱劳、知劳"的劳动教育文化新生态。

5.3.5 融入"云上行动计划"，突出"三引领"网络文化育人宣传功效

针对文化的抽象、无形、内隐等特点，成都工业职业技术学院深入开展网络文化"云上行动计划"，突出思想价值引领、朋辈示范引领、实践行动引领，打造"有态度""有厚度""有温度"的网络文化产品，充分释放新媒体宣传矩阵作用，凸显网络文化育人功效。

一是突出思想价值引领，强化师生理想信念教育。"云上行动计划"全面弘扬社会主义核心价值观，发挥网络信息传播多样性、即时性、交互性等特点，加强中国特色社会主义理论体系的网络传播，推进道德实践楷模等先进人物典型事迹的网络宣传力度，大力弘扬中华优秀传统文化和革命文化，突出政治引领的"根"、思想引领的"魂"和价值引领的"心"，

做到根深叶茂、凝魂聚力和得心育人，使网络文化产品有态度。

二是突出朋辈示范引领，打造多元网络文化产品。依托"成公子"网络文化工作室，加强推送不同主题的优秀传统文化、红色文化、天府文化、法治文化、工职文化作品等；以"匠心微影"工作室为引领，策划打造校园形象宣传片《工职匠魂》，校园 MV《工职儿女》《美丽中国》，校园故事片《始于诚》，思政微电影《祖国由我来守护》《当青年遇到乡村振兴》，大学生思政课《道路觉醒》，系列专题片《工职就业典型》《工职岗位典型》等网络微电影、微视频等丰富多彩、具有正能量、广受师生好评的作品，使网络文化产品有厚度。

三是突出实践行动引领，拓展网络育人实践形式。通过举办网络文化节，开展网络文化作品大赛、网络产品设计竞赛，打造网络道德实践、优秀传统文化学习传承、社会主义核心价值观践行活动 3 个精品网络教育项目，组织网络典型选树活动、网络微创作活动、网络道德讲堂、网络微访谈 4 个网络实践活动，将技能报国的行业精神、与国同行的家国情怀融入网络育人实践，讲好学校与党同心、与国同行的兴学振邦故事，薪火相传、立德铸魂的尊师育才故事以及自强不息、勇攀高峰的攻坚创新故事，使网络文化产品有温度。

5.4 "五化"融推"蜀艺成工"文化育人特色

5.4.1 形成了三阶递进"五化融合"文化育人体系特色

成都工业职业技术学院以社会主义核心价值观为引领，遵循人才成长规律和学生认知规律，形成三阶递进的"五化融合"文化育人体系，让学生进一步做到学思用贯通，知信行统一。三阶递进"五化融合"文化育人模式，如图 5-2 所示。

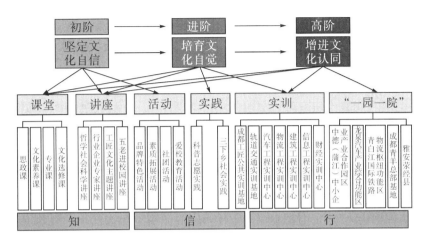

图 5-2　三阶递进"五化融合"文化育人模式

以课堂为主渠道、讲座为补充，"知"文化之意，坚定文化自信，完成初阶积累。以活动为拓展、实践为延伸，"信"文化之美，培育文化自觉，实现进阶转化。以实训为载体，"一园一院"为平台，"行"文化之精神，增进文化认同，达成高阶成长（"一园一院"是指学校一个二级学院对接一个成都产业功能园区）。通过三阶递进式的"五化融合"文化育人模式，突破了四个文化育人的困境：将立德树人主线做"特"，突破了学生个人层面存在的认同困境；将文化育人体系做"深"，突破了学校层面存在的推进困境；将育人实践效果做"强"，突破了行业层面存在的践行困境；将文化育人平台做"广"，突破了社会层面存在的局限性困境。

5.4.2　构建了"三心共育"实践模式

成都工业职业技术学院在文化育人实践中培育学生爱党报国、时代文明与奋斗自强的"红心""爱心""匠心"，在实践探索中形成了"三心共育"的实践模式。

一是在实践中培育爱党报国的"一颗红心"。加强培育和践行社会主义核心价值观，围绕重大节日、纪念日广泛开展中国梦、社会主义核心价值观教育活动，举办"青春告白祖国"主题党日、团日、班会、"校园路演"等社团活动。突出学生主体作用，建设学校"青年学生思想政治学研社"，持续高质量建设传统文化工作室、红色经典诵读工作室、墨韵社、汉服社等学生社团，推进社会主义先进文化、中华优秀传统文化、革命文化教育，组织实施"中华经典诵读工程""中国传统文化振兴工程"，开展"礼敬中华优秀传统文化""戏曲、高雅文化、非物质文化艺术、民间艺术进校园""红色经典诵读"等文化建设活动，不断坚定学生"四个自信"，激发学生爱党报国的"红心"。

二是在实践中培育时代文明的"一颗爱心"。广泛开展新时代文明实践志愿服务活动，持续打造大学生"三下乡"志愿活动品牌；加强与天府新区合作，以兴隆湖为主要区域，开展以"践悟新思想"为主题的社会实践、志愿服务活动，助推成都文明城市创建。定期举办"思政之星、师德之星、教学之星"三星评选活动，创建"黄大年式"教师团队，建立以"十佳师德标兵""十佳教师""十佳管理服务明星"为代表的教职工荣誉体系。组织开展先进人物事迹报告会、研讨会、报告、高水平演出等，形成具有学校特色的"爱心"文化教育品牌。

三是在实践中培育艰苦奋斗的"一颗匠心"。每年举办工匠文化节，打造"第一课堂+第二课堂"特色课堂育人，突出思政课程和课程思政。打造"研究+教育+实践"育人平台，建设思政教育研究中心、智慧思政虚拟仿真践悟中心、四川省工业文化研究中心，依托四川省工业文化普及基地、成都市爱国主义教育基地、学校廉洁文化教育基地，持续打造"工业文化+一院一品"专业文化项目、"工业文化+劳动教育"劳动文化项目，全方位开展学生"匠心"教育。

5.4.3 丰富"工匠精神"时代内涵

作为一所以工科为主的高等职业技术学院，成都工业职业技术学院打造"五化融合"文化育人体系的目的是培养彰显职教特色、时代特色与区域特色的"大国工匠"，既有精湛高超的专业技术，又有坚定高尚的职业道德。

一是精神文化升华工匠精神。围绕"办一流高职、育大国工匠"的发展定位，确立了"以德润身 技臻至善"的校训、"锲而不舍、精益求精"的学风、"学为人师、行为世范"的教风、"勿以恶小而为之、勿以善小而不为"的校风，构筑了强有力的精神保障。通过弘扬矢志不渝、工业报国的精神，打造了具有工业特色的学院 LOGO，昭示着"办一流高职、育大国工匠"的学院发展定位将带领学院运转无穷、生生不息。

二是行为文化融入工匠精神。制定学校师德建设规范，培养"立责于心、博学精业；严谨笃学、躬行师道；与时俱进、教学相长"的良好师德风范，引导教职员工自觉在政治思想上、道德品质上、学识教风上率先垂范，为人师表。通过举办职业技能大赛、工匠文化节、大国工匠进校园、企业观摩、工业展览、校企共育人才等方式，积极传播工业文化，引导学生"崇尚劳动、德艺并举；明礼修身，诚实守信；敬业爱岗、遵纪守法"。依托学校工业博览馆、四川省工业文化科普基地，开展工业文化科普宣传工作，培养学生宣讲队伍、开展科普讲解大赛，走进社区、企业、中小学开展广泛宣讲，营造浓厚工业文化育人氛围。

三是环境文化注入工匠精神。通过"场景浸润"，发挥文化在培育"大国工匠"过程中潜移默化的育人功能，形成"以文润校，以文化人"的工业文化环境特色。加强场馆建设，建成"两馆一区"（工业博览馆、图书馆工业分馆和工业文明体验区），通过文字、图片、实物、视频音频资料、3D动画、全息技术、虚拟体验等形式，为公众了解工业文化增添了一个全景式的展示窗口。加强校园空间环境建设，以"巨匠之门"为设计理念打造学校"步步高升华""学思广场""墨子雕像"等文化景观。打造"一站一端二微两窗口"，充分发挥一站（门户网站）、一端（手机端）、二微（微信、微博）、两窗口（橱窗和工职院报）的传播作用，开设工业文化科普专栏，凸显工业文化时代元素。通过打造环境文化进一步筑牢了工业文化传播主阵地。

6 "蜀艺成工"特色
校园文化育人成果

　　校园文化育人旨在培养品德高尚、文化素养深厚、具有创新精神的人才。通过不懈的探索实践，"蜀艺成工"校园文化整体推动了成都工业职业技术学院宣传思想文化工作的进步，在引领教师成长、学生成才等方面也发挥了举足轻重的作用。下文将呈现成都工业职业技术学院文化引领下取得的宣传思想文化工作经验成果及部分优秀教师代表、学生代表的先进事迹，以展示"蜀艺成工"特色校园文化育人的阶段性成果。

6.1　育人成果一：宣传思想文化工作经验成果

　　在"蜀艺成工"校园文化品牌建设引领下，成都工业职业技术学院提炼探索形成了"一核两化三维"打造"匠声传习"理论武装品牌、"五微五力"网络育人工作模式，助力宣传思想文化工作取得突破性进展。

6.1.1　"一核两化三维"打造"匠声传习"理论武装品牌

　　高校是党领导下的中国特色社会主义事业的重要组成部分，高校理论武装工作是高校思想政治工作的灵魂和统领，关系到高校的社会主义办学方向和意识形态安全。2020年，《教育部等八部门关于加快构建高校思想政治工作体系的意见》提出，加快构建理论武装体系、学科教学体系、日常教育体系等七大体系，第一次明确提出构建高校理论武装体系。立足新时代新征程，高校肩负为党育人、为国育才的重要使命，更要坚持用党的创新理论武装全党、教育人民、指导实践工作体系，回答好、完成好"培养什么人、怎样培养人、为谁培养人"这一教育根本问题和教育强国建设核心课题。成都工业职业技术学院坚持用习近平新时代中国特色社会主义思想铸魂育人，在强化党的创新理论武装方面开展了一系列探索，积累了丰富实践经验，持续探索形成以"一核两化三维"打造"匠声传习"理论武装品牌。

6.1.1.1   "一核两化三维"打造"匠声传习"理论武装品牌的基本内容

"一核"即把握高校理论武装工作的核心——坚持用习近平新时代中国特色社会主义思想铸魂育人。习近平新时代中国特色社会主义思想是马克思主义中国化的最新成果，是我们党必须长期坚持的指导思想。习近平总书记在全国教育大会上强调："要坚持不懈用新时代中国特色社会主义思想铸魂育人，实施新时代立德树人工程。"高校是人才培养的重要阵地，构建高校理论武装体系要牢牢把握立德树人根本任务，加强大学生政治引领、厚植爱国情怀、强化价值引导，教育引导大学生树立远大理想，增强"四个意识"、坚定"四个自信"、做到"两个维护"。

"两化"即增强高校理论武装工作实效性的抓手——理论武装工作"特色化"和"数字化"。"特色化"就是在常规的理论学习、宣传宣讲、教育培训的基础上创新学习内容和方式方法，开展具有工科高职院校特色和成都地域特色的理论武装工作，不断增强理论武装工作的吸引力和实效性，让理论武装工作"鲜活"起来。"数字化"就是主动适应网络数字时代理论武装工作面临的新问题和新挑战，注重用网络和数字化赋能理论武装工作，让理论武装工作"生动"起来。

"三维"即支撑高校理论武装工作开展的保障——机制、平台、人才。机制是指通过健全完善理论武装工作领导机制、政治理论学习制度、党的创新理论宣传宣讲制度、理论学习督导体系、理论武装工作考核机制等，为理论武装工作提供制度保障；平台即充分发挥"匠声传习"理论宣讲团、理论宣讲网络平台、"一站式"学生社区、四川省科普教育基地、大中小思政一体化教育基地、成都市爱国主义教育基地的作用，加强党的创新理论宣传宣讲和教育培训；人才即打造学校党委讲师团、思政课教师、党建思政工作骨干、学生理论骨干、大国工匠、企业专家等人才队伍，为理论武装工作提供充足的师资。

6.1.1.2 "一核两化三维"打造"匠声传习"理论武装品牌的工作路径

高校理论武装工作要坚持以习近平新时代中国特色社会主义思想铸魂育人为核心，坚持用党的创新理论教育引导学生，结合新时代大学生网络信息渠道丰富、信息获取资源广等特点扎实开展青年学生理论武装工作。

（1）发挥思政课程和课程思政的协同教育作用。

思政课是学生接受理论教育的主渠道，成都工业职业技术学院充分发挥思政课在政治引导、学理阐释和价值塑造方面的重要作用，深入挖掘专业课中的思政元素，协同推进思政课程和课程思政的育人作用。一是以赛促教，提升思政课教学质量。实施"1+N"团队比赛模式，即1名主赛人员或1个主赛团队带若干指导、协作和保障人员，以赛促改，以赛促教，提升团队教学能力。二是精耕细作，加强思政课教学研究与建设。开展思政课专项达标行动，教学督导、教学研究、教学改革、教学保障"四加强"，确保底线谋求创新。近三年来，引进专职思政课教师24名，增长79.4%，师生比例达到1：350；培养博士3人，在读4人，晋升副教授5人。七成以上教师参加各级各类教学比赛，获职业院校教师教学能力比赛全国二等奖1项、三等奖1项，全国高校思政课教学展示活动一等奖1项、二等奖1项，省级教学比赛一等奖10余项，成绩位居全省高职院校前列。立项省级重点教改项目2项，建成省级示范课程3门、示范团队1个，校级思政课教学资源库和课程思政教学资源库各1个，思政课学生教学满意度连年位居全校各类课程第一。三是打造课程思政精品。提升专业课教师课程思政意识，充分挖掘所讲授专业课中蕴含的思想政治教育元素，加大对学生的教育引导。

（2）用学生喜闻乐见的方式开展理论教育。

当今社会是一个短视频社会，大学生网络使用频率高，时常活跃在B站、抖音等平台。成都工业职业技术学院宣传统战部持续丰富网络文化作品供给，创作理论宣传宣讲视频，打造了《工职匠魂》《工职答卷》《工职儿女》系列宣传视频，引导学生传承弘扬"劳模精神、劳动精神、工匠精神"，拍摄《青年党员说》主题微团课，用通俗易懂的语言，结合丰富的案例、数据，使理论学习教育更直观、更立体。此外，学校还将理论武装工作融入校园文化建设，每年举办网络文化节，评选表彰学生优秀网络文化作品，编创《深井回音》等具有教育引导意义的舞台剧、情景剧，让学生在参加校园文化活动中接受党的创新理论教育，汇聚网络正能量。近年来，以乡村振兴为主题的《当青年遇上乡村振兴》，以网络安全为主题的《白客大侠》分别斩获全国大学生微电影特等奖 1 项、四川省大学生微电影特等奖，作品《红》获第七届全国大学生网络文化节和全国高校网络教育优秀作品推选展示活动"优秀作品"奖 2 个。

（3）提高学生理论学习的参与度和互动性。

大学生思维活跃、充满活力，成都工业职业技术学院理论武装工作注重调动学生参与度，积极发挥优秀青年大学生榜样作用，每年坚持面向全体学生开展"思政之星"实践教学活动，让学生听进去、动起来、见实效。打造《工职就业榜样说》系列视频，用学生身边的典型人物感动学生、影响学生；组织学生参与摄制《理想成都》《荣耀青年》等宣传宣讲作品，组织学生拍摄《有戏》《传承》《东方红》等宣传视频，组织开展"我和我的祖国"快闪活动等，让学生在制作和参与作品拍摄的过程中潜移默化地受到教育；依托大学生暑期"三下乡"社会实践，组建社会实践团，深入基层开展社会实践活动，引导青年大学生学思践悟、细照笃行。

理论武装工作的对象是广大师生，要提升理论武装工作的针对性和实效性，就要增强党的创新理论教育的吸引力和感染力，做到以"特色化"和"数字化"赋能理论武装工作。

（1）理论武装工作"特色化"。

成都工业职业技术学院以服务新中国第一条铁路"成渝铁路"建设为起点，始终以培育劳模精神、劳动精神、工匠精神为主线，坚持红色文化引领，深挖地方文化资源，立足学校"工业"特色，突出区域、职教、校本特征，将红色基因、天府特质、工匠精神、专业内涵、校史底蕴"五元"融合，构建了以红色文化培根铸魂、天府文化优品雅行、工业文化锻造匠心、专业文化精技立业、校史文化润心修身的具有中国特色、巴蜀特点、学校特征的"蜀艺成工"校园文化。学校理论武装工作结合"蜀艺成工"校园文化特色，充分结合地域历史、语言、风俗、文化特色，让理论武装工作更"接地气"，更有"地域味道"。一是用好、用足地方红色资源建设红色工业文化馆。习近平总书记指出："红色资源是我们党艰辛而辉煌奋斗历程的见证，是最宝贵的精神财富。"要想做好理论武装工作，高校就要充分用好地方红色资源，加大对地方红色资源的挖掘、研究、阐释力度，推动产生具有影响力的研究阐释成果。成都工业职业技术学院深入挖掘中国工业文化精神谱系、四川区域"两弹一星"精神文化资源、"大三线"建设中的红色工业文化资源等，建设红色工业文化馆，具备日均接待 500 人次研学能力，依托场馆常态化开展现场教学、实践体验，讲好红色故事。二是融合地方传统文化资源，建设传统蜀艺大师工作室。高校要用好"示范课堂"，坚持马克思主义基本原理与中华优秀传统文化相结合，充分利用具有地方特色的文化元素开展理论教育，创作更多结合地方传统文化资源的宣传宣讲作品，把党的创新理论的阐释寓于传统文化中，让理论武装工作更加鲜活。成都工业职业技术学院联手国家级非物质文化遗产代表性项目川剧代表性传承人陈巧茹，建成"川剧"大师工作室；联手一级美术师梁时民，建成"国画"大师工作室；联手非遗传承人张芳，建成"夏布"非遗工作室，利用工作室广泛开展讲、演、赛、展四类活动，举办"赓续传统文化自信"系列主题讲座、川剧《白蛇传》动画展演、大师进校园国画笔会、国学经典诵读展演、川剧元素定向越野比赛、熊猫工坊等多元文化活动实践，让学生亲身感受理论的鲜活性。

（2）理论武装工作"数字化"。

一是推进数字平台建设。轨道交通学院采用创新型多点触控技术打造 AR 智慧理论学习沙盘，通过控制令牌的旋转、移动，以实现虚拟展厅 3D 画面的实时切换，为师生提供全沉浸式裸眼 3D 极致学习体验，身临其境跟随伟人寄语、穿梭在党的光辉历程和发展脉络中，近距离巡访红色地图、感受党建掠影、参与理论知识测验。建立虚拟仿真红色资源数字化平台。马克思主义学院以新中国三线建设为主题，建设"撼天记"和"中国铁路工业振兴之路"思政虚拟仿真教学资源，助推思政课提质增效。二是提升智慧课堂建设水平。马克思主义学院充分利用智慧教育平台调动学生学习党的创新理论的积极性，将党的创新理论学习转化为生动有趣的课堂活动，让学生在主动参与中提升自觉性，用智慧教学提升思政课程和课程思政的效果，打造示范课堂。

高校理论武装工作要坚持以"完善机制、搭建平台、建设队伍"为保障。

（1）建立完善理论武装工作长效机制。

第一，完善理论武装工作领导机制。成都工业职业技术学院加强学院党委对理论武装工作的领导，形成党委统一领导，宣传统战部牵头抓总体工作，组织部（人事处）、学生工作处（团委办公室）、马克思主义学院等职能部门协同配合，各部门深入落实的全员、全过程、全方位理论武装工作格局。第二，健全政治理论学习制度。印发《关于进一步加强和改进教职工政治理论学习的若干规定》，推广"2+N"学习模式，统筹安排第一议题、党委会、党委理论学习中心组、教职工理论学习，每月发布政治理论学习通知和学习资料清单，推动理论学习常态化、规范化。第三，健全党的创新理论宣讲制度。印发《党委讲师团管理办法》，组建"匠声传习"理论宣讲团，构建线上线下相结合、校内校外专家相结合、教师和青年学生相结合的"大宣讲"格局，用工匠的声音传递习近平新时代中国特色社会主义思想。第四，建立完善理论学习督导体系。印发《教职工政治理论学习列席旁听管理办法》，常态化开展观摩示范、校领导列席旁听工作，由学院领导班子成员分组，对各部门教职工理论学习的内容、形式、实效等情况进行督导评估，以全面促进部门教职工理论学习质量提升。第五，健全工作考核机制。将理论武装工作情况纳入考核体系，压紧压实各部门加强理论武装工作的职责。

（2）搭建理论武装工作创新平台。

第一，依托学校党委讲师团打造"匠声传习"宣讲团，打造思政课示范课堂、课程思政示范课堂，开展党的创新理论宣讲培训，引导青年学生开展党的创新理论大学习、大宣讲。第二，探索"校地政企共建"对外服务模式。与兄弟院校共建省级大中小学思想政治教育共同体，协同合作，整合资源，共建共享；与辖区内中建集团、中铁集团等世界500强企业共同探索"楼宇党建"；构建"党思专生融通"校内服务模式，实施"七个一工程"，每名思政课教师联系一个学院、一个专业、一个班级、一个学生、一个社团、一个寝室、一个社区，实施精准思政，构建"党建+思政课教学+专业课程思政+学生思想政治教育"融通模式。第三，建设融媒体宣传矩阵。用好微信、抖音、视频号等新媒体平台及"一站式"学生社区，增加理论宣讲短视频等宣传宣讲作品供应，用学生喜闻乐见的方式深入开展理论宣传宣讲。第四，投资1 000万余元建成1 500余平方米工业博览馆，连同各二级学院实训基地，一体化打造"蜀艺成工"大中小一体化思政教育基地，以此获批建设四川省工业文化普及基地、四川省科普教育基地、四川省大中小思政一体化基地、成都市爱国主义教育基地，年均接待15 000余人次参观研学。第五，组织大学生志愿者讲解团广泛开展工业文化进社区、进学校、进乡村、进扶贫、进培训、进课堂"六进"活动，加强党的创新理论教育工作。

（3）建设理论武装工作人才队伍。

第一，建设好思政课教师队伍。成都工业职业技术学院引进国内知名大学专家学者担任客座教授，弥补高层次人才不足；组建校外教学指导委员会，共享优质师资资源；实施"青蓝工程"，骨干教师与新进教师一对一传帮带；实施一师一策精准帮扶计划，助力教师教学能力提升。第二，组建校外专家师资库。广泛邀请学校专业课教师、企业导师、技术能手、省市工匠等"大工匠"担任宣讲讲师，让他们结合自身经历进行宣讲，使理论武装工作更具感染力、说服力。第三，建强理论武装工作学生力量。以校园"小工匠"助航，邀请学校"思政之星"演讲比赛和思政微电影比赛优秀学生、各级各类职业技能大赛获奖学生、创新创业成功学生等，发挥朋辈引领示范性作用。"一核两化三维"打造"匠声传习"理论武装品牌工作路径，如图6-1所示。

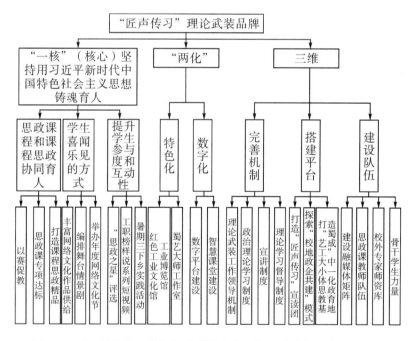

图6-1 "一核两化三维"打造"匠声传习"理论武装品牌工作路径

6.1.1.3 "一核两化三维"打造"匠声传习"理论武装品牌的成效及影响

（1）育人成效。

成都工业职业技术学院培养出了一批勤奋进取、自强不息、坚韧执着、创新实干的优秀学生。学生王民友获 2023 年中国国际大学生创新大赛金奖，以校训元素命名的公司年营业收入超过 1.5 亿元；学生罗心雨获"全国技术能手"，"安夹"团队获互联网+创新创业大赛国家级铜奖，学生施冰洋获第七届全国铁道行业职业技能大赛铁路车辆钳工决赛第三名等。

（2）建设成效。

近三年来，成都工业职业技术学院培养市级师生宣讲团成员 7 人，校级 30 名，为机关社区、企事业单位、中小学等宣讲 100 余场，受众 20 000余人。建成省级课程思政教学研究示范中心 1 个，省级课程思政示范专业 1 个、示范课程 7 门、示范团队 1 个。"匠声传习"师生宣讲事迹被人民网、四川党建网等专题报道。成都工业职业技术学院为首批四川省文明校园、成都市天府文化特色学校；《打造工匠精神传承基地，弘扬工匠文化》入选教育部《2021 年中国职业教育质量年度报告》高职"服务贡献"典型案例；文化育人获批四川省高校思政育人精品项目。成都工业职业技术学院打造原创歌曲《成工的天空》在中国教育电视台展播，拍摄系列宣传片《工职儿女》《工职匠魂》《工职答卷》被"学习强国"转载报道。

（3）社会影响。

成都工业职业技术学院理论武装工作受到人民日报、中国教育报、中国青年报、中央主题教育官网、"学习强国"等主流媒体报道，影响力和辐射力进一步提升扩大。

成都工业职业技术学院理论武装成果外宣报道情况，如表 6-1 所示。

表 6-1　理论武装成果外宣报道情况

序号	成果	媒体	年份
1	职校里如何走出大国工匠	人民日报	2017 年
2	普及工业文化 培育工匠精神	中国教育报	2020 年
3	吹响青春奋斗集结号 争做工业文化接力人	学习强国	2021 年

表6-1（续）

序号	成果	媒体	年份
4	构建具有深厚文化底蕴的网络思政育人体系，开创"1233"工职特色网络思政育人新局面	中国青年报	2021年
5	师生零距离感受川剧魅力	新华社四川分社	2021年
6	精心策划IT文化节 倾力锻铸"工匠之魂"	学习强国	2021年
7	校地联动推进文明城市创建	光明日报	2022年
8	"三个聚焦"推进工业文化传承	四川省教育厅官网	2022年
9	讲好新时代故事，培育大国工匠	四川党建网	2022年
10	XX学院努力办好人民满意的教育	中央主题教育官网	2023年
11	XX学院"五化"融推"蜀艺成工"校园文化品牌建设	四川省教育厅官网	2023年

6.1.2 "五微五力"网络育人工作模式

6.1.2.1 实施背景

成都工业职业技术学院是一所以工科为主的高等职业院校，其学生具有工科职业院校学生的普遍特点：文化基础总体偏低、知识接受能力一般，道德信仰尚未真正形成，辨别是非能力较弱，所以工科专业课程思政融合难度较大；社交圈相对较小，自律性不够强，自信心不足，所以对网络娱乐性事物容易产生精神依赖，也容易受到网上不良信息的影响。如何在具有较强"工科"＋"职业"属性的成都工业职业技术学院，通过网络育人把互联网这个"最大变量"变成教育事业发展"最大增量"，如何用好"网络"这个工具和手段来实现"育人"这个根本目的，是学校落实立德树人根本任务的关键一环。

6.1.2.2 主要目标

习近平总书记对宣传思想文化工作作出重要指示，强调要"着力提升新闻舆论传播力引导力影响力公信力"。成都工业职业技术学院始终坚持以习近平新时代中国特色社会主义思想统领互联网内容建设，围绕立德树人根本任务，打造微作品增强传播力、建设微课堂发挥引导力、开展微活动树立影响力、建好微阵地提升公信力、组建微团队优化服务力，以"五微"促"五力",把家国情怀、工匠精神、校园文化融入网络育人实践，将思政工作延伸到网络、教育融入网络、阵地构筑到网络，着力培育积极健康、向上向善的网络文化，形成了以网络文明滋养人心、涵育德行的良好氛围。

成都工业职业技术学院"五微五力"网络育人体系实施路径，如图6-2所示。

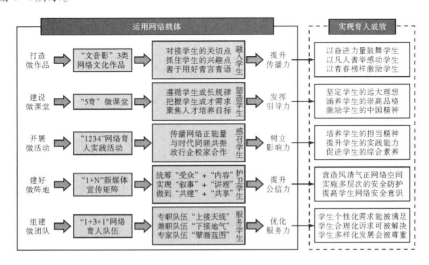

图6-2 成都工业职业技术学院"五微五力"网络育人体系实施路径

成都工业职业技术学院聚焦红色文化、校园故事、身边榜样，打造一系列生动有趣的微作品，提升传播力；围绕习近平新时代中国特色社会主义思想、习近平总书记重要讲话精神、中央和省市对职业教育的育人要求，建设一系列又红又专的微课程，发挥引导力；切实把握时度效、遵循新闻规律、占领互联网舆论新阵地，开展一系列寓教于乐的微活动，树立影响力；强化社会责任意识、做好舆论监督工作、及时回应社会关切，建好一系列粉丝黏性高的微阵地，提升公信力；贯彻以人民为中心的工作导向，走好学生路线，组建一支高专业度、强执行力的微团队，优化服务力。

6.1.2.3 实施过程

（1）做好微作品打造工作，融入学生，提升传播力。

成都工业职业技术学院对接学生的关切点、抓住学生的兴趣点、善于用好"青言青语"，深度植根青年圈层，走进学生的聚集地，融入学生

"朋友圈",以学生易于接受、喜闻乐见的"青言青语""网言网语",做好"文影音"三篇文章,创作了一批优质的网络文化作品,以奋进力量鼓舞学生、以凡人善举感动学生、以青春榜样激励学生,让网络育人成果在实践中更加凸显。"文影音"三类网络文化作品包括"文""影""音"。

"文":网络新闻、网络文章、网络推文、网络诗歌/散文等;

"影":短视频、微电影和摄影作品等;

"音":音频作品和校园歌曲等。

(2)做好微课程建设工作,塑造学生,发挥引导力。

成都工业职业技术学院遵循学生成长规律,把握学生成才需求,聚焦人才培养目标,贴近青年喜好,丰富传播形式,做强创意思政,打造"五育"网络微课程,用学生的话讲思政的理、纾青春的惑、解成长的难,冲破了思政教育与青年学生之间的壁垒,提高学生接受度,进一步突出了网络育人的引领力,向学生供给了网络正能量,坚定学生的远大理想、涵养学生的崇高品格、提升学生的实践能力、促进学生的综合素养。"五育"网络微课堂包括以下几个方面。

德育网络课:思政精品在线开放课、红色电影微党课、"党史金句"微党课、大学生讲思政课;

智育网络课:专业课精品在线开放课、创新创业网课等;

体育网络课:体育精品在线开放课;

劳动网络课:劳动教育线上课程;

心育网络课堂:心理健康在线开放课、"1对1"心理咨询在线课堂、网络家长课堂、网络学生活动课。

(3)做好微活动开展工作,感召学生,树立影响力。

成都工业职业技术学院打造了"1234网络育人实践活动",让网络育人成果在实践中更加凸显。通过1个文化节、2个比赛、3个项目、4个活动,将技能报国的行业精神、与国同行的家国情怀融入网络育人实践,讲好学校与党同心、与国同行的兴学振邦故事,薪火相传、立德铸魂的尊师育才故事以及自强不息、勇攀高峰的攻坚创新故事。

"1234网络育人实践活动"包括以下几个方面:

1节:网络文化节;

2赛:网络文化作品大赛、网络产品设计大赛;

3项目:网络道德实践、优秀传统文化学习传承实践、社会主义核心价值观实践项目；

4 活动：网络典型选树活动、网络微创作活动、网络道德讲堂活动、网络微访谈活动。

(4) 做好微阵地建设工作，护卫学生，提升公信力

成都工业职业技术学院秉承"以生为本"理念，坚持"学生在哪里，网络育人的阵地就延伸到哪里，思想政治工作就做到哪里"，将融媒体思维与网络育人目标相结合，以学校新媒体联盟为主体，加强对校园二级单位各类媒体平台的管理监督，形成"1+N"新媒体宣传矩阵，坚持传统媒体和新媒体优势互补，充分发挥各类媒体传播特色，推动多种媒体融合发展，全景式展现学校办学特色和办学成就，及时跟进社会网络媒体受众变化，形成学校、学院、师生三级媒体联动传播机制，讲好工职故事、传播工职声音、展示工职形象。

成都工业职业技术学院"1+N"新媒体矩阵架构，如图6-3所示。

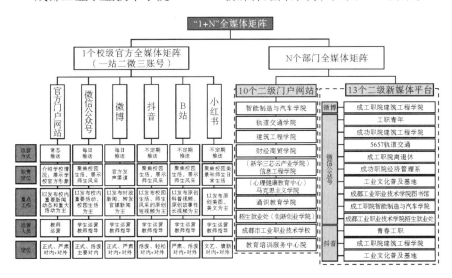

图6-3 成都工业职业技术学院"1+N"新媒体矩阵架构

"1"是指1个校级官方全媒体矩阵，主要包括学校官方门户网站（主站）、微信公众号、抖音、B站、小红书、微博等，主要聚焦校内外大事、要事、新事、趣事，助力学校改革发展，传播校园的高光时刻，打造校园品牌，提高学校知名度和美誉度。

"N"是指N个二级部门全媒体矩阵，主要包括10个二级部门主办的门户网站和13个二级部门主办的微信公众号、抖音等新媒体平台，主要聚

焦各二级学院专业特色、院部动态、育人成果、竞赛成绩以及各部门的工作动态和特色亮点工作进行宣传。

（5）做好微团队组建工作，服务学生，优化服务力。

成都工业职业技术学院因势而新，瞄准网络队伍"落脚点"，组建"1+3+1"网络育人队伍，专兼结合，组建网络育人"精兵强将"，使网络育人工作团队分工更加细致更准确。

成都工业职业技术学院"1+3+1"网络育人队伍建设思路，如图6-4所示。

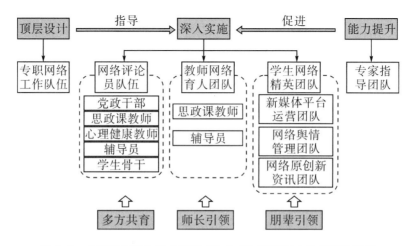

图6-4　成都工业职业技术学院"1+3+1"网络育人队伍建设思路

第一个"1"是指1支专职网络工作队伍。成都工业职业技术学院通过做好网络育人顶层设计，使"云上行动"网络育人工作做到"上接天线"。组建了一支政治素养高、业务能力强，专业化、梯队化的9人专职网络工作队伍，做好网络育人的顶层设计，准确贯彻传达国家、省、市网络育人工作政策方针，结合学校实际统筹部署学校网络育人各项工作。

"3"是指3支深入实施网络育人行动的队伍。成都工业职业技术学院用贴近学生的语言、学生喜爱的方式开展网络育人工作，使"云上行动"网络育人工作做到"下接地气"。一是网络评论员队伍：从党政干部、思政课教师、心理健康教师、辅导员、学生骨干中，遴选立场坚定，知识丰富，反应敏锐，了解大学生行为方式，熟悉网络语言特点和规律的人员，组建学校网络评论员队伍，通过设置谈论话题、发布权威信息、加强舆情引导、开展情感疏通等方式，主动占领网络空间，多方共育，合力加强网络文化建设，提升学生网络思想政治教育的实效性；二是教师网络育人团队：强化以思政课教师和辅导员为主的教师网络教育团队，以课堂和班会为主渠道、各教师自媒体账号为主要阵地，结合日常工作实际，主动开展网上思想教育和舆论引导工作，以师长引领加强网络安全教育，提升学生网络思想政治教育质量；三是学生网络精英团队：遴选具有较高政治素养、思想素质、技术水平和综合能力的学生，组建新媒体平台运营团队、网络舆情管理团队和网络原创资讯团队共同组成学生网络精英队伍，充分发挥朋辈引领作用，进一步推动学生在网络思想政治教育工作中的自我教育、自我管理和自我服务功能。

第二个"1"是指专家指导团队。成都工业职业技术学院聘请网络领域专家、学者等组成专家指导团队，以报告会、培训会等方式，对网络评论员队伍、教师网络育人团队和学生网络精英团队开展网络媒体素养、网络技术应用、舆情引导能力、产品开发能力、网络沟通技巧、网络安全教育等方面的培训，实现学校网络思想政治教育的能力提升。

6.1.2.4 实际成效

成都工业职业技术学院网络文章发布平台微信公众号荣获"2021—2022 年度全国高职高专百强""2022—2023 年度全国高职高专五十强""成都市十佳教育政务新媒体"等荣誉称号；学校微视频发布平台官方抖音荣获"2021 年度全国高职高专百强""2022 年度成都市政务新媒体top10"等荣誉称号，作品最高阅读量近 800 万人/次；学校原创歌曲《成工的天空》荣获全国大学生网络文化节最佳原创歌曲奖，并被"学习强国"刊载；原创歌曲《工职儿女》被"学习强国"刊载；打造的《工职匠魂》《传承》《他们是教师》《创建文明典范城市》《工业博览馆》《美丽中国》《高弘生：乡村振兴的雪域"尖兵"》等一系列精品网络文化视频被"学习强国"等主流媒体刊载。微电影作品《当青年遇见乡村振兴》《有戏》荣获"我心中的思政课"大学生微电影比赛全国一等奖，网络文化作品《崇尚科学 远离邪教》荣获四川省微视频大赛二等奖。

6.2 育人成果二：优秀师生代表个人事迹

6.2.1 职业教育守望者

成都工业职业技术学院 70 余年的发展，离不开将最好青春年华奉献给讲台的教职工群体，他们倾心教学、管理、服务，不仅赢得了学生的爱戴，也获得了社会的认可和政府的肯定。成都工业职业技术学院教职工群体中不乏教育部职教名师、全国技术能手、名辅导员等。

6.2.1.1 国家级教学名师熊保玉：在新时代职业教育中书写匠心筑梦的新篇章

（1）坚守育人初心，潜心立德树人

"教育不仅仅是传授知识，更是塑造灵魂，激发潜能。"自 2006 年踏上三尺讲台，熊保玉便将"教育强国"的信念深植于心。作为成都工业职业技术学院智能制造与汽车学院党支部书记，他率先垂范，以党建引领教育教学，推动"课程—科研—实践"三位一体的"三全育人"模式，成功地将所在党支部打造成"四川省党建工作样板支部"。

熊保玉不仅注重个人专业成长，更积极带动团队共同提升，聚焦成都市产业建圈强链工作，实施党建特色微阵地群建设，赋能新质生产力，锻造人才培养链。他的努力成就了一支省级"课程思政示范教学团队"和"省级教师教学创新团队"，为学校党建育人机制建设贡献了重要力量。

（2）深耕专业建设，不断追求卓越。

作为成都工业职业技术学院机械制造及自动化专业带头人，熊保玉老师始终注重专业教学质量、品牌和影响力建设，以打造高水平专业群为己任。机械制造及自动化专业从 2014 年首次招收高职生，到 2024 年"双高"中期绩效评价跃升至 B 档，十年间，他带领团队实现了专业从弱到强、提档升级的华丽蜕变。

在 2021 年上半年，正值机械制造及自动化专业群申报省级高水平专业群的关键时期，熊保玉和他的团队经历了百余次方案打磨修改，最终使机械制造及自动化专业群跻身省级高水平行列。专业群教师周远非说："无论何时，只要是专业群建设的事，熊教授总是第一位参与、第一位到场。他努力拼搏的劲头和追求卓越的精神感染了我们每一位老师。"

专业建设永远在路上，申报国家高水平专业成为熊保玉团队的下一个目标。

（3）躬身教学创新，启智启迪未来。

"教学实践，就是要勇于创新，注重专业技能与创新精神的培养。"熊保玉老师运用项目式教学法，将行业前沿知识与实际案例融入课堂。在逆向工程与3D打印技术课程中，他充分利用四川省增材制造技术协会和增材制造技术研究院等校内外资源，把企业协会的真实项目和实时热点项目引入课程，及时跟踪产业发展趋势和行业动态，更新教学内容，让学生亲历科技变革，激发学习热情。

学生谢培松说："熊老师的数控铣削编程与加工课堂犹如一扇通往精密制造世界的窗口，引领我们领略先进制造的魅力。他采用的'理虚实一体化'项目式教学模式，将理论知识、虚拟仿真与实际操作完美融合，让我们在实战中磨砺技艺，深刻体会从设计到成品的每一个细节。"

学生邓全贵曾参与熊保玉老师指导的"数字化设计与制造"竞赛。熊保玉与同学们并肩作战，深入研究竞赛规则，解析历年样题，详尽总结与分析，精准指导每个环节的关键要点、潜在风险及提升策略。在熊保玉老师高效而细致的辅导下，邓全贵团队最终在2023年四川省职业院校技能大赛"数字化设计与制造"项目中获得了一等奖的佳绩。

（4）助推产教融合，赋能产业发展。

职业教育教师不仅要致力于知识与技能的传承，更要服务企业转型升级。熊保玉老师带领团队深入企业，助力产品创新与技术改造。

与成都威诺精密机械有限公司的合作中，熊保玉老师优化和改进了某航空产品叶轮的工艺和程序，通过精妙的方案调整，成功将产品加工效率提升了15%。这一举措不仅为企业节约了宝贵的时间成本，更为其创造了逾200万元的直接经济效益，彰显了技术创新在制造业升级中的关键作用。在与成都宏富升科技有限公司的合作中，熊保玉团队针对某动车刹车片工装夹具的设计与优化，开发出一套既能确保产品质量，又能大幅提升装夹效率的解决方案。这一成果直接为企业带来了显著的经济效益。

通过校企深度合作，熊保玉团队实现产业链、专业链、人才链、创新链的有效融合，彰显了职业教育的实践价值与社会贡献。作为国家级教学名师及工作室负责人，站在新的历史方位，熊保玉老师审慎自省，重新定义了自己的使命与担当。借助工作室平台，他架起一线教师和专家之间的智慧桥梁，以身作则，秉持"躬耕不辍，行路不止"的坚韧精神，全力发挥教学名师工作室的示范引领作用，携手团队，为国家培养更多高素质技术技能人才，助力中国制造迈向中国创造的新征程。

"在机械制造及自动化专业这条赛道上，唯有静心沉潜，方能洞察微末。只有经受住时间与挑战的洗礼，才能铸就匠心独运的品质。质量意识与敬业精神，是每一位大国工匠不可或缺的灵魂。"熊老师如是说。

6.2.1.2 全国技术能手范芳：传播拼搏精神 做职业教育执着的守望者

2023年7月2日，成都第31届世界大学生夏季运动会火炬传递成都站启动，先后在四川大学、成都体育学院和成都职业技术学院三所高校进行首日火炬传递。我校智能制造与汽车学院教师范芳作为火炬传递第92棒火炬手光荣参与了大运圣火的传递，展现了成都工业职业技术学院教师的良好风貌。同时她还是一名全国技术能手获得者。

（1）深耕三尺讲台，收获教学果实。

范芳老师自2012年从教以来，一直在职业教育教学一线，先后承担了汽车构造、汽车电工电子技术、汽车营销、机械制图等专业课程的教学任务，连续多年被评为学院优秀教师，获得教学创新突出贡献奖等。她自主探究信息化技术在职业教育中的应用、深入研究教师教学方法、开展教学资源开发，积累了丰富的经验。2015年，她在全国职业院校信息化教学大赛中获得一等奖，建成省级精品资源共享课程1门，院级精品课程2门，发表基于课堂及教学方面的教改论文4篇，实现了个人从讲师成长为副教授的职业目标。

（2）深入三教改革，领航团队建设。

范芳老师在三教改革、创双高学校、建金牌思政课程等工作中不断思考和研究，分析系部教师特点，带领一线教师，以教师教学能力大赛为突破口，摸索专业建设、课程建设和校企合作新路径，积极探索出了一种适应学生成长、符合岗位实际要求、适于广泛推广的教学模式。

2021年，范老师组织团队以汽车营销与配件管理课程参赛。6个月的坚持、20余家企业调研、100多项案例整理、2万多份的教案编写，加上多年的积累和超强的带队能力，她带队的作品从几百项比赛作品中脱颖而出，获得四川省教学能力大赛一等奖。2022年范芳老师以团队成员的身份参与了团队其他教师挂帅的教师教学能力大赛，获得四川省二等奖，完美实现了教师教学能力大赛新老交替，促进了学院教师教学能力大赛的绿色向上发展。2019年范芳老师带队参加全国职业院校教师技能大赛，获得汽车营销赛项冠军，同时还获得了微课制作赛项三等奖。三年的实践，在范老师的带领下汽车类专业中已经形成了教师教学能力大赛团队、学生技能竞赛团队等多样化教师团队，教师队伍能力再上一个新台阶。

（3）紧跟行业发展，全面发展技能。

随着汽车产业发展升级，企业对职业院校毕业生提出了新的要求。范芳老师调研企业，优化人才培养方案，同时建立了新的教师培养体系，号召教师提升自身专业素养。打铁必须自身硬，范芳老师以身示范，2021年她指导教师参加全国职业院校技能大赛获得一等奖，并获得全国技术能手申报资格，同时她参加全国职业院校技能大赛获得二等奖第一名的好成绩。2022年范芳老师再次参加全国职业院校技能大赛，获得了机动车鉴定评估赛项第一名的好成绩，个人也获得了"全国技术能手"的申报资格。范老师一边指导老师参加比赛、一边不断学习提升自己，2021—2023年，她考取了低压电工证、汽车营销师高级证书、1+X考评员证书、二手车鉴定评估高级工证书等；完成了发明专利4项、实用新型专利3项、软著作权2项、在中文核心期刊发表论文3篇；指导学生参加创新创业大赛、技能大赛4项，成果丰硕。

（4）硕果累累，奋勇前行。

范芳老师在高职院校一线从业11年，从事辅导员和班主任工作8年，多次被评为"优秀教师""优秀共产党员""教育教学先进个人"。钻研信息化技术在职业教育中的应用，实现了四川省教师教学能力大赛汽车类作品国赛一等奖零的突破。开展公益性信息技术及教学方法提升讲座数十场，辐射教师1 000余人，社会影响深远。钻研职业技能，引领专业发展，申报专利10余项，在核心期刊发表论文5篇，获得国家级技能大奖10余项，并荣获全国技术能手称号。深入对接企业，深度就业指导，所培养的学生辐射川内10余家全国五百强企业，开辟了校企合作人才定制化新模式。

作为一名普通的教师，范芳老师用十一年时光诠释了自己"三尺讲台，一颗爱心；开拓进取，不辱使命"的职业追求，作为一名职业教育执着的守望者，在平凡的工作岗位上持续谱写着职业教育的新篇章。作为一名党员，她坚持党的优良作风，不怕苦，不怕困难，团结友爱，无私奉献，将自己的职业信仰和党的政策方针贯穿在教育教学第一线，领航教师队伍建设，为职业教育做出了贡献，为教师群体树立了优秀的榜样。

6.2.1.3　全国技术能手陶沙沙：想给学生一杯水，我就要有一桶水

陶沙沙，成都工业职业技术学院讲师、高级二手车鉴定评估师，戴姆勒中国职业教育项目、保时捷PEAP项目、北京现代校企合作项目认证教师。荣获2021年全国汽车流通行业职业技能竞赛营销员赛项一等奖、2023年全国职业院校技能大赛教学能力比赛二等奖，指导学生获得2023年中国国际大学生创新大赛一等奖、第六届中华职业教育创新创业大赛一等奖，被授予"全国技术能手"荣誉称号。

作为一名智能网联汽车专业的教师，陶沙沙将技能与匠心精神传承给一届又一届的学生。日前，她组队带领学生参加了由中国汽车流通协会举办的全国二手车鉴定评估师技能大赛，并获得全国第五名的好成绩。"传授技术是一个极富挑战性的工作，我要做的是激发学生的好奇心，培养他们解决问题的能力，帮助他们用技术成就梦想。"陶沙沙说。

（1）深入企业，打磨出专业领域的一个个精品。

在成都工业职业技术学院，智能制造与汽车学院人才济济。这里卧虎藏龙，既有汽车制造、智能焊接、汽车检测与维修专业的专家，也有智能网联、工业机器人技术等智能制造领域的前辈，大家深入企业了解需求，并把最前沿的动态和技能结合实际传授给学生。

陶沙沙是智能网联汽车专业的一名教师。2021年，她在全国汽车流通行业职业技能竞赛中获得营销员赛项一等奖，并于2024年10月底荣获"全国技术能手"称号。

2009年走出大学校园后，陶沙沙便来到学校成为一名汽车专业类的职业教师，这一干就是14年。最初，身份的转换让她觉得压力很大。"要想给学生一杯水，老师要有一桶水。"在她看来，提升自我能力，不断丰富知识储备很重要。于是，她走进企业一线、参加各类培训和技能竞赛，先后发表论文10余篇，获得发明专利2项、实用新型专利5项……力求将汽车营销服务的新方法、新技术和新标准第一时间传授给学生。

"我们职业院校的老师下企业的频率很高，一年会有2个月左右的时间都在生产一线。我会把市场的最新需求和行业的动态带回课堂，保证在教学过程中既有深度、又不会脱离实际。"陶沙沙说。

通过多年工作经验和对行业的持续观察，陶沙沙打磨出一个个精品实

践课程。在她看来，学生既要学营销、又要学机修，还要学心理，要做一名能动手、能动嘴、还能洞察客户需求的"有温度的顾问"。

（2）以赛促学，培养一批批充满热情的工职工匠。

"我们都叫她'沙姐'，她很关心我们。无论是学业上还是生活中遇到了困难，'沙姐'总会给我们支招。"对学生们来说，陶沙沙和大家的关系亦师亦友。

除了在课堂上讲授专业知识外，陶沙沙也走进了学生们的日常生活。在陶沙沙看来，既要让学生们学到知识，更要把知识转化为技能。"这是我教学的初衷，也是一个终极目标。"以赛促学，指导并带领学生参与竞赛成为陶沙沙日常工作的重要一项。

2021年以来，陶沙沙带领学生竞赛团队进入全国二手车鉴定评估大赛全国总决赛前十强，获得全国物研杯二手车鉴定评估大赛一等奖；指导学生参加第六届中华职业教育创新创业大赛总决赛获得全国一等奖；指导学生参加全国汽车流通行业职业技能竞赛，获得二手车鉴定评估赛项（学生组）一等奖1项和全国职业院校二手车全产业链职业技能竞赛一等奖3项……

除带领学生参加全国、全省比赛外，陶沙沙还自己设计并组织一些汽车营销类的比赛，让更多学生通过运用市场营销的理论知识，结合对企业的实地调研，策划全套营销方案并模拟推介。同时，考虑到汽车行业的数字化转型，她还特别增加了关于汽车电商的内容，引导学生分析成功的数字营销案例，以及针对失败案例的改进方法。这个比赛深受学生喜爱，大家坦言能学到很多书本上学不到的技能与技巧。

"我想把我的学生举过我的头顶，去看看我不曾看到的风景。"带着这样的愿景，陶沙沙目前正依托国际化校企合作项目开发国际化课程汽车金融与租赁、汽车维修接待实务，同时还和相关企业一起联合编写《二手纯电动乘用车鉴定评估》教材。

"我们会积极地与企业合作，把企业当下的需求内化为一个课程上的概念传授给学生们，再引导他们将这些知识应用于实际工作中，为汽车行业培养出真正具备竞争力的专业人才。"陶沙沙说。

作为扎根在一线的职业教育教师，陶沙沙坦言未来将面临更大的挑战与更激烈的竞争。"我们既要扎实基础、刻苦钻研、团结创新，又要与时俱进，洞察需求。"她希望能带动更多学生和年轻教师加入到技能竞赛中，一起创造一个互帮互助的学术氛围和良性的竞赛氛围。

学术没有尽头，奋斗没有终点。"我将把技能大赛的成果融入日常教学，让每一位学生都能内化'工匠精神'，不断提升自己的技能，成为真正的行业工匠。"陶沙沙说。

6.2.1.4　韩勇：从企业工程师到优秀高职"双师型"教师

"教书育人现在成了我最大的爱好。"成都工业职业技术学院教师韩勇，曾是一位具有 20 年智能制造技术经验的机电一体化高级工程师、一级工业机器人系统操作员。六年多前，韩勇毅然拿起教鞭，走上三尺讲台，成为一名工业机器人技术专业教师。六年间，他带出了一批又一批高技术技能人才，而他自己，也蜕变成为一名"上得了讲台，下得了实训场"，理论教学和实践教学能力兼备的高素质"双师型"教师。

（1）在车间破解教学困局。

一名企业工程师能够给大学生们上好课吗？韩勇自己心里也没有底。说起自己作为教师上的第一堂课，韩勇至今仍然记忆犹新。

"2017 年 9 月，我开始接手机械制造 1503 班的课程教学，第一堂课前我做了充足的准备工作，但走进教室时，还是惊呆了：教室总共八排，前三排都没有学生，这让我大受打击。"韩勇回忆道。

怎么办？到底要怎样才能抓住学生的心？韩勇冷静下来，进行分析思考：自己的个人优势是在实践能力上比较强，而学生知识和技能都是要服务生产一线的，那就去实训车间找找灵感。从此，车间成为韩勇的备课地点和上课教室。他在普车、普铣、数控机床旁重构课程内容、建设课程资源，以现场设计、安装、调试引导学生进行项目制学习，让学生在动手实践中学习机床电路、识读数控车床及加工中心图纸，激发学生学习兴趣，培养解决问题的能力。就这样一步一步做下来，韩勇摸索出了一套具有个人风格的"任务驱动、场域叠加、理实一体"的教学模式，他的课开始受到学生欢迎。

"就是机制 1503 班，在期末最后一节课的时候，班长范炜炜带领全班学生起立、鞠躬，异口同声喊出'韩老师辛苦了'，在那一刻，我特别感动，感觉自己的努力没有白费，也更加坚定了自己的职业选择和教学方向。"韩勇感慨道。

近年来，韩勇先后获得库卡机器人授权讲师资格证书，获得 2021 年四川省教育教学成果一等奖，编写的专业教材获省级规划教材立项和省级精品在线开放课程立项。

（2）在技能大赛上淬炼教学能力。

为了提升教学能力，自 2018 年开始，韩勇每年都参加教师教学技能大赛，这些大赛是更高级别的平台，云集了更多的优秀教师。韩勇以赛促教、以赛促学，从参加校赛、省赛到国赛，对手越来越强，韩勇也屡败屡战，但教学能力越来越强。

在 2022 年全国工业机器人技术应用大赛期间，韩勇带领学生积极备赛，在实训车间刻苦训练、全情投入，将六轴机器人点位示教、视觉标定编程等赛项模块完成时间从最初的 3 小时缩短到 1.5 小时，并在全国大赛上取得了四川省第一名、全国第十三名的优异成绩。通过参加技能比赛，韩勇认真钻研技能，提高比赛认知，汲取比赛经验，改进教学方法，针对工业机器人赛项系统组织、分层培养，在自我提高的同时，提升学生的技能水平。

"他是完美主义者，教研室里面的'卷王'，只要他接手的事情都力求完美，孜孜不倦，从不计较个人得失。"同事武昭好老师说。

（3）以科研驱动提升师生创新能力。

科研工作，可以说是韩勇的老本行。他带领团队先后承接了多个课题，为企业解决了技术难题，实现了科技成果孵化，获得十余项专利，其中发明专利 3 项。

"开展科研创新需要不断研究和学习，增强自己教学能力的厚度和深度，同时可以提升团队综合能力，培养具有创新实践能力的高技能人才。"韩勇如是说。

韩勇带领学生进一步创新，以科研反哺教学。团队选定项目，拟定目标，开展可行性论证、方案设计、施工设计、装配调试、检测验收全流程工作，学生全过程参与、分工协作、各尽所能，让每一个学生都能在自己适合的岗位上发光，在项目实施过程中实现提升和蜕变。近年来，韩勇带领学生参加创新创业大赛屡获佳绩，2022 年获得四川省国际"互联网＋"大学生创新创业大赛金奖、银奖各 1 项，四川省挑战杯创新创业大赛银奖、铜奖各 1 项。

回顾六年多的教师生涯，韩勇收获良多。现在的他已成为学校工业机器人技术专业带头人，一名高素质的"双师型"教师。面对未来，韩勇将继续保持对教育的这份热爱，践行自己的教育信念，紧跟工业机器人前沿技术，将专业做优做新、做强做大，为国家新兴产业发展培养更多更优秀的高技能人才。

6.2.1.5　谯建春、刘宇：厚植"双创"土壤，护航学生梦想

谯建春和刘宇生活中是名副其实的夫妻，工作中是学校不同学院的两名教师，他们携手并进，专注于学生双创大赛，共斩获互联网+大赛国赛铜牌2次，护航学生创新创业梦想。

为了能更好地调动学生的积极性，激发学生的创业热情，创新创业教育必须要与学生的专业教育相结合，一方面让自身专业不丢，一方面更好地发挥专业特长。两位老师结合自己所教专业特点，通过理论课程、实训课程深入启发学生，和学生一起挖掘专业领域改进方向，激励学生在掌握专业知识和创新教育的基础上，加强专业知识和技能在创新创业活动中的转化，鼓励学生团队申报专利，成果转化，强化自身技能素质，学以致用，提升就业能力，更好适应时代变革与社会发展。

作为专业老师加强专业教育的同时，两位老师也鼓励同学们参加学校各种创新创业培训，例如参加成都创业天府·菁蓉汇的活动，同学们聆听各个优秀的创业者和企业家经营公司过程的分享，组织大学生走访及参观创业企业，近距离接触一线创业者，吸取最真实、最有说服力的创业经验。

两位老师认为，融合专业知识和创新创业知识的实践活动，能从学生的兴趣点出发，用更为灵活的学习方式，以企业的角度带给学生更贴近职场的学习内容，而学校和企业间的合作、校企资源的融合，能将学生的专业知识与创新创业知识相结合，学生能够结合专业背景开展创新创业实践活动，在实践过程中培养学生创新创业思维。

关于未来，他们表示：第一，积极响应学校建设"双高"需要，继续深耕这个行业，为社会和企业培养更多具有创新创业意识的高素质技能型人才。第二，扩充团队，和不同专业的老师进行合作，吸纳不同专业的学生进行交叉学习，这样可以有更多的合作灵感，能够撞击出不一样的思想火花。第三，不断自我提升，在未来的工作中，将继续刻苦钻研，提高自己的理论素养和思想境界，做到教学、科研和比赛的相互融合和促进。

著名哲学家雅斯贝尔斯说："教育的本质意味着：一棵树摇动一棵树，一朵云推动一朵云，一个灵魂唤醒另一个灵魂。"身为高校教育工作者，谯建春、刘宇老师在未来的日子里，将秉持自己初上讲台时的梦想与信

念，踏踏实实教书育人，积极开展教学改革探索，促进学生在创新创业中全面发展，做学生创业路上的"护航者"！

6.2.1.6 辅导员陈青美：半亩方塘长流水，呕心沥血育新苗

陈青美，成都工业职业技术学院专职辅导员，获四川省第九届高校辅导员素质能力大赛特等奖，是全省高职院校唯一一位获得特等奖的辅导员。

（1）向上，努力奋进，浇灌希望之花。

为了讲好高职院校辅导员的故事，能在省辅导员素质能力大赛中展示高职院校辅导员良好的精神风貌、娴熟的业务能力、深厚的理论水平，陈青美把压力转化为动力，认真备赛，主动申请中秋、国庆期间到学校雅安鸿林分院驻守，那段时间她白天系统学习理论知识，晚上做题，为比赛打下扎实基础。国庆结束回校后，除了要完成本职工作以外，她还要抽空看书、总结、演练甚至出差取经、学习经验。整整两个多月的集中备考时间，她没有休息过一个周末。当时，她内心就一个信念，"我不是我，我是我们"。

经过理论笔试、谈心谈话、案例分析三个环节的比赛后，她从 106 所高校的 125 名选手中脱颖而出，荣获四川省高校辅导员素质能力大赛特等奖，也是高职院校唯一的一名特等奖。听到这个成绩时，她是激动又很意外的，这是"我们"辅导员在工作中走深、走实的成果，也是学校高度重视、关心支持的结果。

（2）向善，暖心育人，绽放友爱之花。

小 A 同学是陈青美老师的学生。他在新生心理问题筛查中出现心理问题，陈青美老师通过和他一对一的深度访谈，了解到小 A 同学从小父母外出打工，长期留守在家与爷爷奶奶生活，曾经因抑郁自残过几次，找不到生命的意义。进入大学后，他无法适应大学生活，有过轻生的念头。为了帮助小 A 同学走出抑郁情绪，找到生命的意义，陈老师一是从侧面了解到小 A 同学喜欢锻炼，她就每周抽出时间约小 A 跑步，一边锻炼，一边谈话，通过这种别样的方式为小 A 进行情绪疏导和排解，并及时了解到他的生活和心理情况；二是积极发掘小 A 的闪光点，并加以强化。在上课的过程中陈老师发现小 A 知识面非常广并积极回答问题，就任命他为课代表，树立了小 A 学习上的信心，也帮助他找到了为同学们服务的获得感和幸福感。

爱的力量是相互的,有一天陈老师上课的资料包遗失了,里面有课本、优盘、手写的笔记、思维导图,这些是陈老师上课几年的心血。陈老师联系小 A 帮忙到上课的教室里找一下,小 A 二话不说,晚上 10 点去教室找了很久但还是没有找到。当陈老师已经心灰意冷时,第二天早上 7 点小 A 给陈老师发消息说,他怕"美姐"有急用就天还没亮就去了教室,并把教室外的垃圾桶翻了一遍终于在垃圾桶里找到了,他说他想了一晚上很有可能是清洁阿姨扔在垃圾桶里了,没想到还真找到了,心里一阵乐呵。陈老师听完后心里暖暖的,非常感动,想不到自己的事情他竟这样放在心上,这种爱的反馈让她感受了教育的力量和价值。

在陈老师两年多的关注和帮扶下,现在的小 A 同学变得越来越阳光,每天早起跑步,积极参加各种活动,并在运动会中一次又一次地突破自己,取得了优异的成绩,荣获了体育道德风尚奖。

(3)向美,双向奔赴,盛开和谐之花。

"美姐,我们班同学发生矛盾了,要打架了,需要你来处理一下",建工某班的班长很着急地给陈老师发信息,看到此条信息后她心里也在纳闷,平时乖乖的班怎么会打架呢,还在下课的时间段,顾不得多想,她拔腿就跑到了教室,还没等喘过气来,只见全班同学都起身站立起来整齐地喊着口号:"美姐,教师节快乐!"看着黑板上"教师节快乐"四个大字样,心里不由得由惊转喜,班长连忙解释道,"本来全班想邀请你到班上来看我们准备的礼物,但又怕你忙,走不开,就想到了这个'紧急'方法。"随后,另外的班委将一个很大的蛋糕放在了桌上,上面刻着"桃李满天下、春晖遍四方",看到此时此景她很感动,也很高兴地和同学们分享着她的喜悦。

同学们制造的"意外惊喜"是她工作多年来最难忘的一次教师节,而每年的教师节她都会收到来自各方的祝福,这是教师获得感幸福感爆满的一天,满满的感动让她体会到了工作的价值和意义,这是一场双向奔赴的过程。

6.2.1.7 "珠宝设计师"熊维:我想把学生举过头顶,去看我不曾看到的风景

学生口中的"伯约老师"——熊维,最初是学校的化学教师,2015 年转型担任创业导师指导汽车专业和装备制造专业的创新创业课程。

熊维除了教师这个职业外还有一个从小想当服装设计师的梦想,却阴

差阳错学习了化工专业，但熊老师仍然不忘初心业余开设了珠宝设计工作室，带领学生创业。

说到怎么与珠宝行业结缘的，熊老师回忆道，2010年带着孩子去博物馆做讲解员，发现自己对古玩有一些感觉，于是就考了一个高级古玩鉴定估价师。

回顾在创业途中遇到的困难，熊老师表示，学校在2014年觉得工业分析与检测这个专业前景不好，于是就取消了这个专业。作为当时的任课老师就有点失望，她觉得要在体系内和体系外创业了。

体系内，熊维依靠着办少儿英语学校和某辅导机构的经验和生活经历去关注学生的职业发展，担任创新创业的导师与同学一起提升，还积极参与各类比赛并取得优异成绩，荣获"四川省大学生创业导师"称号。

体系外，熊维则追逐设计师的梦想，去深圳考取了"手绘设计师证书"。熊老师其实并非珠宝科班出身，在创业的路上十分艰难，通过创业知识的学习成功追梦。

今年是熊老师教学创业兼并的第4个年头，同时也是接触珠宝设计的第10年。熊老师作为创业导师快要退休了，近期也将之前的所有珠宝资源引进学校双创中心给在校大学生创造一个创业平台和机会。熊老师希望同学们好好努力，可以有机会参与到项目中来。

6.2.2 职教路上的追梦人

6.2.2.1 钻研技能，成为大国工匠

（1）罗心雨：全国技术能手的成长之路

冬日的广州，繁花似锦，暖意融融。在中华人民共和国第一届职业技能大赛上，成都工业职业技术学院选手——物流工程学院罗心雨同学，代表四川省参加"货运代理"项目的竞赛角逐。该项目是第46届世界技能大赛赛项之一，有来自全国27个省（市、自治区）和交通运输部共28支参赛队同台竞技。经过3天、历时14小时的激烈比拼，罗心雨同学脱颖而出，获得该项目铜牌，以全国第三名的好成绩，荣获"全国技术能手"称号，并入围第46届世界技能大赛货运代理项目中国集训队。此次职业技能大赛是新中国成立以来规格最高、项目最多、规模最大、水平最高的综合性国家职业技能赛事，是技能领域的"全运会"，能获得奖项实属不易。

2020年5月20日，成都市职业技能竞赛"货运代理"集训基地建设项目正式落户成都工业职业技术学院。物流工程学院报关与国际货运教研室主任刘祖阳被聘为项目主教练。刘老师拥有四年多国际海空货运代理工作经验，持有国际货运代理培训考试培训师资格证书。学校被授牌后，他马不停蹄地投入基地建设和世界技能大赛集训选手的选拔工作中。世界技能大赛被誉为"技能奥林匹克"，比赛时间长、任务重、压力大，尤其对参赛选手英语水平要求较高。在对赛情进行深入分析和研究后，刘老师初步把英语成绩优、学习积极主动、心理素质好的学生作为选拔标准，从报关与国际货运专业中初步筛选出了 6 名学生。

2020 年 6 月，骄阳似火。成都工业职业技术学院物流工程学院第六届"互联网+"创新创业大赛也正开展得如火如荼。物流管理专业的罗心雨同学作为项目汇报人进行汇报，其出色的演讲水平和稳健的台风吸引了刘祖阳老师的注意。在了解到罗心雨同学英语成绩优异，已经通过大学英语四级考试时，刘老师按捺不住发现好苗子的喜悦，在向主评委张锦惠院长汇报后，他们决定要让罗心雨加入校集训队并进行重点培养。

小荷才露尖尖角，早有蜻蜓立上头。就这样，怀着一颗忐忑的心，罗心雨加入了世界技能大赛成都工业职业技术学院国际货运代理集训队。陌生的专业英语，复杂的运输路线设计，繁复的成本核算内容，对于基本没有接触过国际货运代理专业课的她来说，确实不是一件容易的事。

世界技能大赛的货运代理项目，要求参赛选手具有较高的专业素养，熟练掌握行业的业务流程，具备较强的实践能力。如何实现弯道超车，使选手们的专业知识和实践技能在短期内快速提升，是摆在主教练刘祖阳面前一道亟待破解的难题。为此，刘老师几乎牺牲掉所有的休息时间，全力投入备战中。假期中，他给学生们"开小灶"，恶补书本上的知识；闲暇时，他四处搜罗历年比赛题目，逐一对题目涉及的考点和解题思路进行分析。在大致摸清出题思路和规律后，刘老师举一反三，不断建构接近真题的题型，每天指导学生练习，并针对错题、难题进行解答。

在通往世界技能大赛的征途中，从来不乏坎坷与荆棘。每一位选手都经历过层层选拔的惊心动魄，罗心雨也不例外。在经历了校、市、省的考核和筛选后，她逐渐适应了不断增大的训练强度和赛题难度，技能水平也在总结、演练和磨砺中不断提高，坚定的目标让她更加刻苦而自律。从校内集训开始，罗心雨就暂停了一切个人爱好，将手机屏保设置成了世界地图，督促自己抓紧每一秒时间提升运输路线设计能力，恶补货运代理专业知识。从清晨到日暮，从黄昏到深夜，记地图、背术语、做习题已成为她日常的风景。在经过全面准备、全面提升、集训冲刺的反复磨砺之后，罗心雨的综合能力得到了极大的提升。

很快，团队迎来了第一次省级选拔赛。刘老师带领罗心雨等四名同学奔赴陕西参加陕西省选拔赛的邀请赛，这是对他指导和研究成果的第一次检验。选拔赛共有来自6个省的35名选手参加，经过一天的鏖战，罗心雨同学取得第9名的好成绩，其他3名选手也均获奖，刘祖阳老师获得优秀裁判奖。

在摸索中不断前进，在比赛中快速成长。虽然首战旗开得胜，但刘老师并没有放松，即使在暑假期间，他依然坚持每天对选手进行培训指导，全程陪同选手到重庆参与为期14天的集训。白天他和选手一起参加培训，晚上召集学生对当天的培训成果进行检验和答疑，查漏补缺。为了增加选手的实战经验，集训结束后第二天，他便带领选手赴贵阳参加贵州省货运代理"三进一"世赛选拔赛的邀请赛。经过两天的较量，种子选手罗心雨取得第三名的喜人成绩。

2020年9月4—5日，四川选拔赛成功举办。罗心雨在比赛中崭露头角，斩获桂冠，代表四川省出战全国首届职业技能大赛货运代理比赛。比赛是竞争也是历练。比赛中，罗心雨遇到了一道关于中欧班列报价的题，因为没有遇到过类似的题型，想了很久都没有结果。赛后，罗心雨认真进行了复盘，刘老师也为她制订了专项训练计划，针对客户获取、报价运算、运输管理费用计算、海运操作、投诉处理和索赔处理七个竞赛模块制定了5套攻略。在老师的帮助下，罗心雨的解题思路更加活跃和沉着，竞赛水平和综合能力有了显著提高，对比赛要求、知识和技能的掌握与运用更加熟练和准确。在10月17日举办的重庆"巴渝工匠"杯货运代理技能竞赛中，四川队夺得外省队伍的第一名。

训练进入冲刺阶段后，在没有实践条件的情况下，刘老师模拟实际场景，辅导选手们进行模拟实践操作。为了检验训练成效和达到以赛促训的目的，师徒二人再次踏上赛场的征程，到山东参加了2020年全国职业院校技能大赛改革试点赛。这次比赛，罗心雨从全国30支代表队的众多队员中脱颖而出，位列第五，荣获全国二等奖。赛后，他们又远赴深圳、海南参加各类比赛进行综合提高训练，刘老师为她量身定制了更为详细的训练任务。

12月10日，全国第一届职业技能大赛货运代理比赛拉开帷幕。罗心雨同学在刘老师的指导和鼓励下沉着应战，力克群雄，成绩取得历史性突破，喜获"全国技术能手"殊荣！

心中的梦，眼中的光，只有辛勤付出才能将它点亮；脚下的路，志的方向，只有执着追求才能成就理想。在备赛的征途上，刘老师和罗心雨同学一路艰辛磨难，一路披荆斩棘，砥砺前行，不负众望，创造了一个个佳绩，铸造了一个个辉煌。

习近平总书记指出，"技术工人是支撑中国制造、中国创造的重要基础。"大赛虽然结束，但青年工匠们丰沛自身技能羽翼、用精湛技艺报效国家之路仍然任重道远。作为"全国技术能手"，大赛中涌现中的佼佼者，在享受美誉的同时，也肩负着"争当表率、争做示范、走在前列"的重任。罗心雨同学表示，会以此次大赛为起点，坚定报国理想信念，不断打磨精湛技艺，瞄准国际先进标准，提升技术技能水平，用勤劳的汗水和过硬的本领谱写新时代的青春之歌。

（2）张蝶洪：从职业院校里走出的"大国工匠"。

张蝶洪，2017年毕业于成都工业职业技术学院机械制造与自动化专业，现为川航航空发动机维修工程有限责任公司检验员。参加工作6年来，他先后获得四川航空青年创新创效大奖、安全质量标兵及航空发动机喷嘴维修创新型高技能人才等多项荣誉。

一路走来，张蝶洪从一名航修分修协助员逐步成长为国之重器的建造者。作为航修维修战线的一线员工，这些年，张蝶洪靠着不服输、不气馁的钻劲儿和干劲儿，攻克了20多项关键技术，打破了1项国外技术垄断。

张蝶洪说，是母校培养了他敢于实践和大胆创新的精神，这种精神也激励着他在现在的岗位上坚持下来，实现了一项项工艺革新，完成了一系列技术攻坚。而在张蝶洪当年的班主任王凯看来，张蝶洪的天分并不突出，但是他肯吃苦、能钻研，这种精神十分难得。"有了这种精神，还有什么干不好的工作！"老师们赞叹说。

雷锋同志曾说："螺丝钉虽小，其作用是不可估量的，我愿永远做一个螺丝钉。"2016年，张蝶洪通过校园招聘进入了成都航利（集团）实业有限公司，开启了自己的航修工作。头三年，他一直扎根在生产任务的第一线，从事液压作动筒、压气机作动筒和风扇作动筒的分修协助工作。初入职场，张蝶洪总是用雷锋同志的话来激励自己，要兢兢业业、忠于职守，干一行，爱一行。车间里有许多经验丰富的老师傅，张蝶洪一有时间就在他们旁边认真学习。很快，张蝶洪对车间的机器都可以熟练操作。在车间，他还经常帮同事们解决难题，大大提高了车间的工作效率。"产品就是人品"，张蝶洪说，要始终对自己的工作怀有敬畏之心，才能将工作做好。

张蝶洪拥有吃苦耐劳的精神和高超的技术水平，这让上级领导非常看好他，于是他顺利转入刚起步的军民融合企业，成为川航航空发动机维修工程有限责任公司的正式员工，成为了一名正式的航修人，先后奋战在班组长、专职质检员等各个重要的"螺丝钉"岗位。2020—2022年，他作为班组长，带领团队完成了518套发动机热端系统附件和450套民航产品的交付工作。作为专职检验员，他至今已完成了602套发动机热端系统附件质量检验工作，未发生一起错检、漏检和其他安全质量问题。同时，为了进一步钻研机械维修技术，拓宽材料知识面，他还主动承担了公司的器材检验工作，入场检验了各类维修工作超过1 800件，航、辅器材超过850项，为公司把好安全质量的第一关。

2020年，张蝶洪成为公司班组带头人，负责班组生产任务的安排和进度把控，确保产品按时按质按量交付。由于公司航发维修缺乏类似修理技术的经验指导，需自行研究修理方法，张蝶洪带着班组迎难而上，自行钻研发动机热端系统附件的修理技术，创新性对公司承修的燃油喷嘴进行了两次系统性的技术总结。

在第一次总结中，张蝶洪所带领的团队发现喷嘴存在着雾化质量差、喷口处鼓泡液滴等8类主要故障，并根据此次发现分析故障原因，总结修理中遇到的问题和解决办法，形成了修理技术作业指导书，为后续修理做好了技术攻关准备。几个月之后，张蝶洪带领着团队在第一次总结的基础上，从"人、机、料、法、环"各个方面对燃油喷嘴进行分析，提出改进建议，基本拟定燃油喷嘴航材的保障方案。"我们对该航空发动机的燃油喷嘴有了一个全面的认识，对后面的修理提供有力的技术支撑。两次总结，基本解决了该产品当前所有的技术问题，确保产品维修的顺利进行。"张蝶洪介绍道，经过两次系统性的总结，公司的产品修理技术、现场管理等有了更加全面的提高，同时在固化生产流程、拟定航材保障方案方面已经形成修理技术作业指导书，有效突破该产品从试修到批修的瓶颈。据了解，经过张蝶洪所在班组完成的两次技术总结，公司航空发动机单台成本消耗从约 15 万元降低至 1.9 万元，单台成本降低了近 13 万元，不仅提高了产品生产效率，更为公司大大节约了生产成本。

六年的时间，这颗"螺丝钉"逐渐闪闪发光，从一个普通航修工人成长成为一名航发维修战线的创新型高技能人才。张蝶洪所在的"技能创新工作室"，正致力于航空发动机燃油系统精密件密封、研磨、性能调试等关键技术的研究，尝试逐步突破国外技术封锁。

《一种用于滑油热交换器的密封测试设备》是张蝶洪在公司参与的第一个实用新型专利，该专利解决了航空发动机密封测试的问题。"在航空发动机中，燃油喷嘴是发动机燃烧室的关键组件，是燃烧室的生命之源。喷嘴的性能决定了发动机的性能、可靠性、经济性和寿命，因此被誉为航空发动机皇冠上的'夜明珠'。"每每谈到自己从事的航空发动机维修工作，张蝶洪满满的自信和自豪感都溢于言表。

六年时间里，张蝶洪已经成长为一名能独挑大梁的"大国工匠"，积极报名参加大师工作室"高级钳工研磨技术精英班"，努力打磨专业技术技能，成了一眼能判断产品的修理质量、能判断故障是否可修的"老师傅"；成功取得了包括《一种用于滑油热交换器的密封测试设备》《一种用于空气涡轮起动机弹簧校形的测量夹具》等 5 项自主设计的实用新型专利在内的 23 项航空发动机维修实用新型专利；负责的项目"APU 滑油热交换器密封测试设备研制"获"四川航空创新创效大奖"；作为项目团队主要成员，参与并完成四川省科技引智成果示范推广项目"民航飞机辅助动力装置整机测试技术"。

一开始，张蝶洪只是一个平凡的职业院校学生，现在也只是一个平凡的车间工人，但正是因为奋发有为、精益求精的精神，才让他坚持到现在，逐步成为能独挑大梁的"大国工匠"。张蝶洪在就业实践中增长才干、锤炼意志的做法，以实际行动书写无愧于时代的青春华章，在民族复兴的时代征程上留下他们的青春群像，诠释了当代机械人的时代担当！

6.2.2.2　努力拼搏，成为岗位先锋

（1）邓胜科：国家安全的守卫者。

邓胜科是成都工业职业技术学院 2018 级信息安全技术专业毕业生。在校期间获得国家奖学金、纬创奖学金、四川省信息安全管理与评估大赛三等奖、党校优秀学员、优秀共青团干部、四川省综合素质 A 级证书等荣誉。

工作中，他一直保持满腔热忱，刻苦钻研专业知识，将自己在学校学习的理论知识灵活运用到工作中，并总结出"众网成络，安全为脉"的理念，将信息安全作为自己的人生事业，用自己的专业技能，筑起一道坚实的信息安全防火墙。

他还告诉学弟学妹们：一是做技术的话不需要学历自卑，我们部门的实习同学里面也不乏川大、电子科大的应届生。二是如果一开始就明确了毕业后直接就业，那就在大二开始的时候为增加简历的厚度而努力。三是能进更好的单位就进更好的单位，好单位的平台是一些普通单位无法企及的。

（2）"全路技术能手"施冰洋。

2024年10月16日，第七届全国铁道行业职业技能大赛铁路车辆钳工决赛暨2024国铁集团货车检修职业技能竞赛在成都工业职业技术学院拉开帷幕，施冰洋第二次返回母校，与上一次作为优秀毕业生代表回校演讲不同，这一次他作为参赛选手代表中国铁路成都局集团有限公司参加，这让他既忐忑又兴奋。

经过两天的激烈角逐，毕业仅两年的施冰洋荣获轮轴收入检查及不退卸滚动轴承故障判断第三名。回首求学之路，施冰洋感慨道："每一步都充满了挑战与机遇。我深知，正有老师的悉心指导，才让我打牢了技术基础，才能第一次参赛就取得好成绩。感谢母校三年的悉心培养，让我最终五年磨成一剑。"

自2019年踏入校园，施冰洋便以坚定的信念和行动，书写着自己的成长篇章。他对党忠诚，积极向党组织靠拢，递交入党申请书，深情表达了追求正义和正能量的决心。在党组织的培养下，他不仅主动投身志愿服务，保障旅客安全出行，还通过不懈努力，光荣加入中国共产党。

施冰洋对科技创新充满热情，他带领团队参与多项创新创业比赛，项目"绿宝餐厨垃圾处理""高铁车厢双向座椅设计"等均在省市级竞赛中获奖。在中国国际"互联网+"大学生创新创业大赛中，他的团队克服重重困难，实现理论到实践的跨越，荣获多项荣誉。这些经历不仅锻炼了他的创新思维和实践能力，更为他日后的职业生涯奠定了坚实基础。

凭借在校期间的优异表现，施冰洋顺利进入中国铁路成都局集团有限公司成都北车辆段工作。在修车车间和轮轴车间的历练中，他迅速成长为能够独立上岗操作的优秀员工。在企业的数字化改造中，他积极参与"数字北辆"建设，贡献了自己的力量。

2024年春，施冰洋踊跃报名参加检修系统职工职业技能竞赛，经过层层选拔与艰苦训练，最终代表中国铁路成都局集团有限公司参加全国铁路机辆系统货车检修工种职业技能竞赛，并荣获优异成绩。荣归母校之际，他满怀感恩之情，感谢母校的悉心培养与老师的谆谆教诲。

展望未来，施冰洋心中充满了无限的憧憬与坚定的信念。作为优秀的铁路工作者，他深知肩负着保障铁路运输安全、推动铁路事业发展的重任。因此，他计划提升学历，深化专业知识学习，紧跟铁路行业发展趋势工作上，不断钻研技术，继续创新，保持热爱，争取早日从操作技能岗位转入技术岗位。

施冰洋也希望能够将自己在职场中的经验和心得分享给更多学弟学妹，激励他们勇敢追求梦想。他相信，只要怀揣梦想、勇于担当，每个人都能在自己的领域发光发热，为社会的发展进步作出应有贡献。

在未来的日子里，施冰洋将带着对母校的感恩之情和对铁路事业的热爱之心，继续前行在追梦的路上。他期待着在未来的某一天，能够第三次回到母校，与更多校友分享自己的成长故事和成功经验，共同见证母校更加辉煌的明天。

（3）优秀毕业生雷白林。

2024年4月22日下午，习近平总书记重庆考察调研行中，第一站到达西部陆海新通道重庆无水港运营调度中心，随后到达重庆集装箱中心站。成都工业职业技术学院轨道交通学院优秀毕业生雷白林作为调车员参与接待。在铁路行业的璀璨星空中，雷白林宛如一颗闪耀的明星，他的光芒不仅源于自身的不懈努力，更离不开母校的悉心培育。采访中，雷白林表示能与习近平总书记面谈是非常荣幸的经历，总书记对他们的关心犹如一座闪耀着光芒的灯塔，在他们前行的铁路事业道路上，照亮着他们奋斗的方向，给予他们无尽的力量与信念。

回顾在成都工业职业技术学院的学习生涯，那是一段意义非凡且奠定了他职业生涯坚实基础的宝贵时光。铁路信号基础课程，在后续的工作以及岗位考试中展现出了无可替代的实用价值。这门课程就像是一把开启铁路专业领域大门的钥匙，让他能够深入理解铁路信号系统的复杂原理，为他在实际工作中迅速判断和处理信号相关问题提供了有力的理论支持。而铁路客运组织课程则如同一幅丰富多彩的画卷，为他全面地展示了铁路客运工作的方方面面，丰富了他的知识体系，使他在面对客运工作时能够游刃有余。实训课更是雷白林专业成长道路上的关键环节。在实训过程中，他亲自动手操作各种铁路设备，真实地模拟工作场景，这种身临其境的体验给予了他宝贵的实践操作机会。正是这些实训经历，让他在正式步入工作岗位后能够迅速上手，无缝衔接工作与学习。

在他多次考试失利而陷入自我怀疑的低谷时期，辅导员陈红洲犹如一盏温暖的明灯，给予他鼓励与信任，让他重新找回了自信。教务科汪渝老师则与他倾心交流，像一位智慧的引路人，全力相助，为他解决学习和职业规划上的困惑。宋立老师的那句"没有雄厚的背景，就要有辛苦的背影"，如同一记重锤，深深地震撼着他的心灵，让他深刻地明白唯有靠自己的努力与奋斗才能在竞争激烈的社会中立足。而杨冀琴老师的铁路信号基础课，更是如同一场知识的甘霖，滋润着他对专业知识的渴望，助力他在专业领域的不断提升。除了老师们的关怀与教导，校友们的影响也不容忽视，09级游俊才、10级杨柳、09级董红右等校友，他们在各自的领域取得的成就以及展现出的积极进取的态度，如同一个个鲜活的榜样，激励着他不断向前。

学校在就业指导方面所做的工作以及老师们的正确引导，为雷白林明确了投身铁路行业的就业方向。在校期间参与学生会以及担任班长的经历，如同一个锻炼他能力的熔炉。在学生会的工作中，他学会了如何与不同性格、不同背景的同学打交道，锻炼了他的交际能力；而作为班长，他则肩负起了组织班级活动、协调同学之间关系的重任，这极大地提升了他的组织协调能力。在校期间他还获得了优秀学生干部、优秀团干部以及优秀团员等荣誉称号。这些宝贵的经历让他在校园招聘的舞台上能够从容不迫，自信地展现自己的优势。每年春运期间的跟岗实训，是他了解铁路工作实际情况的重要窗口。通过在各个岗位的跟岗，他熟悉了不同岗位的职责以及所需具备的能力，这为他后续的职业选择和工作开展奠定了坚实的基础。学院浓厚的学习氛围与严格的纪律要求，犹如一把雕刻刀，精心地雕琢着他的品格。在这里，他养成了良好的时间观念与纪律意识，这种习惯在他进入工作后，成为了他严格遵守铁路工作安全规范的重要基石。此外，在校参与的专业竞赛也为他的职业发展创造了独特机遇。这些竞赛不仅考验了他的专业知识与技能，更培养了他在面对挑战时的应变能力和创新思维。

在团结村火车站担任调车员期间，雷白林面临着诸多困难与挑战。重庆40℃高温的夏日，酷热难耐，但他依然坚守在自己的岗位上，坚定不移地执行调车任务。尽管工作辛苦异常，但他展现出了坚韧不拔的毅力，收获了先进个人标兵、先进工作者、优秀党员等诸多荣誉。他将在学校学到的专业知识体系在实践中完美应用，实验实训课程中的模拟调车操作等实践环节与实际工作操作紧密结合，为他提供了巨大的助力。铁道交通运营管理专业的相关技能在调车员工作中发挥了关键作用，同时，调车工作所需的职业素养，如严谨的工作态度、高度的责任感等，也得益于在校期间的培养与锻炼。

对于自己在铁路行业的职业发展，雷白林有着清晰而明确的规划。他专注于信号与行车方面，不断地学习和积累相关知识与经验。他深知持续进步的重要性，始终保持着对新知识、新技术的渴望。同时他也不忘回馈母校，为学弟学妹们提出了宝贵的建议。他强调提升学业成绩的重要性，因为扎实的专业知识是在铁路行业立足的根本。积极争取入党，能够在思想上、政治上不断提升自己，树立正确的人生观、价值观。而把握专升本的机会，则可以为未来的职业发展开辟更广阔的道路。

轨道交通学院具有优质的教育资源、严谨的治学态度和全方位的培养体系，犹如一个温暖而有力的摇篮，孕育了像雷白林这样的优秀学子，助力他们走向成功的彼岸。雷白林的故事犹如一首激昂的赞歌，激励着在校的学弟学妹们。让他们明白，只要在学校努力学习、积极锻炼，充分利用学校提供的各种资源与机会，就一定能够在未来的职业道路上创造属于自己的辉煌，书写属于自己的精彩篇章。

6.2.2.3 瞄准前沿，成为创业榜样

（1）王民友："互联网+"国金获得者，亿级手机循环经济践行者。

荣获"互联网+"全国大学生创新创业大赛金奖，创立的公司年均交易额达1.5亿元，盈利734万元，被转转集团评为全国优秀供应商，被拍机堂评为全国优质商家，与7家行业龙头企业建立合作关系……以上是成都工业职业技术学院一位98年出生的男生创立的公司交出的成绩，他说："我喜欢玩3C，很幸运我把兴趣'玩'成了事业。现在，我还想'玩'出更大的世界。"

王民友从小就喜欢电子产品，但不是沉迷于娱乐的喜欢，而是喜欢研究和探索各种电子产品的功能和特点。

在网吧里，朋友们都在热火朝天地打游戏，而他却在浏览关于3C产品的新闻。由于从小的热爱，2017年王民友进入太升南路二手3C产品市场，成为一名二手机"背包客"。

王民友说："在学校的创新创业课中，老师会讲到一些国家政策，这让我有了很多创业的灵感。"

通过关注时事新闻和了解政策文件，王民友发现了隐藏的机遇。二手3C市场交易规模巨大，但我国3C回收涉足企业较少，二手3C市场空白也很大，3C循环经济呈现蓝海市场趋势。

他结合自己做"背包客"的经验，经过充分调研，认为这是一次不可错过的机遇，于是决定闯一闯。

2018年，王民友选择休学创业，将学校校训"以德润身，技臻至善"融入公司名称，成立了成都臻致网络科技有限公司。

万事开头难，创业初期的王民友面临缺乏安全便捷的回收渠道，缺乏质检与定价的行业标准，缺乏可信赖的购买渠道，缺乏高精度、高效率的质检体系等困难。

山重水复疑无路，柳暗花明又一村。王民友很快找到了解决问题的方案——基于全产业链运营模式，开发高于行业标准的全面质量检测体系，重建买卖双方信任体系，破解周转效率问题，拓宽销售渠道，完成品牌孵化，将旧机维修整备、全面质量检验体系和第三方验机服务相结合，实现利益最大化。

如今，王民友创立的公司已从赚取收售价差的交易中间商，升级为全产业链3C产品循环经济倡导者。

项目运营5年来实回收17 680部电子产品，实现资源再生，为生态文明建设贡献力量。公司成立至今与转转、爱回收等业内龙头企业建立稳定合作关系，在爱回收、闲鱼、抖音商城进行多平台销售。

2021年，王民友创立的公司全年营业收入超1.5亿元，综合收益达到734万元，预计2022年公司总产值将达到2亿元。

王民友在创业的道路上也遇到了和他志同道合的朋友，包括联合创始人王云飞、回收业务经理黄政、项目运营经理任玖州和质检项目经理杨林海。

他们一起在自己擅长的领域披荆斩棘，乘风破浪，一起朝着"2025年成为西南地区二手3C回收头部企业"的目标而努力。

创业成功后，王民友还不忘回馈社会和学校。他入驻成都工业职业技术学院工智时代 T-AI ERA 众创空间，带动大学生创业，实现盈利 24 万余元。为中等职业学校、高等职业院校提供实习岗位 12 个，吸纳中高职院校毕业生就业，助推退役军人转业。王民友的公司通过全面质检完成产品分级，不可销售的手机送往资源回收企业，分解后提取钯、铂等贵重金属，实现资源再生，促进生态文明。

2022 年，王民友在学校设立成都工业职业技术学院智能制造与汽车学院"王民友奖学金"，这是学校首个以学生名义设立的奖学金，每年 2 万元资金投入，奖励智能制造与汽车学院品学兼优的学生，并提供假期实习岗位。

（2）边小蒙：在创业路上不断探索。

近年来，越来越多的大学生创业者走入公众的视野。而边小蒙就是其中之一，他的创业之路一波三折，他是一位虔诚的创业者、梦想家，对创业怀着最诚挚的期待，与同龄人有着不同的人生见解。

创业梦贯穿了边小蒙的学生时代。在高中时期，他转了两次学后考上了大学。因为专业不符合自己对未来的规划，他做了一个贸然但果断的决定——退学，但是关于退学这件事家里人却不知情。

创业之路不易，创业不仅需要持之以恒的热情，更需要敏锐的眼光。为了挣到第一桶金，他离开成都来到重庆，开启首次创业——卖手机。但老天爷并没有因为他是第一次创业就赐予他幸运，售卖情况并不好。难上加难的是，身上的钱也花得差不多了。为了省钱他连续一周就只喝稀饭拌老干妈，但重庆天气炎热，导致他的身体出现了问题，鼻血滴进了碗里，看着碗里的老干妈和稀饭以及鼻血，边小蒙扛不住身体的疲惫和一直以来受到的委屈而崩溃地大哭起来，此时他终于明白了创业意味着什么。

但他没有因此被打倒，依旧不忘初心一步一步前进，终于看见了一丝曙光，生意慢慢好转起来了，随后他便开了人生第一家手机店。但不像我们想象的开店后就立马赚很多钱，他在衣食住行上的开支依旧很节约。为了节省开支他每天晚上八九点在超市准备关门时去买菜，有人问他为什么这个时候才去买菜，他说："这个时候的超市会有打折菜，可以让我节约一笔钱，吃肉也是计划着吃，每次出行都是坐公交车。"

第一次创业确实吃了不少苦，但也不是没有收获，他攒下来不少钱，至少对于当时他的年纪来说这是一笔不小的数目，但他并没有满足，他还保持着那颗"逐梦赤子心"。

一次偶然的机会，边小蒙在逛超市时碰到一位正打算把自己的宠物狗卖掉的孕妇，但却得知这只宠物狗最后的归宿却是屠宰场。边小蒙觉得很惋惜，于是他就买下了这只宠物狗，他在养宠物时，他也发现养宠物的消费尤为高昂。于是他就萌生了开宠物店再次创业的想法。

宠物店是他和朋友一起开的，刚开始店里没什么生意。自媒体短视频也没像现在一样流行，他们就用土方法发传单来进行宣传。

但是这也不是长久之计，他们想的是必须打出自己的品牌。后来几经波澜后，终于能正常运营了，他也慢慢摸出了门道：谈业务，创建宠物群，生意也逐渐步入正轨。现在，他的宠物店扩大规模成了俱乐部，给客人带来了更优质的服务，逐渐做大做强。

后来，边小蒙来到了成都工业职业技术学院新都校区（中专部）学习，经过一番努力考上了天府校区（大专部），开始了他的大学生涯。

边小蒙在学校获得的荣誉数不胜数，大一一年就陆续参加了包括志愿者、技能大赛、党团建设、校级比赛等各种活动，还在学生会换届中当选为学生会主席。在这些活动中，边小蒙变得越来越自信。

人生没有白走的路，每一步都算数。所有的经历都可以化作成长，事实证明优秀的人在哪里都能大放异彩。

学校"思政之星"比赛是边小蒙印象最深刻的比赛，他成功进入了总决赛。在比赛前一天彩排时，老师发现了他们的问题：演讲主题存在漏洞、演讲没有气势。更突然的是，他们的主题在比赛前一天直接被老师推翻了。

这对他们来说是重大的打击，因为准备了一两个月的项目在决赛前一天完全推翻，这是非常致命的问题。但经历过那么多挫折的边小蒙并没有气馁，他和队友陶永丽立马一起着手准备比赛，寻找指导老师李春梅寻求帮助。老师帮助他们确定了"星火筑梦，少年有为"的主题，他们一晚上没有睡觉，通宵背稿子准备第二天的比赛。付出总有回报，他们获得了"思政之星"比赛第一名。

6.2.2.4 不满当下，成为升学达人

（1）官庆发：从专科到博士，实现专业深造梦想。

怀揣着成为一名土木工程教授的梦想，他坚守热爱，默默耕耘。从职校生到博士生，一路走来，他通过努力书写励志人生，他就是成都工业职

业技术学院建筑工程学院 2018 届毕业生，现在在昆明理工大学攻读博士学位的官庆发。

在成都工业职业技术学院读书期间，只要是没课的日子，官庆发总会去图书馆。官庆发认为，图书馆宁静宽敞，可以让他养成规律的作息，同时还可以培养阅读和写作的习惯，训练出深度思考以及能够长期专注于一件事情的能力。而这一切的付出，在日积月累下得到了满意的答案。功夫不负有心人，官庆发如愿获得西南交通大学管理学学士学位。

这一切的背后，离不开官庆发对建筑工程的热爱，而这份热爱则源自他长期以来对建筑设计以及施工技术的好奇。为了探寻心中疑问，官庆发投入大量时间去学习和建筑工程相关的专业知识。一串串优雅的数学符号和充满启发性的英文表达，构成了一篇又一篇学术论文，并且让官庆发获得了一项又一项的国家发明专利。而这一切也得益于他在成都工业职业技术学院的知识储备。

丰富的学习经历，使得官庆发比其他同学更加熟悉建筑领域的相关知识，进而能够快速上手科学研究，同时也能更好把握创新方向。结合对建筑材料的探索和思考，以及在校学习力学的体验和感悟，官庆发找到了自己的新方向：先进材料力学。通过不断摸索与努力，官庆发成功进入昆明理工大学攻读力学专业博士。

成长路上，虽然更多的是靠官庆发自己的奋斗。但是，师长与伙伴的支持和鼓励也是必不可少的。没有人是一座孤岛。前行时，总会遇见志同道合，并愿意与自己同行的人。而在前行的路上，老师就是明亮的路灯，为自己的前行照亮迷途的方向。同学是筷子的另一只，为官庆发提供坚实可靠的力量。遇上难题，大家一同讨论，想解决办法，攻克难题的那一刻，喜悦与满足溢于言表。

（2）王冀睿：三跨专业实现博士梦。

王冀睿，成都工业职业技术学院铁道通信信号专业 2015 级学生，2018年升本于成都大学电气工程及其自动化专业，2021 年考上河南大学心理学专业硕士研究生，2024 年考上首都医科大学附属北京儿童医院临床心理学专业博士研究生。从铁道信号专业到电气工程专业再到心理学专业，三次跨度，他是如何实现自己的博士梦的呢？

①2015—2018 年：迷茫的开局，良师教导，迎来初露曙光的结尾。

"我不太喜欢这个专业，说实话，虽然该专业发展前景很好，未来的就业很好，但我提不起兴趣"。

在大一结束的时候，王冀睿同学成绩排名在该专业 134 人中位列 117 名，随后在大二上学期期末考试挂科了所有专业课课程，这样的成绩警醒了他自己。

"辅导员何谯老师看到我挂科这么多后，来找我谈话，何老师并不是责备我，说我不是学习能力差，但这个心态应该积极些，反复鼓励我加油，我也怪不好意思的"。

后面的学年里，王冀睿同学认真准备每一次期末考试，再也没有挂过科，积极面对考试，在专升本考试报名之前也完成了重修课程。这也为他顺利考取成都大学本科埋下了铺垫。

"大概是 2018 年 4 月底通知可以报考成都大学的专升本，我当时单纯地想试试，冲刺复习一把嘛"。

最后，王冀睿同学迎来了让他感到意外又惊喜的结果，成功被成都大学录取。此时的王冀睿同学，对本科生活有点害怕，但更多的是期待，前方还有很长的路要走，至少是个新的好开始。

②2018—2021 年：专注自我与当下，不惧失败，慢慢进步。

专升本成功后，王冀睿同学面临的第一难题就是全新的专业课程。

"铁道通信信号与电气工程，有一点联系但不多，像电机学、电力系统分析，对我而言都是从未接触过的内容，确实压力很大。"

本科的第一学期，王冀睿同学在成都大学开始拼搏，早晨的图书馆与凌晨的寝室，都留下他奋斗的身影。

"这一次，反而没挂科了，感觉有点神奇，但也有点开心，原来努力也有回报嘛。"

也就在第一学期结束后，王冀睿同学有了新的目标，出于对心理咨询领域的好奇与热爱，他决定报考云南师范大学的应用心理专业硕士，为此，他在完成本科学业的同时，也为考研积极准备了起来，还在这一阶段通过了英语六级考试。

"但第一次考研，结果并不圆满，就是复试被刷了嘛。虽然有些难过，但我心态比较好，大不了慢慢来"。

随后的 2020 下半年，王冀睿同学从成都大学本科毕业之后，一边工作，一边备战 2021 考研，同时归纳总结自己的不足，锚定难点并逐步攻破，并且选定了更难的目标——河南大学心理学学术硕士。

"河南大学的心理学学科实力强劲,拥有河南省唯一的心理学博士点及博士后科研流动站,也一直都是考研的热门学校,但我还是想试试嘛。"

这一次,所有的辛苦付出换来了一个更好的结果,王冀睿同学在初试报名400多人的情况下,以总成绩370分排名第6的成绩,成功"上岸"河南大学。

③2021—2024年:稳扎稳打,收获且持续耕耘。

攻读硕士期间,王冀睿同学跟随心理咨询领域的陈欣教授学习,其间陈欣教授悉心指导,给予帮助,定期开展心理团辅与咨询督导,让王冀睿同学受益匪浅。此后,王冀睿同学在国内外学术期刊发表论文,并收获人生中第一笔奖学金。

"但我想走得更远一些,想继续在心理学领域产出,所以决定为申博努力冲刺"。

申博经历也不是一帆风顺,王冀睿同学在2024年4月底经历第一轮博士申请考核复试被刷之后,积极调整心态,及时抓住首都医科大学二批博士申请考核的机会,最后成功被首都医科大学附属北京儿童医院的临床心理学录取。

未来他将在儿童临床心理学领域发光发热,为小朋友们的心理健康保驾护航,为祖国的下一代健康成长做出一份贡献。

(3)游妙鹤:上岸的必是我。

游妙鹤,成都工业职业技术学院轨道交通学院城市轨道交通运营管理专业1603班毕业生,2024年硕士研究生"上岸"成都医学院马克思主义理论专业。

2016年的夏天,带着高考的遗憾和对大学的期待,游妙鹤来到了成都工业职业技术学院轨道交通学院,开启了属于她的大学生活。

她说:"少年的肩膀应当满是清风和明月,18岁的自己拥有一往无前的勇气,可是却又站在迷茫的十字路口徘徊了许久,或许我是颗铜豌豆——性格执拗,没法摆烂。"

游妙鹤明白自己无法改变环境,但却可以改变自己,所以一进校便竞选了学习委员。从此对自己的要求越来越严格,哪怕是选修课也是坐到第一排认真做笔记,努力学习。功夫不负有心人,游妙鹤的付出让她获得了国家励志奖学金。当然,在专业课学习之外,她还通过参加国赛锻炼自己。

2019年，带着大学三年的耕耘，得益于城轨专业订单班的优势，游妙鹤顺利毕业，并且进入专业对口的国企实习。在单位的这几年让她成长不少，但这份倒班的工作让她的身体和心理素质越来越差，这为她后续离职埋下伏笔。

此外，游妙鹤感受到社会对全日制本科的重视和优待，所在单位对全日制本科毕业生的培养和晋升方案也十分完善。这让她不得不反思：我为什么不行呢？

有一天，游妙鹤突然想：那我该如何利用这个非全日制本科来发挥我的优势呢？"于是基于她想规律作息的原因，她做了个"离经叛道"的决定：裸辞国企，备考研究生。

可是离职后，游妙鹤却迷茫了。因为自己没法像在校生一样全力备考，并且如果自己在职备考，凭现在的文凭，几乎找不到工作。几经周折，她找了一个朝九晚五的工作支撑她备考研究生。既然明确了目标，那便全力以赴。游妙鹤制订好计划，选了喜欢的专业，买了二手书，全程没报班，全靠自学，就看自己能不能坚持到底。

在成都工业职业技术学院读书期间，游妙鹤深受思政课的影响，加上在社区工作的经历，于是，游妙鹤考研时选择了与自己专科专业大相径庭的马克思主义理论专业。

日复一日地努力，游妙鹤终于在2023年12月忐忑不安地走进了考场，当答完题的那一刻，她知道，这一切都值了！

查到录取结果的第一时间，游妙鹤第一时间分享了自己的喜悦！

在知道考试结果后，游妙鹤便开始在成都工业职业技术学院的推文评论区下，鼓励更多的学弟学妹以及心中有梦的人。她说："我知道，其实有很多人心中都有一个梦想，只是敢于向梦想迈步的人很少。既然我迈出那一步，那我就向还没有迈步的人分享我走出这一步的感想。"

（4）夏宏明：下一站！博士！

夏宏明，2018年入学成都工业职业技术学院，就读于汽车车身维修技术专业；2020年考入四川工业科技学院就读于汽车服务工程专业；2023年4月，考入西南石油大学，成为一名石油与天然气工程专业的硕士研究生。

和绝大多数的高职学生一样，夏宏明在面对高考分数的那一刻，内心是五味杂陈，心有不甘却无路可退，最终选择了成都工业职业技术学院。

初入大学校园，伴随着遗憾和不气馁，心中那份改变命运的想法未曾磨灭，夏宏明想尝试让自己在各方面变得优秀，也为自己确定了许多目标。于是他一步一步地摸索和学习，从学好每一门课程到积极参加课外活动，再到进入专业性更强的项目班，全方位地提升自己。在兼顾学生会工作的同时，夏宏明的学习成绩在本专业内名列前茅，先后获得学校"三等奖学金""社会实践先进个人""优秀共青团干部"等荣誉。

凭借着大一的努力，夏宏明如愿以偿地进入巴斯夫项目班，并在项目班遇到了人生的领路人——夏志东老师。夏老师不仅传授专业知识，亲身指导实践操作，还鼓励学生参加实训车间练习，加强自身专业技能。夏老师的培养让夏宏明从懵懂地向往到敢于大胆动手去实践，真正学会和掌握了一项技能，也有幸获得由梅赛德斯-奔驰赞助的"星愿"奖学金。

"夏宏明是一个阳光帅气的大男孩，他心中一直秉承'态度决定一切'的做事态度，确定要做的事情就会百分百投入，并能用自己的韧性坚持做下去。"夏志东老师说。

结束了大一、大二的理论与实践课，夏宏明开始参加实习准备就业。他还记得当时第一个月的工资是 750 元，只能勉强维持生活。放假回家，亲戚们的"询问"让父母略显尴尬，也让夏宏明内心的不甘到达了顶点。"本科"这个词第一次跃入夏宏明的脑海，想证明自己也可以不仅是一名专科生。

"当自己从心底里想要去做一件事的时候，才会有充足的动力，外界只能起推动作用，重要的是：我想！"夏宏明说。

此时已经是 3 月，距离专升本考试仅有两个月的时间，夏宏明立刻着手购买复习资料，制订学习计划，以最快的速度投入到专升本的学习当中。

距离考试时间越来越近，难以兼顾工作和学习。当夏宏明提出要辞掉工作全身心投入备考时，遭到了家人的反对和质疑，父母担心如果没有考上，那工作怎么办？"从小学习不好这件事已经是大家根深蒂固的印象了，除了我，好像没有人相信我能考上。"夏宏明说。

但这却成为夏宏明勇往直前的动力，他放弃掉了所有的娱乐休闲时间，上班路上记数学公式和英语单词，中午休息时复习昨晚学到的知识，有时间就刷题，充满斗志地备考。五月如风般到来，根据自身学习近况，夏宏明重新制订了学习计划。

经过几个月的复习，夏宏明终于走进了考场。虽然很努力，但因为起步晚、基础弱，他心里还在打鼓。但当考完所有科目的那一刻，夏宏明释怀了。

在不安的期待中，夏宏明迎来了成绩公布的日子，在填报学校的录取名单中并没有他，分数就和心仪大学的录取分数线相差零点几分，已经十分努力了，但还是与梦想擦肩而过。最终，夏宏明去了一所民办本科学校，四川工业科技学院汽车服务工程专业。

进入本科学习后，繁重的课业压力冲击而来，作为一名专升本的学生，夏宏明需要在两年的时间里学习完别人四年的课程，而此时他也给自己定下了考取硕士研究生的目标。

再多的思考都不如真正地行动起来，夏宏明开始了考研的新征程。在坚持高质量完成本科学业的同时，他开始着手准备研究生考试内容，充分利用所有的空隙时间，全身心投入到学习中。夏宏明没课就去图书馆，坚持去图书馆并学到闭馆已经成为他的生活常态。

"行进的道路是孤独的，但随着蝉鸣的夏天，滴落的汗水似乎都在为我加油打气，我并不是一个人在战斗。"夏宏明说。

就这样学习—发现问题—解决问题—刷题—总结，日复一日地循环着，很累，但是努力真的会上瘾！

考研报名时间已悄悄到来，夏宏明报考的专业是石油与天然气工程，这是他高考时的意向专业，夏宏明想再一次去完成未曾完成的梦想。但跨专业报考的难度可想而知，夏宏明虽然每天都在努力高效学习，但还是有很多知识点是陌生的，学习过程也非常吃力和艰难。

"我想通过升学改变自己的命运，这或许也是这一生中唯一一次能通过自己努力，就有可能实现不一样生活的机会。"夏宏明说。

考试日如期到来，夏宏明以稳定心态充满信心参考，又一次在期待和担忧中等来了考研成绩，这一次单科和总分均过了往年的国家线，夏宏明悬着的心一下子落了下来。三月底，夏宏明参加了西南石油大学紧张刺激的复试，发挥非常出色，综合初试成绩，他终于圆梦，成为一名硕士研究生。

半年的研究生学习，让夏宏明完成专技到研学的转变，与导师一起去全国各地外出学习，参与国家项目，撰写专业论文，这是夏宏明梦想中的学习和生活。"在学术的海洋中，我的梦像岸边一拍而起的浪花，只有我深知到达岸边的这一路我持有绝对的信念和坚如磐石的信心。"

（5）徐莹莹：专升本全省第二名的背后。

徐莹莹，成都工业职业技术学院财经商贸学院2021级学生，2024年以全省第二名的优异成绩考上成都理工大学的本科生。

刚进入大学时，徐莹莹是不甘的，遗憾没有进入本科院校。但是她的辅导员郭林老师告诉她，专科并不是终点，大三时可以参加统招专升本考试，一样可以实现本科梦。

于是她拾起信心，去搜寻与专升本考试有关的信息。在得知只有专科阶段成绩在前40%的同学才可能有报名资格的时候，她深知，自己必须要从大一开始就做好准备。于是她对每门课的成绩都力争高分，在课后会与同学一起探讨学习内容，不懂就去咨询老师。

在大三上学期结束校外实习后，徐莹莹回到学校开始专心备考专升本考试。然而，学习之路并非坦途，面对计算机基础和大学语文两大难关，她时常感到困惑和无助。但遇到困难就退缩可不是她的风格，她会主动寻求老师们的帮助，运用积极心理学，寻求解决之道。思维导图、费曼学习法……这一个个高效的学习方法，迅速将知识系统化和可视化起来，她的学习效率也大大提高。

在专升本那段时间，徐莹莹每天奔走于教室、食堂、寝室三个地方，三点一线。

当清晨的第一缕阳光洒进寝室，徐莹莹便开始了新的一天。7点15准时起床，因为早上是人一天中记忆力最好的时候，于是早起第一件事，便是花30分钟来背诵语文文学常识和计算机知识点，背完一遍然后再去洗漱。接着就是一整天的学习。前期，她每天做两篇英语阅读，提高自己的题感并扩展自己的单词阅读量。对于计算机的学习，她给自己制订周计划，一周必须背完指定的知识点。到了后期，她每天会做一套英语试卷与计算机试卷，做完之后查缺补漏。

晚上回到寝室就先洗漱，结束后就背诵，积累语文作文素材，并花1个小时背诵计算机简答题，然后11点半睡觉。

周末的时候她会选择去图书馆学习，偶尔也会约上三五好友，和她们一起逛街吃饭，分享自己的日常生活。有的时候学习累了，会趁着光阴正好，太阳没那么灿烂的晚上，和小伙伴们一起散散步，聊聊天，放松心情。

在成都工业职业技术学院期间，徐莹莹倾注了无数的心血与汗水。每当夜幕降临，她仍坚守书桌，与书本为伴，与知识共舞。她展现出的坚韧与毅力在模拟考试中得到了充分证明：成绩优异，稳居专升本文科班榜首。这些成绩不仅是对她努力的肯定，更为她注入了更多的信心和动力。

徐莹莹的大学生活是丰富多彩的。在大一时，她加入了工业博览馆讲解团，独立带领一个班的同学，给他们讲解有关博览馆的知识。通过这次经历，她锻炼了自己的讲解与随机应变能力；同时她还参加了纸鸢书院社团，与社团的小伙伴们一起在操场组织各种各样的活动，提升了自己的表达与沟通能力。

大二时，作为财经商贸学院运动会方队成员，在练习的过程中，让徐莹莹认识到团队合作的重要性。同时她还报名参加了成都大运会的志愿者，又是一次不同的人生体验。

也是在大二这一年，她获得了国家励志奖学金、创三好积极分子、团学活动先进个人、大运会志愿服务证书等荣誉。大三时，她还参加了四川省英语演讲与写作比赛，获得了省二等奖，同时获得了初级会计合格证书。

（6）服务社会，成为乡村振兴的雪域"尖兵"。

高弘生依旧还清晰记得，1年前，在送草料路上的惊险一幕。"当时我带队，拉着一大卡车的草料去那曲，漫天大雪加上高海拔地区长时间的颠簸，一不留神，我差点将车子直接开向悬崖……""好险！现在想来都还后怕，不过，对于创业这件事，我从不后悔。"

①凛冽的霜：磨炼锐利的剑。

今年27岁的高弘生，是四川成都人。2016年暑假，收到成都工业职业技术学院录取通知书的高弘生，因为从小对军营生活的向往，毅然决定保留学籍、参军入伍，投身国防建设，成为中国人民解放军西藏某部队的一名新兵。

没成想，刚入伍的高弘生，就被高原的恶劣气候来了一个下马威。"昼夜温差太大了，第一次站岗，我的军服上就结了一层冰。""晚上巡逻，穿再厚身上也会冻出一层薄霜。"除了恶劣的气候条件，高弘生的军营生活，一切都得从零开始，一样的代号，一样的标准，日复一日的训练与学习，磨砺了高弘生不怕困难、敢于斗争的坚韧性格，也让他逐渐从一个大学生向军人转变。

"凛冽的霜，磨炼了我手中的剑。时刻提醒着我不忘党和前辈的嘱托，保家卫国，捍卫疆土，为人民服务。"从军两年的高弘生，把"为人民服务"这句话深深烙进了自己的骨血里。

②吉曲的水：沸腾炽热的血。

雅鲁藏布江的藏语叫吉曲，是拉萨的母亲河，养育了无数藏族儿女，也滋润着高弘生的军营生活。回到学校的高弘生，常常想起吉曲水的甘甜和初见布达拉宫时的震撼，想起在军营和战友一起训练的日子，想念藏族同胞家中的酥油茶和牛羊肉，尤其是牛羊肉那醉人灵魂的味道，让高弘生久久不能忘怀。

牛羊肉香，但牦牛和山羊却不好养。在拉萨当兵两年的高弘生，对高原恶劣的自然环境深有体会，海拔高、气温低、环境复杂、昼夜温差大，导致牧草生长季节性强，在牧草短缺的季节里，牧民只能依靠饲料喂养牦牛和山羊，以致牛羊饲养成本增高，加重牧民的经济负担。

如何帮助牧民降低牛羊喂养成本？能不能开发出一种品质好、成本低的饲料？成了一直萦绕在高弘生心里的头等大事。

③政策的风：吹动创业的心。

在学校思政课上，高弘生第一次听到老师讲国家乡村振兴战略的时候，就琢磨了起来。"开发出一种品质好、成本低的饲料，降低牛羊饲养成本，让西藏的牛羊饲养产业兴旺起来，就是乡村振兴！降低了饲养成本，帮助牧民增加收入，就是为牧民服务，为人民服务！"想到这里，高弘生差点拍案而起。

高弘生将自己的想法激动地告诉战友、同学，但出乎意料地，这个想法被大家一致否定。

"你要去哪里寻找这种饲料，你有这个技术？""你知道投入有多大吗，搞不好血本无归！""脑子发热了！拉萨那么冷的风都没把你吹醒？""不考虑创业风口，不看国家政策，莽莽撞撞就能把事情搞成？"

创业不只是说说那么简单，亲友们的担心不无道理。

但当过兵的高弘生，骨子里透着一股坚韧的劲儿，一股不放弃、不服输的劲儿，心想：这事我干定了！

了解到高弘生想法的辅导员于翔老师，也在这时告诉他，国家鼓励退役军人自主创业，"自谋职业的退役士兵，对从事农业机耕、排灌、病虫害防治、植保、农牧保险和相关技术培训业务以及家禽、牧畜、水生动物的繁殖和疾病防治业务的，按现行营业税规定免征营业税。"这无疑是一剂强心针，更加坚定了高弘生的创业决心。

④饲料的价：化开牧民的笑。

于是，高弘生说服家人，并在家人的支持下创办西藏宝弘农牧科技有限责任公司，开展饲料加工销售和农牧产品收购销售业务。公司虽然成立了，但毫无经验的高弘生却是两眼一抹黑，完全不知从何入手。什么样的饲料真正适合西藏地区牲畜的需要？如何才能找到潜在合作企业？该联系谁？怎样才能获得对方的信任？签署合作协议有哪些注意事项？

为了解决这些问题，高弘生一头扑进牧区，走访牧民了解需求，咨询专业人士恶补牧草和饲料加工知识，更是在3个月的时间里，拜访上百家公司、企业，寻求业务合作。

"那段时间，基本每天都在车上度过，常常一开车就是七八个小时，累了饿了就停下来吃个饼喝口水。但最怕的还是遇到大雪天气，在高原开车容易熄火，还特别危险。"

功夫不负有心人，经过努力，公司与农业产业化国家重点龙头企业——固原宝发农牧有限责任公司确定合作关系，共同出资建起10万吨纯植物蛋白饲料加工厂，新建2条纯植物蛋白饲料生产线、1条生物饲料生产线。

同时，公司还依托西部地区优质牧草资源，通过订单种植、保护价收购等合作方式，进一步扩大生产规模。目前，公司已在那曲、林芝、班戈、岗巴成立四个分公司，拥有优质苜蓿种植基地35 000亩（1亩≈667平方米），羊草（碱草）种植基地40 000亩，高寒甜燕麦草种植基地25 000亩。

"他们家饲料品质好、便宜，我们的羊用了这个饲料，平均每头羊可增重到45千克，卖到1 500~1 600块钱，能多卖300~400块。"牧民扎西开心说道。

"我们公司生产的饲料，相较于其他公司品质好，口碑也好，不仅把咱们农牧民家的牛羊养得更肥、更壮，也增加了他们的经济收入，我大概算了一下，牧民人均每年能增收8 000~15 000元。"高弘生如是说。

对于未来规划，高弘生信心满满，立志要拜访完所有的牧民同胞，与同胞一起，手拉着手，心连着心，针对性地为牧民同胞提供所需产品。带动牧民致富，共奔美好未来。

"回看来时路，创业成功的例子只是少数。所以我很幸运，是军营生活磨炼了我的心性、强健了我的体魄、锻造了我的意志，助我在创业路上披荆斩棘、乘风破浪。更加幸运的是，我能坚守'为人民服务'的初心，变身乡村振兴的'尖兵'，带领牧民共同致富。"

从铁血军营到雪域牧场，从人民子弟兵到牧民致富带头人，高弘生用坚守，带领牧民在共同致富、乡村振兴的道路上越走越宽，用铿锵行动演绎了最美军魂。

参考文献

［1］王琦，邢运凯. 高职教育文化的构建［M］. 杭州：浙江工商大学出版社，2012.

［2］韩延明. 大学文化育人之道［M］. 北京：高等教育出版社，2013.

［3］周自祥. 文化创意理文生发［M］. 北京：光明日报出版社，2019.

［4］曾静平. 网络文化概论［M］. 西安：陕西师范大学出版总社有限公司，2013.

［5］柯玲. 以产业链为导向的集群式技术技能人才培养模式探析［J］. 中国职业技术教育，2016（17）：5-11.

［6］程宜康. 对技术应用型人才培养的若干认识［J］. 职业技术教育，2016（31）：21-26.

［7］刘晓，刘晓宁. 以服务产业转型升级为导向提升高职专业建设［J］. 中国高等教育，2017（2）：69-71.

［8］仲晓密，钱涛. 高职教育与工匠及工匠精神之养成［J］. 辽宁高职学报，2017（3）：15-17.

［9］胡辉平. 从"技能本位"走向"文化育人"［J］. 巢湖学院学报，2017（4）：153-156.

［10］李梦卿，杨秋月. 技能型人才培养与"工匠精神"培育的关联耦合研究［J］. 职教论坛，2016（16）：21-26.

［11］陶佳琦. 高职酒店管理专业客房部跟岗实践存在问题及对策研究［J］. 中国商论，2020（5）：255-256.

［12］同宇. 高职院校文化育人体系的建构及实证研究［J］. 陕西教育（高教），2019（4）：58-60.

［13］杨东铭. "品牌+主题"建设与职业院校书香文化育人［J］. 哈

尔滨职业技术学院学报，2018（6）：22-24.

[14] 眭依凡，俞婷婕，李鹏虎. 大学文化思想研究：基于改革开放30多年大学文化发展的线路 [J]. 北京大学教育评论，2016（1）：144-192.

[15] 赵慧. 高职院校"互联网+"校园文化建设探析 [J]. 教育与职业 2017（4）： .

[16] 赖芳. 中华优秀传统文化转化与高校的文化责任 [J]. 贵州社会科学，2017（6）：82-86.

[17] 郗戈，董彪. 传统文化的现代转化：模式、机制与路径 [J]. 学习与探索，2017（3）：21-24.

[18] 李文婷，赵冬冬. 高职院校专业社团建设的研究 [J]. 科技展望，2017（30）：236-237.

[19] 黄君录. 高职院校教学文化的检视与生成 [J]. 中国职业技术教育，2016（17）：70-74.

[20] 刘健文. 高职院校人文素质教育中的大国工匠精神的培育 [J]. 中外企业家，2020（1）：156.

[21] 叶旋. 从"技能本位"到"德技并修"：传统文化融入高职专业教育的路径探究 [J]. 金华职业技术学院学报，2019，19（3）：17-21.

[22]. 王妍，王立杰. "立德树人"视域下高校图书馆文化育人品牌化建设探索 [J]. 2021（3）：51-52.

[23] 刘喻，朱强，陈玲. 行业高职院校文化育人：意义、困境与路径 [J]. 职教通讯，2018（19）：27-32.

[24] 赵慧，韦琨. 高职院校推动地方城市文化软实力提升的思考：以驻淮安高职院校为例 [J]. 职教论坛，2016（26）：34-37.

[25] 时荣. 地方文化融入高职校园文化育人的创新与实践 [J]. 产业与科技论坛，2019，18（24）：184-185.

[26] 丛彬彬，俞挺. 地方文化视阈下的高职院校校园文化建设 [J]. 学校党建与思想教育，2012（10）：82-83.

[27] 刘海德. 地方高职院校优秀文化育人的实践路径分析：以枣庄科技职业学院为例 [J]. 中国多媒体与网络教学学报，2019（9）：156-157.

[28] 申晓伟. 地方特色文化与高职校园文化融合研究 [J]. 当代教育理论与实践，2014，6（23）：129-131.

[29] 朱有明，张薛梅. 论高职院校文化内涵建设中学校文化与地方文

化的融合：以无锡商业职业技术学院为例［J］. 职教论坛，2016（11）：31-35.

［30］周立华. 文化育人思路下高职院校人文素质教育改革的困境分析及实践路径［J］. 无锡职业技术学院学报，2013，12（2）：21-25.

［31］刘兴恕，关志伟，尹万建，等. 新时代高职院校特色发展的实践探索：以湖南汽车工程职业技术学院为例［J］. 职业技术教育，2021，6（42）：62-65.

［32］邵建东，张晨. 高职院校地方文化课程资源开发与应用［J］. 职业技术教育，2008（35）：13-14.

［33］张晓杰. 高职院校"文化育人"的困境与对策［J］. 阜阳职业技术学院学报，2019，30（4）：1-5.

［34］艾宏伟. 文化自信视野下的高职院校文化育人［J］. 教育与职业，2020（23）：97-101.

［35］张艳，蒋维西. 高职院校实施优秀传统文化教育的困境与路径［J］. 武汉职业技术学院学报，2017，16（6）：16-19.

［36］曾昭慧. 以职业素养形成为导向的高职校园文化建设探析［D］. 成都：西南财经大学，2009.

［37］郝桂荣. 高校文化育人研究［D］. 沈阳：辽宁大学，2017.

［38］杨光. 高校思想政治教育以文化人研究［D］. 长春：东北师范大学，2018.

［39］邓士杰. 高校学生文化自信培育研究［D］. 重庆：重庆工商大学，2017.

［40］王莺洁. 高等职业院校多元主体协同育人机制研究［D］. 南昌：南昌大学，2018.

附　录

附录 A　优秀网络文化作品

1　微电影:《当青年遇见乡村振兴》

《当青年遇见乡村振兴》获教育部第六届全国高校大学生微电影展示活动一等奖,如图 A-1 所示。

图 A-1　《当青年遇见乡村振兴》

作品描述:这是一个关于选择、未来和奋斗的故事,它以"乡村振兴中的青年担当"为主题,主要讲述了藏族学生扎波的故事。扎波来自甘孜藏族自治州石渠县贫困山村,从小在长辈的谆谆教导下立志"好好学习,走出大山",进入大学后在思政课老师引导和朋辈影响下,对乡村振兴和民族团结有了更加深刻的认识,毕业之后毅然选择与家乡"双向奔赴"。作品呈现了新时代大学生在"大思政课"影响下从思想转变到行动自觉的全过程。扎波和他的同学们积极贯彻响应习近平总书记提出的乡村振兴战略，在毕业后利用自己所学返乡创业，让思政教育真正做到了内化于心，外化于行。影片拍摄时正值党的二十大即将召开之际，团队期望通过影片能启发更多的青年学子走向农村，与乡村展开一场美丽的"双向奔赴"，同时，能进一步铸牢中华民族共同体意识，以各民族团结奋进的姿态迎接党的二十大胜利召开。

作品设计：学校有多名教师支持"对口帮扶"项目，服务于石渠县乡镇及其他基层单位，他们提供了很多真实的各民族携手共同振兴乡村的案例。同时，在思政课上学长高弘生分享了他在西藏创办农牧公司助力乡村振兴的事迹，引发了许多学生萌生返乡创业的想法。由此，团队便产生了拍摄民族地区乡村振兴的故事。确定方向后，团队认真学习研究习近平总书记关于乡村振兴战略的相关论述，以学习贯彻落实习近平总书记高度重视青年人到乡村一线建功立业，强调"乡村振兴，人才是关键"的重要指示精神为内容，根据学校的真实案例，结合团队成员的真实情况，确定主题为"乡村振兴中的青年担当"，并希望能展现各民族之间团结互助，携手奋进的故事。

2. 微电影：《有戏》

《有戏》获教育部第八届全国高校大学生微电影展示活动一等奖，如图 A-2 所示。

图 A-2　《有戏》

作品描述：微电影《有戏》聚焦习近平新时代中国特色社会主义思想概论课中的"建设社会主义文化强国"专题，回应大学生对思政课价值的关注。通过主人公与内心"戏魂"的对话和思政课的启发，找到了"3D打印+川剧"的文化传承新方式，展现了她在兴趣与职业、专业与川剧融合路上的自我探索与觉醒。影片以新颖的方式展现了现代科技助力中华优秀传统文化传承的过程，不仅是一部关于川剧传承的微电影，更是一次关于文化自觉、文化自信及文化传承创新的深刻探讨。

作品设计：故事背景依托学校陈巧茹川剧大师工作室，在宣传统战部、马克思主义学院、通识教育学院等部门通力协作下，3 位指导老师带领十余名学生深学细悟习近平新时代中国特色社会主义思想，确定以"建设社会主义文化强国的工科高职青年担当"为主题，从选题立意到剧本撰写，从现场拍摄到后期制作，历时三个月完成作品创作。近年来，学院将文化育人工作贯穿"大思政课"建设中，聚力打造红色文化、工业文化、天府文化、校史文化、专业文化"五化"融推"蜀艺成工"的校园文化品牌，着力培养赓续红色基因、践行工匠精神、弘扬传统文化、引领时代风尚、献身城市发展的高素质技术技能人才。

3. 微电影：《白客大侠》

《白客大侠》获四川省第七届全国高校大学生微电影展示活动特等奖，如图 A-3 所示。

图 A-3　《白客大侠》

作品描述：段新浩是高职院校信息安全技术专业的学生，但他起初对专业学习并不"感冒"。他被拉去当社区国家安全教育日志愿者，因无法回答群众提问觉得丢脸，被同学解围。室友参与网络理财被骗，他帮助报警并成功解救。在思政课上，思政老师讲述网络安全重要性，并邀请优秀毕业生进课堂分享。在思政老师鼓励下，在榜样示范下，在助人影响下，段新浩对信安专业有了新的认识，不仅赢得了专业比赛，还成功助力成都大运会的网络安保工作。

作品设计：故事以学校"信息安全"专业学生就业为背景，他们肩负着保障国家、人民网络安全的重任。但因为专科学历的自卑，让一些学生在就业时产生焦虑无助。而本片以一位信息安全真实毕业的学生的故事为创作背景，他在就业中利用自己的专业能力优势，在与一批名校毕业生的竞争中脱颖而出，最终获得上市公司的职位，并在工作中找到了自身的价值。本片的主人公就是在对专业不认同、思政老师的引领、同伴的榜样中不断发现自身的价值，明白了网络安全对于国家以及个人的重要性。

4　《工职就业榜样说》系列视频

《工职就业榜样说》系列视频为在校生提供一本"看得见、学得来"的就业指南，如图 A-4 所示。

图 A-4　《工职就业榜样说》

视频介绍：为架起校园与职场的桥梁，传递真实可鉴的成长经验，成都工业职业技术学院倾力推出《工职就业榜样说》系列视频，聚焦智能制造、轨道交通、信息安全、财经商贸、汽车、物流等领域的优秀校友，以职场人视角讲述他们的奋斗故事，并将就业心得向学弟学妹倾囊相授。视频通过真实职场场景、深度访谈，既展现了毕业生从"校园青果"到行业骨干的蜕变历程，更凝聚了他们对职业规划、技能提升、职场适应的宝贵建议，为在校生提供了一本"看得见、学得来"的就业指南。系列视频目前已拍摄 20 余个，在学校各大官方平台和主流媒体进行展播，全网播放量突破十万。在校生留言表示，"学长姐的案例比理论课更震撼""对行业认知从模糊变清晰"。数据显示，视频发布后，学校相关专业求职意向明确度明显提升，近三年毕业生就业率在95%以上，印证了"真实故事"在就业指导上的重要影响。总之，这些视频不仅是毕业生个人成就的展示，更构建了一座连接"学业—职业—产业"的桥梁。它们以鲜活的人、真实的事、真挚的情，让"奋斗"二字具体化，让"成功"路径可借鉴。未来，学校将持续挖掘校友资源，以榜样之力点燃学子职业理想，以实践之光照亮青春成长之路！

5　工职系列宣传片

2022年以来，成都工业职业技术学院以《工职匠魂》《工职答卷》《六合花开》三部宣传片为载体，通过层层递进的叙事逻辑，系统展现了学校从精神内核到实践成果、从职能履行到文化升华的发展轨迹。三部作品既独立成章又一脉相承，以工匠精神为原点，以育人使命为纽带，以文化品牌为升华，共同勾勒出学校立足职业教育、服务社会发展的立体图景。

5.1　《工职匠魂》

作为系列的开篇，《工职匠魂》聚焦"工匠精神"这一核心命题，通过师生真实案例的具象化呈现，将抽象的精神理念转化为可感可知的实践场景，如图A-5所示。片中既有教师深耕专业领域的执着坚守，也有学生在实训车间反复打磨技艺的生动画面，更有校企合作中企业对"工职标准"的高度认可。这些案例从不同维度诠释了工匠精神的内涵——它不仅是技术精进的追求，更是对职业信仰的传承。该片以精神筑基，为后续宣传片的展开铺设了价值主线，彰显了学校"以德为先、以技立身"的办学根基。

图 A-5　《工职匠魂》

5.2　《工职答卷》

承接精神内核的传递，《工职答卷》转向高校五大职能（人才培养、科学研究、社会服务、文化传承、国际交流）的实践维度，用扎实的办学成果构建起"精神落地"的叙事框架，如图A-6所示。影片通过学生高质量就业、乡村振兴惠及群众、非遗技艺融入课堂、国际职教合作项目等典型案例，展现了学校如何将工匠精神转化为服务区域发展的现实动能。这种从理念到行动的过渡，既是对首部宣传片主题的深化，也凸显了职业教育"知行合一"的本质特征。影片以具体数据与鲜活故事相融合的方式，交出了一份扎根大地办教育的"工职答案"。

图 A-6　《工职答卷》

5.3　《六合花开》

作为三部曲的收官之作，《六合花开》跳脱出具体职能的叙事框架，以学校"六合花开"文化品牌建设为切入点，实现了从实践成果到价值体系的升华，如图A-7所示。影片通过"六合"的符号化表达，将前两部宣传片中的工匠精神、育人实践、社会责任等元素凝练为具有校本特色的文化标识。片中既有师生对"六合"内涵的诗意解读，也有校园景观、文化活动、师生风貌中渗透的文化细节，更通过校企文化共建等，展现了文化认同带来的凝聚力。这种从具象到抽象的升华，既是对前两部作品的总结提炼，也为未来发展注入了可持续的精神动力。

图 A-7　《六合花开》

纵观三部作品，《工职匠魂》以"精神之源"确立价值坐标，《工职答卷》以"实践之路"印证使命担当，《六合花开》以"文化之魂"凝聚发展共识，形成了"立根—践行—塑魂"的完整叙事链。其内在逻辑始终围绕"立德树人"根本任务展开：工匠精神是职业教育的灵魂，五大职能是践行使命的路径，文化品牌是价值认同的载体。三部影片虽侧重点不同，但始终贯穿着对"培养什么样的人、如何培养人"这一命题的持续探索，体现了学校从价值引领到行动自觉、从个体塑造到生态构建的系统化育人思维。

如今，这三部宣传片已成为成都工业职业技术学院办学理念的立体注脚。它们以影像为媒，让工匠精神可触可感，让职教成果可知可鉴，让文化传承可续可新，共同书写了一所职业院校扎根中国大地、培育时代匠人的生动篇章。

6　作品《传承》

《传承》获第七届全国大学生网络文化节活动"优秀展播作品"奖，如图 A-8 所示。

图 A-8　《传承》

作品介绍：2023 年，在抗美援朝纪念日来临前夕，成都工业职业技术学院学生与爷爷——抗美援朝退役老兵彭金山一同回忆峥嵘岁月，传承伟大的抗美援朝精神。影片展现了当代青年大学生自觉接过先辈的冲锋号，自强不息、砥砺奋斗，以实际行动赓续革命薪火，传承革命先辈无往不胜的英雄气概与坚韧不拔的革命毅力，向着全面建设社会主义现代化国家新征程、向着实现中华民族伟大复兴的中国梦继续奋勇前进。该视频被"学习强国"刊载，并获得第七届全国大学生网络文化节活动新媒体类"优秀展播作品"奖。

7. 校歌《工职儿女》

《工职儿女》为成都工业职业技术学院校歌，并被"学习强国"刊载，如图 A-9 所示。

图 A-9　《工职儿女》

作品介绍：校歌作为校园文化建设的重要组成部分，承载着学校的文化使命和精神追求。为丰富校园文化建设，成都工业职业技术学院在广泛征集广大师生和校友意见的基础上，确定了《工职儿女》歌词，为集体创作。谱曲由四川省音乐家协会会员、四川省合唱协会理事、成都天音坊音乐制作有限公司音乐总监黎刚与学校通识教育学院刘通老师共同完成。歌曲的歌词体现了学校地域、办学思想、文化环境、学院特色、发展趋势；曲谱采用进行曲体裁，体现朝气、激情和向上的特征，旋律流畅、朗朗上口，便于师生传唱。

8　校园歌曲《成工的天空》

《成工的天空》获第六届全国大学生网络文化节活动"优秀原创歌曲"奖，如图 A-10 所示。

图 A-10 《成工的天空》

作品介绍：《成工的天空》由成都工业职业技术学院师生共同创作和演唱。歌曲以成都工业职业技术学院学生为主体视角，采用新流行摇滚音乐风格和多人演唱的形式，展现青年学子为中华民族伟大复兴只争朝夕、拼搏奋斗的精神风貌。该作品将校园作为舞台，同学们在这里尽情施展自己的音乐才华、艺术风采。灿烂的阳光，美妙的旋律自然交织着，为校园增添无限生机和别样韵味。该作品被"学习强国"刊载，并荣获第六届全国大学生网络文化节活动"优秀原创歌曲"奖。

附录 B "三下乡"社会实践活动案例

2024 年暑假期间，成都工业职业技术学院宣传统战部融媒体中心组织 7 名学生组成"乡音融梦队"，深入简阳市新市街道石家村，开展了以"光影定格乡土记忆"为主题的"三下乡"暑期社会实践活动，运用摄影艺术记录乡村之美，传递乡村振兴的正能量故事。

1. 临时影棚，丰富乡村文化生活

通过前期调研，团队发现村中老人鲜有机会拍摄正式照片，于是迅速搭建起临时影棚，为村民提供免费拍摄及打印服务。团队成员耐心引导，捕捉了一个个平凡而温馨的瞬间。对于行动不便的老人，他们更是主动上门服务，最终拍摄了近 500 张珍贵的棚拍照片，如图 B-1 所示。

（a）

（b）

（c）

231

（d）

图 B-1　光影定格乡土记忆 1

2. 田间探访，记录乡村劳作之美

团队深入田间地头，亲身体验村民劳动的艰辛，以独特的艺术视角定格了数千次快门，捕捉了村民辛勤劳作的身影。从清晨的第一缕阳光到傍晚的夕阳余晖，团队拍摄了 1 000 余张充满生活气息的劳作照片，展现了乡村的自然风光与人文情怀，如图 B-2 所示。

（a）

（b）

（c）

图 B-2　光影定格乡土记忆 2

3. 专业助力，推动乡村经济发展

针对石家村丰富的藜麦、荞麦等特色农产品，团队中电子商务专业的学生充分发挥专业优势，为 30 余种农产品拍摄了精美的产品宣传照，并记录了村民喂养大耳朵羊的过程，助力石家村特色产业的推广与销售。此外，团队还拍摄了大量视频素材，制作完成石家村形象宣传片。

4. 田间影展，定格乡村美好记忆

团队从数千张照片中精选出 200 余张佳作，在石家村河道两旁的田间举办了"光影定格乡土记忆"摄影展。展览分为"人像剪影 光影故事""田园风光 静谧画卷""街巷漫步 人文纪实""汗水浇灌 田园诗篇""生灵共舞 自然乐章"及"幕后匠心 光影筑梦"六大主题区域，生动展现了村民的淳朴民风和石家村独特的乡村风情，吸引了全村村民的驻足观看，如图 B-3 所示。

（a）

（b）

（c）

图 B-3 "光影定格乡土记忆"摄影展

5. 媒体聚焦，乡村振兴反响热烈

此次活动在社会上引起了广泛反响，吸引了包括人民网、学习强国、中国青年报、四川日报、四川观察、人民数字联播、今日头条、教育导报、成都日报、四川教育发布、华西社区报、简阳发布、青春简阳、网易新闻、成都校园、成都农业、成都青椒网等在内的 30 余家主流媒体报道，全网浏览量突破 130 万次。其中，微博话题"#快看！成都这群大学生把摄影展开到了田间地头#"成功登上微博同城热搜榜。活动指导教师还接受了中国摄影报、四川观察等媒体的专访，进一步提升了活动的社会影响力。

此次活动不仅丰富了当地村民的精神文化生活，推动了特色产业发展，还提高了大学生的社会实践能力和社会责任感。在未来的乡村振兴工作中，成都工业职业技术学院将继续发挥人才和科技优势，积极探索创新服务模式，为乡村振兴贡献更多力量。

后　记

文化如水，润物无声。

本书作为校园文化建设的阶段性总结，记录了成都工业职业技术学院在文化发展道路上的艰辛探索历程。本书在横向的展望和纵向的传承中，有对办学历史的溯源，对校情的理性认知，对先进高职院校的学习借鉴，对职业教育发展规律的深刻认识，以文字和图片全景式再现了学校的文化实践历程，具有强烈的纪实性。

在追溯 70 余年办学历史的过程中，我深刻体会到了学校文化的传承与创新。从行业特色的职教创建期，到六校合一的中职建设期，再到举办高职的探索发展期，每一步都见证了学校文化的不断积淀与升华。红色文化、工业文化、天府文化、校史文化、专业文化这"五化"的融合，不仅丰富了学校文化育人的内容体系，更拓展了学校文化育人的场景与传播渠道。"蜀艺成工"校园文化品牌的诞生，更是学校文化育人理念的一次集中展现。通过调研考察、推陈出新、实践检验等一系列举措，我们逐步形成了具有鲜明特色的校园文化品牌，为学校的发展注入了新的活力。

文化，是历史的积淀，也是未来的希望；是思想的碰撞，也是心灵的共鸣。校园文化建设，任重而道远，它所带来的影响，必将深远而持久。我们深信，文化的影响必将惠泽每一位师生，并经久而持续地激励他们飞得更高更远。

李杰

2025 年 3 月